国家社会科学基金重大项目"世界产业发展新趋势及我国培育发展战略性新兴产业跟踪研究"(12&ZD068)和国家自然科学基金青年项目"战略性新兴产业'技术实验'的驱动、路径与政策研究"(71203023)资助

产业组织与竞争政策前沿研究丛书

# 产业动态分析：
# 理论与实证

郭晓丹 著

中国社会科学出版社

# 图书在版编目（CIP）数据

产业动态分析：理论与实证/郭晓丹著．—北京：中国社会科学出版社，2017.4

（产业组织与竞争政策前沿研究丛书）

ISBN 978-7-5203-0227-2

Ⅰ.①产… Ⅱ.①郭… Ⅲ.①产业经济学—动态经济学—研究 Ⅳ.①F260

中国版本图书馆 CIP 数据核字（2017）第 090451 号

| 出 版 人 | 赵剑英 |
|---|---|
| 责任编辑 | 卢小生 |
| 责任校对 | 周晓东 |
| 责任印制 | 王 超 |

| 出　　版 | 中国社会科学出版社 |
|---|---|
| 社　　址 | 北京鼓楼西大街甲 158 号 |
| 邮　　编 | 100720 |
| 网　　址 | http://www.csspw.cn |
| 发 行 部 | 010-84083685 |
| 门 市 部 | 010-84029450 |
| 经　　销 | 新华书店及其他书店 |
| 印　　刷 | 北京明恒达印务有限公司 |
| 装　　订 | 廊坊市广阳区广增装订厂 |
| 版　　次 | 2017 年 4 月第 1 版 |
| 印　　次 | 2017 年 4 月第 1 次印刷 |
| 开　　本 | 710×1000 1/16 |
| 印　　张 | 16 |
| 插　　页 | 2 |
| 字　　数 | 240 千字 |
| 定　　价 | 70.00 元 |

凡购买中国社会科学出版社图书，如有质量问题请与本社营销中心联系调换

电话：010-84083683

版权所有　侵权必究

# 前　言

当今，中国进入产业快速发展的新阶段，使中国经济面貌无论是在宏观经济表现上，还是在微观基础水平上，都发生了重大转变。一方面，各种新技术、新业态、新模式层出不穷；另一方面，中国的产业发展现实与规律都呈现出与工业化国家不同的格局，有其独特性。对于产业问题的把握、探索与研究，在产业经济学的相关领域，一直以静态的、单向的结构—行为—绩效（SCP）分析框架为主，缺乏在经济发展新情形下对于新问题、新特征的理论支撑，以及更为贴切的动态分析方法。

产业动态理论作为产业经济学的新兴研究领域，可以作为研究中国产业发展问题的切入口，为其提供理论支撑和方法论基础。产业动态在吸纳演化经济思想的基础上，结合产业组织相关理论，打破产业组织原有的结构—行为—绩效（SCP）分析框架，由关注结果转变为关注过程，从企业、产业甚至整个经济体系层面动态地分析产业发展变化与经济转变的过程。产业动态在逐渐成为产业经济学重要研究范畴的同时，也逐渐拓展出两个相互补充的研究领域：一个是以市场结构动态、企业进入、成长、退出为主要研究内容，是狭义上的产业动态变化；另一个领域的研究范畴更广，扩展到企业的知识和能力、制度以及其他产业演进的相关方面。产业动态研究关注于产业演进过程中的规模及结构变迁、进入与退出变动，力求动态描摹产业发展态势，适合针对中国产业的演进历程、要素及机制展开研究。

本书在梳理产业动态研究所关注的企业进入、退出、生存、成长、迁移的基础上，把握产业动态研究的最新进展和趋势，结合中国产业相关理论问题提出亟待深入研究的关键领域和研究所面临的挑战。在此基础上，构建计量模型进行实证分析，以揭示中国产业动态的独特特征，并为研究中国产业相关理论问题提供新的研究视角和问题启示。

全书分为四个部分共七章。除第一部分引论外，其他三个部分分别从产业的分布形态、空间动态和时间动态进行研究，力求囊括产业动态的主要内容。第一部分引论即第一章产业动态的范畴与研究脉络。本章对产业动态研究相关成果进行评述，概括了产业动态内涵和外延，厘清产业动态研究的范畴和视角。在此基础上，从行为、制度和产业演化三方面总结了产业动态研究框架，并对产业动态以创新、规模分布、企业进入退出、需求演进为主的研究脉络进行了梳理，为进一步研究产业动态问题打下理论基础。第二部分产业分布形态，包括第二章和第三章。第二章企业规模分布，通过梳理企业规模分布的相关研究，分析了企业规模分布的类型、经验证据及其经济学内涵。以此为依据，确定出影响企业规模分布的创新、行业集中度、国有化程度、政府补贴等多种因素。进而描述中国新兴产业企业分布基本事实，并通过对帕累托指数的测算，分析企业规模分布的变化趋势。最后，实证检验各种因素对新兴产业企业规模分布的影响。第三章企业成长率分布，对中国新兴产业企业成长率进行测算，并根据测算结果，绘制企业成长率分布图。由此从企业成长率分布变动的微观层面判断产业是处于快速扩张还是衰退的阶段，得出相应的政策内涵和措施。第三部分产业空间动态，包括第四章和第五章。第四章企业更替，体现了市场经济发展过程中优胜劣汰的本质。本章在对有关企业更替的研究进行梳理的基础上，以典型的出口企业为例，对企业更替与出口行为进行实证研究，从而说明了企业更替在产业动态研究中的重要性。第五章企业迁移，包括企业在区域内迁移、跨区域迁移和国际迁移等迁移路径。本章总结了企业迁移的相关理论，描述了企业迁移的演进历程，找出了影响企业迁移的关键因素，并通过实证分析，探讨了企业迁移的动机及企业迁移的净效应。第四部分产业时间动态，包括第六章和第七章。第六章企业生存，通过对相关研究的梳理找出了企业生存研究的两条路径，在此基础上，总结可能影响企业生存的企业特征、产业特征因素。由此构建用于企业生存的分析数据，对中国新兴产业企业生存状体进行测算和描述。在此基础上，对影响企业生存的因素进行实证研究，为帮助企业制定决策，提高企业持续生存时间提供科学依据。第七章企业成长，基于企业成长研究视角，找出产业动态所关注的企业成长研究焦点。据此结合中国产业发展的实际，将经济自由与工业企业成长相联系，实证分析在新经济环境下中国工业企业成长表现出来的典型特征，为进一步完善企业成长研究提供新的视角。

本书是国家社会科学基金重大招标项目"世界产业发展新趋势及中国培育发展战略性新兴产业跟踪研究"（12&ZD068）、国家自然科学基金青年项目"战略性新兴产业'技术实验'的驱动、路径与政策研究"（71203023）的后续研究成果，也是东北财经大学产业组织与企业组织研究中心师生积极投入、共同努力的结果。本书从酝酿到成稿，历经四年时间，从早期的规划提纲、数据收集到初稿完成、修订校对，都经过了团队的反复讨论和改进。产业组织与企业组织研究中心的何文韬博士，研究生张军、贾鸿一、尹俊雅、张良、郎雨等参与了本书的编写与校对工作。

在著作编写过程中，汲取和引用了许多专家学者的研究成果，在此对这些专家学者表示诚挚的谢意。书中存在的不足之处，恳请学界同人和读者批评指正。

郭晓丹
2016 年 12 月于问源阁

# 目 录

## 第一部分 引论

**第一章 产业动态的范畴与研究脉络** ……………………………… 3

   第一节 产业动态的范畴与研究定位 ……………………………… 3
   第二节 产业动态的理论框架 …………………………………… 13
   第三节 产业动态的关键（典型）事件 …………………………… 19
   第四节 产业动态的研究趋势 …………………………………… 23

## 第二部分 产业分布形态

**第二章 企业规模分布** ……………………………………………… 31

   第一节 企业规模分布的类型、经济学内涵与经验证据 …… 31
   第二节 影响企业规模分布的因素 ……………………………… 37
   第三节 企业规模分布的基本事实 ……………………………… 39
   第四节 实证专题：创新与新兴产业规模分布 ………………… 48

**第三章 企业成长率分布** …………………………………………… 60

   第一节 企业成长率分布的相关理论 …………………………… 60
   第二节 企业成长率分布模型 …………………………………… 63
   第三节 企业成长率分布的基本事实 …………………………… 64

第四节　实证专题：出口行为、效率与企业成长率分布 …… 67

## 第三部分　产业空间动态

**第四章　企业更替** ………………………………………… 97
　　第一节　企业更替的相关理论 ……………………………… 97
　　第二节　企业更替的影响因素 ……………………………… 103
　　第三节　企业更替的基本事实 ……………………………… 105
　　第四节　实证专题：TPP 行业的企业出口与企业更替
　　　　　　——以电子与纺织行业为例 ……………………… 108

**第五章　企业迁移** ………………………………………… 124
　　第一节　企业迁移研究的理论基础与演变进程 …………… 125
　　第二节　企业迁移的影响因素与现有研究模型 …………… 131
　　第三节　企业迁移的基本事实 ……………………………… 135
　　第四节　实证专题：工业企业迁移的驱动机制与效果 …… 141
　　第五节　企业迁移研究未来的发展趋势 …………………… 152

## 第四部分　产业时间动态

**第六章　企业生存** ………………………………………… 155
　　第一节　企业生存的两条研究路径 ………………………… 155
　　第二节　企业生存的影响因素 ……………………………… 158
　　第三节　企业生存状态的测算及描述 ……………………… 160
　　第四节　实证专题：基于事件史分析的新兴产业企业
　　　　　　生存研究 ……………………………………………… 165

## 第七章　企业成长 …… 178

第一节　企业成长问题的来源及理论基础 …… 179
第二节　企业成长的测量与基本事实 …… 190
第三节　企业成长的影响因素及相关模型 …… 195
第四节　实证专题：经济自由与工业企业成长 …… 201

## 参考文献 …… 216

# 第一部分 引论

# 第一章 产业动态的范畴与研究脉络

产业动态作为产业经济研究的新兴领域,关注产业演进过程中的规模结构变迁、技术与需求变动,力求通过研究微观企业的进入、退出、生存、成长、迁移来动态描述产业发展态势和市场结构变动趋向。本章节对产业动态研究成果进行了梳理,概括产业动态内涵和外延,划清产业动态研究范畴和视角。在此基础上,从行为、制度和产业演化三个方面总结了产业动态的研究思路框架,汇总产业动态研究所得出的典型事件,厘清产业动态以创新、规模分布、企业进入退出、需求演进为主的研究脉络,从而为学者探讨产业动态相关理论问题提供新的研究视角和问题启示。

## 第一节 产业动态的范畴与研究定位

本节概括了产业动态内涵,总结了产业动态研究趋势,汇总了不同的产业动态研究视角。

### 一 产业动态的内涵与外延

(一)产业动态的内涵

产业动态理论在吸纳演化经济思想的基础上,结合产业组织相关理论,打破产业组织原有的静态的、单向的结构—行为—绩效分析框架,由关注结果转变为关注过程,从企业、产业甚至整个经济体系层面动态地分析产业演进和经济转变过程。产业动态在逐渐成为产业经济学重要研究范畴的同时,也逐渐拓展出两个相互补充的研究领域(Malerba,2007):一个是以市场结构动态、企业进入、成长和退出为主要研究内容，是狭义上的产业动态变化；另一个领域的研究范畴更广，扩展到企业的知识和能力、制度以及其他产业演进的相关方面。

产业动态囊括许多内容，根据研究视角的不同，其含义也发生着变化。产业动态是指企业"命运"随时间的变化而变化（Ericson and Pakes，1992），包括企业进入和退出数量、企业层面的就业岗位的创造与毁灭、企业成长率的变动等。即使企业进入率、企业所处地点和企业所属产业性质发生变化，这些反映产业动态的指标仍将维持不变。在对宏观层次与微观层次相联系的产业演进分析中，所说的产业动态是指企业如何以及为什么发生变化，从而实现与环境的互动（McKelvey，1998）。这反映出企业在战略、结构和核心能力方面的多样性是推动经济变革的必要微观基础。在企业学习和企业家精神研究中，产业动态的概念与企业学习联系起来，并且企业变化的速率和方向取决于学习。学习蕴含着认识新事物的积极方面，在这一过程中，企业需要具备"吸收能力"来确定新的机会，并评估新知识的重要性。从这一方面来看，企业的动态变化取决于企业如何使用或调整现有战略、结构和核心能力，以便动态地采取行动，并对感知到的环境中的威胁和机会做出积极反应。在产业成长研究中，经济发展被视为是一个始于创新活动的链条。每一个活动的结果都依赖于经济参与者在每个阶段的能力。如果某一环节中的能力投入不足或者缺失，那么链条将会破裂，从而导致围绕该创新活动的经济发展失败。按照该理论，产业动态是创新试验和选择的结果（Johansson，2001）。产业中的技术研发和知识搜寻是不确定的，在很多情况下，也不可能估计出达到期望结果所需的成本。因此，开启或者结束一个项目的决策是基于不完全信息的选择。这就使在位企业和潜在进入企业时刻保持警惕，企业进入、退出的动态演化过程是对选择误差的一种修正机制。

综上所述，产业动态基本内涵是指企业的进入、退出、迁移、成长和生存，但是，根据研究对象、层次和范畴的不同，产业动态的含义可以进一步展开，并且与企业学习、经济发展、产业成长等相联系，体现出产业宏观变化的微观基础。

**(二) 产业动态概念的外延**

根据产业动态的概念内涵，围绕"企业如何进入"和"企业进入后如何成长"两个产业动态研究基础问题，深入探究产业动态概念的外延。

1. 企业如何进入？

如果一个企业开始生产一种全新产品或者在一个新领域销售现有产品，那么就发生了企业进入（Siegfried，1994）。现有企业的多样化经营以及全新企业开始运营都是企业进入行为的典型表现。当产业中的需求、技术和价格发生变化时，企业进入行为不但能够促使产业结构发生调整，增强产业中的竞争强度，而且还能促进在位企业有效运营。因此，从这一方面来看，进入也可作为企业向产业当中引入一种新产品或技术的有效机制，从而加强了产业竞争，提高了企业生产经营效率。

企业进入通常有两种方式：一是现有企业在其他市场当中销售同样产品，或者在本地市场中销售其他产品。二是建立全新的企业进入市场。不同进入方式之间存在差异的原因在于沉没成本的不同。建立新工厂进行多样化经营的进入者其投入资本的机会成本也较低。这是因为专一化生产企业不能很好地适应其他产品的生产或转产成本很高。如此一来，建立新工厂或新生产线的企业更易成活并具有较低的退出率。此外，比起在现有工厂或生产线上生产的企业来说，具有新的专门化工厂的企业成活率更高。需要注意的是，对于进入行为的多数研究是基于制造业，但是，不同类型的产业进入行为可能存在着差异。因而，需要根据不同产业的结构关系、制约因素选择可行的进入策略。

2. 企业进入后如何成长？

针对不同国家的实证研究得出了一些关于新进入企业生存和成长模式的规律，即新进入企业表现出较高的失败可能性。但是进入失败率随着企业年龄增长而下降，并且在同一群体中的企业，失败率也随着企业规模扩张而下降。成功进入的企业，在进入后的早期表现出较高的成长率，但是成长率随着企业年龄的增长而减慢。这些产业动态行为导致特定群体当中，企业密度的快速增加。

企业进入后成长和退出的典型方式表明，在一个随机过程中，企业在制定进入决策时，并不确定它们会成功，从而并不会在进入后立即扩张到最优规模。乔瓦诺维克（Jovanovic，1982）提出的被动学习模型已被广泛用于解释这些实证经验规律。该模型假设企业最初对其"事前"相对效率水平未知，随着一些企业逐渐发现它们比其他企业更有效率时，"事后"先验分布随时间而更新。这样，每个企业需要制定是否退出或维持相同规模、扩张或降低产能的策略。如果企业发现它们是高度有效率的，那么就会选择进一步扩张并生存下来。那些无效率的企业被迫退出市场。随着时间的推进，进入群体中企业规模的差异逐渐扩大，企业逐渐认识到其真实效率水平，从而有效率的企业生存下来，无效率的企业退出，最终，企业规模收敛于稳定状态。

被动学习模型得出了一些关于产业动态演化的典型事实，包括：第一，选择过程意味着在给定企业年龄的条件下，退出和规模呈反向关系。不成功的企业仍维持较小规模，并可能最终选择退出。规模较大的企业具有成本信息优势，从而选择进一步扩张。第二，被动学习模型意味着生存下来的年轻企业比年老企业有更高的和更剧烈的成长率变动。年轻企业对自身效率和能力仍不确定，从而采取扩张策略来应对市场竞争。随着企业趋于成熟，对效率的调整也放缓，企业最终接近其最优规模，成长率的变化逐渐为零。第三，通常规模较小的企业也是年龄较轻的企业，而这些企业成长相对较快，因此，该模型预测企业成长率与规模之间存在着负向关系。这一观点已经得到实证研究证实。

以上分析从企业进入和进入后的成长两个方面拓展了对产业动态概念的认知，指出了企业进入方式的选择以及进入后企业规模、年龄与成长之间的关系。从中可以看出，产业动态的构成要素之间是密切联系的，它们之间的相互作用构成了产业动态演进的微观基础。

## 二　产业动态总体研究主题与趋势

产业动态研究关注的核心问题是产业发展的动力机制与规律，一般认为，创新与学习机制是产业动态的动力源，在研究中，通过探讨技术创新的内容、原因和结果来关注生产力的发展、生产效率的提高、成本的演进以及生产结构的变化。而近期的研究开始注意到实验性消费者及创新用户的需求也构成影响产业动态演进的主要因素。总体而言，产业动态的研究主要沿着产业动态演进模型构建、企业规模分布定律验证和产业动态动力机制探究等线索展开。

（一）产业动态演进模型的模拟及实证检验

产业动态经济模型具有多样性、不确定性等问题，难以真正地置于社会环境中去经历实践的检验，因此，通过实验研究方法，设定参数并用计算机进行模拟成为探究产业动态演进规律和特征的重要手段之一。

国内学者王军（2008）在搜寻产业组织演化理论根基的基础上，抽象出产业组织演化的机制。并通过模仿和创新，以及进入退出因素纳入产业组织演化模型，修正了温特（Winter）2003年提出的产业组织演化模型。然后借助计算机模拟的方法模拟了产业组织演化路径，得出产业组织演化的一般特征，并将研究结论运用于中国彩电业产业组织演化的实证研究当中。该研究所使用的实验经济学计算机模拟方法是对产业动态演进研究方法的有益尝试和创新，为探讨产业动态演进规律提供了可行的方法路径。

与王军的研究相类似，Li和Chen（2011）按照克莱珀（Klepper, 1996）提出的模型的假设和均衡条件，构造了相类似的函数并设定初始系数。由于克莱珀模型中忽略了竞争行为，因此，Li和Chen设计了竞争方式的离散机制来弥补克莱珀模型的缺陷。该研究同样使用计算机软件作为主要的分析工具，通过求解所设定的非线性方程对影响产业动态演进的相关系数进行了检验。此外，研究还得出可以通过重新修订这些系数得到新的关于产业动态演进过程的结论。

（二）企业规模分布定律的验证及其与变动率之间关系的探讨

有关企业规模分布的研究已表明其确实存在着测度规律（Axtell, 2001）。除了著名的吉布拉特（Gibrat）法则和比例效率定律，有些研究将规模和频率放重对数中进行观察，发现经过一个确定的阈值之后，企业规模分布会呈现出负的线性倾斜，并且比吉布拉特分析所期望的情况下降缓慢许多。早在20世纪60年代，西蒙（Simon）等研究发现，对数正态不是唯一与吉布拉特法则相符合的分布。稍微修改吉布拉特模型就能够得到一个符合尤尔类型（Yule）的偏企业规模分布。在近些年，阿克斯特尔（Axtell, 2001）、加费奥等（Gaffeo et al., 2003）发现企业规模的分布服从齐波夫定律（Zipf's law）或幂定律（Power law）而非对数正态分布。另外，斯坦利（Stanley, 1996）和阿马拉尔（Amaral, 1997）研究发现企业产出的增长率服从拉普拉斯可能性密度公式。为了解释这一疑惑，当前对于企业规模分布的研究沿着两个路径展开：

第一条研究路径是完全理论的，并且仅关注活动水平分布和变动率分布之间的统计特征。例如，里德（Reed, 2001）指出，独立的变动率不会产生企业规模的对数正态分布，如果单位观测时间特征不是确定的；相反，其本身也是近似服从指数分布的随机变量。在这种情况下，即使吉布拉特定律在个体水平上有效，单位特征将趋向一个双帕累托分布。

第二条研究路径关注具有倍增波动企业间非价格因素相互作用的重要性。例如，德利·加蒂（Delli Gatti, 2005）研究指出，产业中测度现象的出现由许多相互作用的多样化参与者构成。Bottazzi和Secchi（2003）研究得到一个企业成长率的拉普拉斯分布。该研究基于Ijiri和西蒙（1977）所提出的模型，并放松企业成长机会独立于企业规模的假设。

沿着这两条研究路径所开展的企业规模分布研究得出两个稳健的典型事实：企业规模符合帕累托分布定律，而企业规模变动率属于拉普拉斯体系。这两个结论是相互联系的，Palestrini（2006）指出，当企业规模服从帕累托分布定律时，就会展现出拉普拉斯增长率特征。这一研究结论表明由于增长率的拉普拉斯分布形状可能随产业演进表现出不对称性和变动，因此分析产业动态中程式化事实之间关系具有重要意义。

（三）产业动态演进的动力机制与演化规律

学习是产业动态演进的动力源之一。乔瓦诺维克（1982）最先提出包含学习机制的产业动态模型,并指出理性参与者(在位者和进入者)的技术学习和竞争过程消除了企业的异质性。在此基础上,乔瓦诺维克和麦克唐纳(Jovanovic and MacDonald,1994)进一步拓展该研究,得出技术变迁、不成功的创新者退出与成功获得技术企业的存活具有密切关系。而沃尔特和霍费彭哈恩(Walter and Hopenhayn,2000)建立了一个引入企业进入和退出行为的产业长期均衡模型,运用稳定静态分析方法研究了企业规模、成长等分布与产业结构变迁之间的关系。在这些模型中,企业的学习过程是被动的。在进入产业之前企业对其自身潜在盈利能力并不了解。随着企业在产业中开展经营活动,企业才逐渐认识到其经营效率。高效率的企业生存下来,低效率的企业被淘汰。

与乔瓦诺维克的被动学习模型相反,埃里克森和帕克斯(Ericson and Pakes,1995)提出了企业进入和成长的主动学习模型。该观点认为,产业动态演化是企业积极搜寻投资机会、做出进入和退出决策的结果。不同企业对政策和经济环境变化的反应不同。企业迫于产业内外潜在进入者和市场环境变化的压力,积极搜寻投资机会,提升企业盈利能力。该研究最大贡献在于通过假定企业遵循马尔柯夫策略的基础上,证明了动态寡头模型中马尔柯夫完美均衡的存在性(任晓红、张宗益,2009)。从这之后,通过具有离散状态空间的动态随机博弈,应用马尔柯夫完美均衡概念来检验产业动态成为一条重要的研究线索。依照该研究框架,研究者对产业动态中的"干中学"(Benkard,2004;Besanko et al.,2004)、R&D 竞争规则(Judd,2002)、R&D 合作和破坏性技术引进之间的关系(Song,2002;Schivrdi and Schneider,2005)进行了深入探讨,使产业动态研究逐渐丰富化。

探寻产业动态演进规律是产业动态研究另一个主要方面。其中产业生命周期模型和产业演化模型是该研究的重要组成部分。克莱珀(1996)最先提出产业生命周期模型,研究了技术进步产业从诞生到成熟过程中的进入退出、市场结构及创新变化。沿着克莱珀的研究路径,研究者又进一步对企业规模和成长、产品和过程创新、进入退出速度、利基市场等进行了研究。在另一条研究路径中,理查德·纳尔逊和西德尼·温特（Richard Nelson and Sidney Winter，1982）首先构建出产业动态演化模型。随后，温特等（2003）提出了产业演进的一般模型，分析了具有多样化企业和持续随机进入产业的一般动态特征。而马莱巴等（Malerba et al.，1999）基于对计算机和医药产业的研究提出历史友好模型。该模型关注产业演进的特定驱动力或现象，通过模型来模拟推动产业演进的历史事件。近期，马莱巴等（2008）又将公共政策引入历史友好模型中，研究了计算机和半导体产业的动态演进过程。

### 三　产业动态的研究视角

#### （一）探究产业动态的不同视角

根据研究目的的不同，产业动态有多种研究视角，可归纳如下：

从经济地理的角度，产业动态是从企业进入、退出和迁移等空间动态出发，分析空间经济的结构及其变化（Dijk et al.，1999）。在产业动态的构成要素中，企业迁移从属于地理范围的观察，因此也是经济地理研究最多的产业动态要素。迁移就是从一个地点换到另一个地点，可以进一步细分为区域内、区域间、国际和洲际等不同层面。企业迁移是企业应对内部要素和外部环境变化的众多调整策略之一（Krumme，1969）。企业迁移以能够享有更多政策支持、获得有利区位条件或投资溢价为目的。对于企业迁移的动机研究是政策制定者和研究者所关注的重点问题。

在企业迁移各个层面上的研究中，区域间的研究获得丰富的研究成果。因为在该层面上，企业管理者能够有意识地真正做出空间选择。而企业区域内的短距离迁移对于促进当地经济发展，完善城市规划具有重要意义，也逐渐成为产业动态的研究热点。区域内和区域间的企业迁移通常以中小企业为主要研究对象，而跨越国际的企业迁移一般都是大型企业、跨国公司等。在全球一体化的背景下，企业在全球布置它们的生产工厂、配送中心、地区总部以及研发中心。在企业全球化迁移的过程中，所涉及的资源配置、扩张策略、区位选择等问题在经济地理研究框架下能够得到很好的解释和分析。

从产业经济的角度，产业动态研究通常与产业生命周期相联系。

由于产业随时间演化,并且对于产业的定义与认知和概念框架有关,因此,很难定义一个产业何时诞生,当前处在哪个阶段。为了更为方便地理解产业演化中的产业动态,一些基于时间的模型将产业划分为若干生命周期阶段。例如,将产业划分为形成和成长,并进一步扩展到成熟和衰退的两阶段划分方法(Jacobsson and Bergek,2004);根据技术进步过程,将产业划分为技术创立、技术可行性、创造市场、技术决战和技术主导五个阶段(Suarez,2004)。在每个阶段中,企业和环境层面的因素起着重要作用。Meijer 等(2007)认为,新兴产业的关键特征是不确定的,产业演化的每个阶段有不同的因素在起作用,因此,需要企业的组织结构和竞争策略随着产业演化阶段而适时作出调整。因此,研究产业动态应当考虑到产业特性、演化阶段、市场和技术因素等在其中所起的作用。

从群体生态演化角度,能够很好应对"自然选择"的组织,才能在环境利基中生存下来(Hannan and Freeman,1977)。如果将企业视为该理论中的一种组织,市场视为环境利基,群体生态学认为,在产业初期,企业数量快速增长,并在随后达到峰值,接下来,企业数量逐渐下降。群体生态学假设始终存在着组织惯性,在组织不发生改变的情况下,它们通过适应性竞争从利基中挑选出来。群体生态学还区分出两类基本组织,专一化企业和多元化企业。多元化企业通常从稳定的环境中选出来;相反,专一化企业通常从不稳定的环境中选出来。适应能力是企业一项重要的资本,因此,专一化企业在严苛的环境中更具优势。其他的从群体生态角度研究产业动态的概念与技术创新相关,包括技术路标(Sahal,1981)、技术范式(Dosi,1982)、技术体系(Nelson and Winter,1982)、设计层次结构(Clark,1985)等。

(二)产业动态在产业组织研究中的定位

传统上的产业组织研究已经建立起固定的学科领域和范围,具有明确的研究目标。产业组织主要关注于各个产业的竞争条件分析以及绩效,同时还关注经济活动规制。在这些研究领域中,已经形成固定的研究范式,例如,为了提高经济绩效并改善福利水平,应当出台怎样的公共政策等。基于张伯林（Chamberlin，1933）、罗宾逊（Robinson，1933）、梅森（Mason，1957）以及贝恩（Bain，1959）的研究，产业组织主要关注福利最大化、垄断问题以及如何解决这些问题。

产业动态的研究根植于马歇尔、维克塞尔、熊彼特、伯顿·克莱因（Marshall，Wicksell，Schumpeter，Burton Klein）等学者关于"动态经济"的研究（1977，1984），纳尔逊和温特的"演进理论"（1982），埃里克·达门（Erik Dahmen）的"熊彼特动态"概念（1984）。其中，冈纳·埃利亚森（Gunnar Eliasson）的"瑞典经济从微观到宏观模型"是这一传统研究领域的现代代表。这些传统研究和其他分支学科，例如经济历史学、经济发展学等有着很强的联系。

产业组织和产业动态有其他关键不同点。在产业组织中基本的分析单位是产业，而产业动态的分析单位包括从企业个体甚至是企业的部分（微观）到整个产业或整个经济体（宏观）。并且，产业组织的分析框架主要是静态的或相对静态的，用来分析产业结构，而产业动态关注过程，例如，技术、企业、产业演化以及这一过程的原因和结果。同时，尽管技术改变在两个研究领域中都有涉及，但是，产业组织通常在市场机构和研发之间的关系背景下探讨它，或者从公共政策的角度进行。而在产业动态中，它的研究重点是技术创新，包括技术创新的内容、原因和结果。因此，产业动态更多关注生产力发展、生产效率提高、成本演进以及生产结构而非产业中企业的数量、规模结构等。或者说产业动态主要研究在给定时点上某一产业的效率程度。

比起经济增长，传统产业动态研究也将关注点更多地放在经济转型过程中，例如，它分析识别动态过程中内容的重要方面而不仅仅关注它的总量结果。传统产业组织研究源于在静态或相对静态框架下分析产业及其结构，而产业动态重点分析产业各个层面上从微观到宏观整个（变动）过程。确实，注重于微观—宏观联系是另一个产业动态区别于产业组织的重要因素。

综上所述，产业动态的研究要点包括：第一，企业经济活动本质与供给动态，乃至经济增长的联系，尤其是在这其中知识的作用；第二，企业的边界是怎样的，随时间企业与其他企业相互依存度怎样变化，以及企业这种相互依存在经济增长中起什么作用；第三，技术变化的作用以及在宏观、微观层面上制度框架导向技术过程；第四，在微观和宏观层面上，产业政策在促进或阻碍经济适应环境变化中的作用。

## 第二节 产业动态的理论框架

本节从方法论转换视角，梳理了产业动态研究的行为框架、制度框架和演化框架。探讨了不同框架下产业动态的影响因素及其表现出来的规律和特征。

### 一 基于"非理性人"假设的行为框架

（一）由"理性人"到"非理性人"的转变

新古典经济学认为，行为人是完全理性的，能够充分了解自身能力和企业效率，完全掌握市场信息，并以取得利润最大化为目标。在这样的假设下，企业进入是企业家追逐利润的结果。企业通过比较市场当中所有的利润机会，选定预期利润最大的机会，投资进入。企业进入是预期利润，进入壁垒和市场风险的函数（Orr，1974）。企业退出的研究采用与企业进入研究相类似的思路，认为企业退出同时受到退出激励和退出壁垒的影响（Shapiro et al.，1987）。

然而，企业在做出是否进入的决策时不可能获得完全的市场信息，对自身的能力和企业效率也不能充分了解。通常是在有限理性和有限信息条件下以获得"满意"而非"最优"为目标。在这样的条件下，保持警觉的企业家仍能发现机会，但在利用机会时，由于受到有限理性影响，决策会出现偏差。在小部分企业成功进入的同时，大部分企业会进入失败，出现"进入错误"（Cabral，1997），短时间内大量退出产业。

产业动态研究由基于"理性人"向"非理性人"假设转变更贴合实际。在"理性人"假设下，企业进入后为了实现利润最大化会采取扩张规模或快速成长策略。最终市场利润为零，进入后无利可图。而在"非理性人"假设下，企业在进入前并不了解其自身能力和效率水平，也不了解市场营利性。在进入后，企业通过学习才逐渐认识到自身能力，进而做出是否扩张或成长策略。如果企业发现其效率高于市场中的企业，就会采取快速扩张策略，以获得更大市场份额和生存空间。相反，如果企业发现其效率水平较低，无法与市场当中的在位企业相抗衡，可能选择进入利基市场获得生存机会，也可能选择退出该市场。

（二）企业家精神与企业动态行为决策

与"非理性人"假设和"满意"结果相联系的是企业家精神在企业动态行为中的作用。企业家不单单是一个企业的创建者，通常也用创新性、灵活性、动态性、冒险性、创造性和成长性来描述企业家（Stevenson and Gumpert，1985）。因此，在创新性破坏中，新企业能够取代老企业（Aghion and Howitt，1992），这是经济发展的微观条件。从这一方面来看，企业家是被熊彼特描述为"精力充沛"的一类人，他们通过引入新的活动或者打破常规来体现出他们所具有的独特特质。因此，企业家扮演着风险承担者的角色，开创新企业，或者革新现有企业（Hébert and Link，1999）。

研究发现，企业家的活动随着地理空间而变化，并指出创业促进经济增长以及新企业形成对解决就业的益处，可以在区域层面上观测到（Lee et al.，2004）。研究表明，"创业资本"禀赋的空间变化是决定地区产出、知识溢出和生产率差异的关键因素（Audretsch and Keilbach，2004；Varga and Schalk，2004）。进一步研究发现，企业家的年龄、教育水平和家庭收入等因素会影响创业活动，而企业家利用特定机会并采取适时战略的能力是企业持续生存的重要决定因素之一。此外，企业家的教育程度、经验积累将会影响企业退出风险（Abdesselam，2004；Saridakis，2008）。

由此可见，企业进入和企业家精神是两个密切相关的研究主题。因此，研究焦点更多地集中在新企业成立的个体特征上，而非产业特征以及企业进入、退出过程的结果。

## 二 基于经济社会环境变化的制度框架

（一）制度环境的动态性和复杂性

经济活动过程会受到社会文化、制度、价值体系的影响。企业不仅是经济活动的基本组成单元，还通过信息、物资、资金等相互交换，形成利益博弈关系。而所有企业的活动必须符合一定的规则，这就是制度。

制度有正式和非正式之分，按照威廉姆森（Williamson，2000）的分类，制度包括四个层面，分别为社会嵌入性、制度环境、治理制度以及资源配置和就业。其中，社会嵌入性是指非正式制度、习俗规范和社会网络。制度环境是正式的游戏规则，包括宪法、法律和规章制度，以及政府机构及其权力分配。治理制度是指通过合约、协议和冲突解决机制对企业间的交易行为进行约束，从而减少冲突，实现互惠互利。而资源配置和就业是指制度可能改变激励结构，影响资本和劳动力等资源的获得性、灵活性和成本，从而影响生产过程中资源配置的决策。

企业进入、退出和迁移会受到不同层面的制度的影响。研究表明政府可以通过税收、公共支出和产业园区等制度设计，影响企业进入的区位选择（Cabe et al.，2004）。同时，政府的税收、产权保护力度和合同履行情况会影响企业的生存率（Che et al.，2011）。相应地，政府实行产业升级政策、严格的环境规制等措施会对企业迁移产生拉力或者推力（Greenbaum et al.，2004；Carlsen et al.，2005）。因此，企业的进入、退出和迁移决策会受到制度环境的影响，而制度环境也会根据经济发展目标、政府产业政策等进行调整，需要企业具有适应外部变化的制度环境的能力。

（二）制度环境与产业动态的相互作用关系

制度理论认为，企业生存依赖认知的习得和社会政治的合法性（Meyer and Rowan，1977）。认知的合法性是指一个组织认为其行为是理所当然的程度。社会政治的合法性是指一个新的形式符合公认原则、规则和标准的程度（Aldrich and Fiol，1994）。合法性能够使得企业更容易获得资源（Aldrich and Auster，1986），吸引到消费者

(Wiewel and Hunter, 1985), 回应竞争挑战, 应对竞争威胁 (Baum and Oliver, 1991), 获得广泛认可 (Hannan and Freeman, 1984), 从而提高了企业生存可能性。制度理论还指出政策的建立给企业留下政策烙印,这也会影响以后企业的生存。

从产业动态来看,企业开始一项新的活动,例如,进入一个全新的行业,需要建立起内外部的新标准、组织成员的新角色、标准化的运用程序等。这些措施能够使得企业更符合制度环境要求,从而确保企业所开展的活动不失败。随后,企业成员逐渐习得组织的规则、程序和角色,并将它们视为是理所当然的活动。这就进一步提升了企业的合法化水平,提高了企业生存可能性。同时,规模更大的企业实力更强,更容易实现扩张,也能在较长的时间内保持稳定,因此,研究表明,企业规模越大,越具有更高的合法化水平,从而也越适应制度环境。然而,一旦制度建立起来,也很难做出改变。企业更希望制度环境是可预测和稳定不变的。随着各项政策成为制度环境的一部分,惯例和程序成为仅被接受的活动规则,如此一来,企业将其能力束缚在已接受的制度环境中,不愿随内外环境变化而做出改变,也增加了其退出风险。

基于上述分析,企业通过建立规则、标准,提升合法化水平,更有利于适应制度环境,提高获得资源可能性,降低生存风险。然而,企业合法化的过程也在一定程度上降低了企业灵活性,难以对外部环境变化做出适时反应。因此,企业既要做制度环境的适应者,也要成为环境的变革者,积极与制度环境互动,提高企业活力。

### 三 基于产业演化的框架

#### (一) 产业演化基本规律和特征

从技术进步、产业诞生到成熟的过程中,企业进入、退出、市场结构和技术转变如何发生变化可以总结出六方面的规律。尽管不同产业各具特色,但是这六个规律提供了一个关于技术进步和产业演进的综合描述。

第一,在产业初期,进入者数量随时间增长或在产业起始点达到一个顶峰,接下来,随时间下降。但是,在这两种情景下,进入者数量最终变得很小。最初，在每个时期在位者在过程研发中投入更大，从而利用它们的研发优势获得更多产出，所以，比起进入者，在位者就有更低的平均成本。而进入者如果能够从开发差异化产品中获得足够利润，那么它们也能够在产业中获得一个立足之地。这也意味着进入者需要具有足够的产品创新技能。随时间价格逐渐下降并且在位者胜过进入者的优势也日渐增长，这就使得进入产业所要求的产品创新技能进一步增长，这直接导致进入者数量的下降。最后，价格下降到无论进入者技能有多高，进入产业的期望收益小于或等于零，企业进入行为停止。这一过程也意味着最初企业总数上升，但最终达到顶峰接下来持续下降。

第二，最初生产者数量增长并达到顶峰，接下来，虽然产业产出持续增长，但是，生产者数量持续下降。随着价格下降，有更多的创新型在位者扩张，而创新能力不足的在位者退出并被具有创新能力的、更小的新进入者替代。这将导致生产者数量的增长。然而，随着在位者进一步增加其优势，最终达到不可逾越的境地，并使得进入停止。当最大的、具有最高创新技能的企业持续扩张它们的市场份额时，低水平的企业被淘汰出市场，退出持续性地发生。因此，最终企业数量随时间下降。

第三，随着产业演进，最终规模最大企业的市场份额变化率下降，这些企业在产业中的领导地位趋于稳定。在每个时期，在位者都要扩张。它们的扩张率依赖其标准产品的边际收益。随着过程创新的边际产品接近于零，所有企业最终经历一个边际收益下降的过程。这将导致它们降低其市场扩张率。因为大企业进行更多的过程研发，因此它们首先降低其市场份额扩张率，接下来，更小的企业将跟随大企业降低其市场份额的扩张率。

第四，产品竞争种类的多样化和主要产品创新数量在生产者数量增长时达到一个顶峰，接下来随时间下降。因为每个企业进行一个不变数量的产品创新，一旦进入停止且企业数量下降，期望的产品创新数量必定下降，相应的差异化产品数量也跟着下降。

第五，随着企业成长，生产者将更多的精力由产品创新转向过程创新。因为产品研发独立于企业规模而过程研发是与企业规模直接相关，因此随着企业成长，它们将更多的精力投入过程研发。

第六，在生产者数量增长期，最近进入产业的进入者构成产品创新中的一个不成比例的份额。这一规律意味着平均来说进入者比在位者更具有创新性。最近进入的企业比起所有其他企业规模更小，因此，只能从标准产品中赚取最少的利润。在这一不利条件下，这些企业能够继续存活的唯一途径是比在位者更具创新性。

（二）产业演化与产业动态

基于以上产业演化规律，针对微观产业动态的实证分析，以企业异质性和随机进入为假设条件，研究得出一系列结论，这包括：

第一，基于大量企业样本的纵向数据分析得出，在给定时间内，产业中的进入率和退出率是高度相关的，因此，具有较高进入率的产业也具有较高的退出率。每个进入群体的市场份额通常会随着群体年龄的增长而下降。这是因为当企业群体的年龄较轻时，相应的退出率如此之高，以至于抵消了群体中生存下来企业的相对规模增长。

第二，逐渐增长的实证证据表明不同企业的技术能力存在巨大差异（Dosi，1988；Freeman，1994），从而揭示了企业绩效水平的差异（Jensen and McGuckin，1997）。

第三，随着产业生命周期演化，产业进入退出水平、集中度以及产业震荡现象表现出系统性地随着产业发展时间框架变化，最终塑造着产业市场结构。

第四，针对产业中企业数量的实证研究得出的结论是：①在产业演化的整个历程中都存在着企业进入和退出动态；②企业具有异质性能力；③无论是在产业间，还是随时间变动，企业的成长率都表现出极大的差异；④在位企业的市场份额在产业演化中持续波动变化；⑤产业的演化会造成企业规模分布的偏态；⑥供给的变化会影响市场价格，最终影响每个企业成长和生存机会。

综上所述，产业演化是微观产业动态的宏观涌现，作为产业构成单元的企业变动，汇总在一起体现出产业生命周期性演进和市场结构的动态变化。

# 第三节 产业动态的关键（典型）事件

现有研究已经得出一系列关于产业动态的典型事件。通过对相关文献的梳理，本节从企业规模与成长率分布，企业进入、退出与迁移，企业规模、生存与成长三方面总结了产业动态的关键事件。

## 一 企业规模及成长率分布

在产业动态研究领域，有两个相关的研究主题十分吸引研究者的注意：一个是企业规模分布的统计特征，另一个是企业规模分布与观察到的企业增长率性质之间的关系。研究者希望通过揭示产业动态演进过程中的企业规模分布规律来深入探讨市场结构、企业进入退出、并购以及产业动态演化等问题（方明月，2010）。而从某种程度上说，这两方面动态过程中的企业成长、衰退、消失能够回溯到一个相同的起源（Bottazzi et al.，2007）。

具体来看，第一方面的研究能够很清晰地与吉布拉特（Gibrat，1931）进行的法国生产部门企业规模分布调查研究联系起来。这些研究得出企业规模的对数分布基本符合高斯分布。第二方面的研究主要关注著名的"比例效应法则"。该统计法则也是由吉布拉特提出，作为对企业规模服从对数正态分布的可能解释。在规模报酬不变的条件下，企业增长符合增长率独立于企业规模的一个纯随机过程。虽然吉布拉特法则缺少经济学内容，但是它提供了一种与实际企业增长动态作比较的"零假设"。大量的研究（Wilson and Williams，2000；Lotti et al.，2001；Goddard et al.，2006；Coad，2007）都表明，吉布拉特法则可以被视为是对企业增长粗略的初步估计。

然而，近期基于更全面的数据研究表明在五年或更长的时期内吉布拉特法则既不符合新进入者的规模分布也不符合已建立企业的规模分布（Mata，1994；Geroski，1995；Audretsch，2002；Lotti, Santarelli and vivarelli，2003）。这是因为，相比大型企业，更小规模企业的成长更不会按照一定的比例。这就降低了规模与成长之间的关系，表明企业规模的分布不是随时间不变的，并且与对数正态分布存在着不同。另外，还有研究得出企业初始规模与其日后成长率之间呈负相关关系。然而，Lotti、Santarelli 和 Vivarelli（2001）的研究表明，在新诞生的企业中，成长率与他们初始规模仅在企业幼年时期呈负相关关系。具体来说，当更小的企业需要快速成长从而达到一个成活的可能规模时，吉布拉特法则在直接跟随起步阶段的这几年里不适用。但是，在接下来的几年里，进入者的成长方式与整个产业并没有显著的区别。阿马拉尔（1997）使用美国生产企业的数据观察到的分布不像高斯分布，而像是 log–log 图形中的"帐篷形状"，并且很相似于拉普拉斯分布或双指数分布。使用美国数据（Bottazzi and Secchi，2003）、意大利生产数据（Bottazzi et al.，2007）、世界医药产业数据（Bottazzi et al.，2001）也观察到增长率分布接近于拉普拉斯分布。

总的来看，各类研究基于分布律的研究视角，利用概率模型和大样本数据来探讨企业规模整体分布情况，进而判断企业规模分布是否合理和优化（方明月，2010）。这些对于市场发育成熟国家企业规模分布的研究，对于我国产业相关问题的研究具有重要参考意义，企业的规模分布及其引致的市场结构变动，为分析我国产业发展周期判断提供了理论依据，也有助于探索具体产业的发展路径与态势。

## 二 企业进入、退出与迁移

由于企业的进入退出行为，多数产业表现出较高程度的企业数量和规模变动（Beesley and Hamilton，1984；Acs and Audretsch，1990；1992）。而且进入退出行为对市场波动的影响程度在不同产业间也存在着显著差异（Baldwin and Gorecki，1994）。为了探讨企业进入退出行为对产业动态演化影响的内在作用机制和特征，研究者从进入退出率的动态变化、进入退出之间的相关关系、进入退出方式及其影响因素等多个角度对引起产业动态演进的进入退出行为进行了深入研究。

企业进入行为在各产业内较为普遍且长久地存在。但是，这样的进入特征也意味着进入企业有一个相当短的生存预期。所以，进入相对比较容易，而存活较为困难（Geroski，1995）。因而产业在展现出较高进入率的同时，也表现出企业规模分布在低端的高度波动性。

在进入、退出相关性研究方面,一般认为,在商业周期的上升阶段,进入表现得更加强烈,而在下降阶段,退出更为强烈。并且影响进入的需求和技术因素应该与影响退出的不同,因此,进入和退出存在着微弱的相关关系。但是,这些观点与实证研究结果并不相符。首先,在不同国家和时期,进入和退出率基本相同(Cable and Schwalbach,1991)。其次,进入和退出之间的相关性得到产业动态研究中典型事实的支持(Geroski,1995;Caves,1998)。对于进入和退出之间关系的研究划分出了两个研究视角:对称性和同时性(Shapiro and Khemani,1987)。在对称性方面,围绕进入和退出统计规律的一个可能解释是它们的决定因素相同。这就意味着解释变量是完美对称的。在同时性方面,对于上述规律的一个替代性(或互补性)解释是熊彼特的"创造性破坏"观点。在这一观点中,进入和退出是相关的。在此背景下,有效率的新企业进入将引起低效率的生产者退出,这就是一个替代效应。退出的企业所留下来的资源空缺和未满足的消费者将吸引潜在进入者进入。这就可能改变潜在进入者对进入成功可能性的主观判断。在某种程度上,这种判断确实能够决定进入并替代已退出的企业。这一代替—替代效应或是"负向反馈模型"(Geroski and Mazzucato,2001)在文献中被称为"旋转门"现象(Audretsch,1995)。

还有很多研究者对进入退出的影响因素进行了探讨。戈罗斯基等(Geroski et al.,1990)研究指出,进入的风险调整期望收益增加值的净现值和进入成本的比较是企业做出进入决策的依据。而邓尼和罗伯茨(Dunne and Roberts,1991)以及梅耶和卡佩尔(Mayer and Chappell,1992)的研究发现,具有较高价格—成本边际的制造业倾向于有较低的总退出率。夏皮罗(Shapiro,1983)、Jeong 和 Masson(1991)使用单一均衡方程模型进行研究得出低收益促进退出。但是,奥斯汀和罗森鲍姆(Austin and Rosenbaum,1991)、西格弗里德和埃文斯(Siegfried and Evans,1992)、罗森鲍姆和拉马特(Rosebaum and Lamort,1992)使用联立方程估计进入和退出没有能够检测到退出与价格—成本边际之间的相关关系。另外,需求影响进入退出。Siegfried (1994) 指出，如果进入者对未来需求增长的预期高于在位企业，那么他们可能进入该产业而不顾产业的收益较低或收益正处在下降阶段。Duetsch (1984) 通过对净退出率的实证研究发现如果需求下降，退出将增长。在近期，Chang (2009) 通过构建模型研究了市场环境（市场需求规模、固定成本水平、潜在进入者、企业初始资产水平）、产业特有的搜寻倾向以及单个企业学习的技术空间性质能够影响进入退出率，并最终影响长期产业结构。

### 三 企业规模、生存与成长

从理论观点来看，在包含噪声选择的被动学习模型中 (Jovanovic, 1982)，有效率的企业生存并成长，而无效率的企业衰退并失败。特别是模型假设企业在起初对其效率和经营能力并不了解，直到进入后才逐渐认识到自身和其他企业的效率水平。如此一来，每个时期，企业都需要决定是否退出，是否维持现有规模水平，是否需要扩张，或者是否应当缩减产能。该模型与现实当中企业异质性特征极为相符。进入错误很容易发生，企业抱着"进入并观察"的心态进入市场，因此，进入失败十分常见 (Lotti and Santarelli, 2004)。而在主动学习模型中 (Ericson and Pakes, 1995)，假设企业所有的决策是基于当前信息条件下的最大化未来净现金流的期望贴现值。在该模型中，企业根据当前产业结构以及未来产业结构分布，知道其自身效率水平。被动学习模型中的产业规模小和产品同质性假设，在主动学习模型中得到放松。因此，新进入企业既可以将其规模调整到产业最小有效规模水平上，也可以选择进入利基市场中，即使不尽快成长也能获得相对较高的生存可能性。后续的研究检验了不同群体的企业生存、成长状况，发现有些群体符合被动学习模型特点，而另一些符合主动学习模型特点 (Pakes and Ericson, 1998)。这两个模型都认为，企业是具有异质性的，企业管理者具有不同的能力和信念，因此，循序渐进地制定进入、退出、成长策略。然而，大部分新进入企业可能因为进入错误、学习失败或者制定了错误的差异化策略而在生命周期的早期阶段就选择退出。

从实证观点来看，近期的研究关注企业进入后的表现，并研究了新进入企业的生存、成长和过早退出。在这一领域当中，通常讨论企业进入前的特征与进入后的绩效表现。而进入后的表现可以由员工数增长、利润率或市场渗透来测量。实证研究发现企业初始规模与生存之间具有正向关系（例如，Audretsch and Mahmood，1995；Agarval and Audretsch，2001 等）。其他研究发现，企业初始规模与进入后成长之间是负向关系，从而拒绝了吉布拉特定律（例如，Hart and Oulton，1996；Sutton，1997；Lotti，Santarelli and Vivarelli，2003）。相反，具有次优规模的企业，由于面临着更高的进入失败风险，因此，它们必须快速成长来应对市场选择压力，以获得生存机会和空间。从实证研究观点看，这意味着小型企业同时具有较高失败率和较高成长率。然而，进入规模并非总是生存率的良好预测变量。一些研究发现，尽管在多数产业当中，企业初始规模与生存之间呈现出正向关系，但是，这一结果并不具有统计上的显著性（Autretsch et al.，1999）。对此，可能的解释是在一些主要由小型企业构成的产业当中，所有的新企业都会选择低于最小有效规模进入，因此，进入规模不能反映出企业生存机会。其他研究还发现，因为规模较大的在位企业具有更高的市场份额，所以，无论新进入企业的初始规模如何，它们生存的可能性通常都较小（Santarelli，2000）。

通过从理论和实证两方面的分析，可以得出企业进入前的规模特征可能是进入后生存机会和绩效表现的预测变量。如果企业初始规模较大，就可能凭借信息优势开展"主动学习"，从而具有更高的生存可能性。但是，如果企业初始规模较小，企业或者选择快速成长，以应对市场选择压力，提高生存可能性；或者不急于选择成长，而是进入利基市场，通过多元化经营策略获得生存空间。

## 第四节 产业动态的研究趋势

产业动态研究处于快速发展之中，本节总结了产业动态研究发展趋势，分析了产业动态在创新、需求变动和经济周期之间关系中的作用，为今后深入研究产业动态问题奠定了基础。

## 一 产业动态与创新

回顾创新与产业动态的研究，可以发现探讨创新和产业动态之间的关系，始终是熊彼特研究的核心内容。在经济发展理论（Schumpeter，1934）、商业周期（Schumpeter，1939）以及资本主义社会和民主（Schumpeter，1950）中，熊彼特都十分关注作为创造性破坏过程以及创造性积累过程的创新。他将创新放在产业演进及经济转变过程中进行探讨，并指出创新与产业的出现、成长和衰退息息相关。熊彼特之后有关创新、产业发展和动态竞争的研究被视为是主流经济研究的"边缘"领域而不受关注，研究重心转向探讨创新与企业规模、创新与市场结构等方面。直到20世纪70年代晚期到80年代早期，出现新的对创新和产业演进进行实证和理论方面的研究。这些研究又重拾熊彼特最初提出的有关创新、产业演进和产业结构转变的观点。尽管所选取的研究角度不同，但是，这些研究都包括两个共同的元素：创新在经济活动中关键作用的识别以及使用动态分析的方法。

随着计算机技术的进步和企业层面数据的获得，创新和产业动态的研究从20世纪六七十年代部门间的研究发展到90年代的面板数据和纵向数据分析。研究方法的进步使得产业统计、进入和创新、企业成长等方面研究（Audretsch，1995；Baldwin，1995；Geroski，1994；Bottazzi et al.，2002）的统计参数发生改变，由此认识、确定和测量到一系列影响创新和产业动态的"程式化"因素及统计规律。

创新和产业动态研究模型的构建按照不同的路径和方向发展。乔瓦诺维克（1982）、埃里克森和帕克斯（1995）构建了具有理性参与者的产业动态模型。在模型当中，在位者、进入者都进行技术学习，而竞争过程消除了企业群的异质性。在萨顿（Sutton，1998）的模型中，与技术和需求相关的要素通过无套利条件限定产业结构边界，并在产业特定进入过程中带来相应的纳什均衡。纳尔逊和温特（1982）提出的纳尔逊—温特演进模型，关注企业的学习过程和产业动态的一般特征，并设定具有理性的参与者进行学习和非完美的反复试验。整个选择过程发生在异质性企业群体中。而克莱珀（1996，2002）以及克莱珀和西蒙斯（2000）在产业生命周期模型当中分析了企业产品创新和过程创新，及其与企业进入退出行为和企业成长的关系。在宏观层面，研究者通过构建模型将创新和产业演进与经济结构改变和部门构成变化相联系（Dopfer et al.，2004；Dosi，2001；Montobbio，2002）。

## 二 产业动态与需求变动

产业动态中的需求研究常常关注其在创新、产业生命周期和产业演进之间关系中的作用（Malerba，2006）。在创新经济文献中，有许多关于需求与创新关系的实证和理论研究，从过去讨论需求拉动和技术推动（Schmookler，1966；Meyers and Marquis，1969），到分析需求、市场结构和创新（Kamien and Schwartz，1975；Sutton，1991；1998）。而广告、网络等也已经成为影响创新力以及产业集中度的重要因素。同时，需求也与突破性技术的出现相联系，并且突破性技术的早期发展能够带来不同寻常的非标准性能特性价值的利基分割。这些技术在性能和特性方面的进一步发展将最终使得这些技术充分满足于主流消费者的消费需求（Christensen and Rosenbloom，1995；Christensen，1997）。研究扩散问题的文献也将研究重点放在探讨需求和创新关系上。一些文献研究了新技术、需求以及供应商和使用者在产业结构变化过程中的相互作用关系（Hall，2004）。同样关于竞争技术的文献在探讨需求和创新关系时将关注点放在了外部性和收益递增方面（Arthur，1989）。

与需求和创新研究领域的发展相反，将需求嵌入产业动态和创新之间关系的分析当中仍处在起步阶段。马莱巴（2006）认为，对于这一领域的研究关键在于解答以下问题：需求以怎样的方式和方法影响创新和产业动态演进？需求是否仅仅是被动地接受新产品或是它也会积极贡献于新技术的发展和产生？在产业演进过程中，哪些动态化过程是由需求所引起的？马莱巴认为，对于这些问题的回答首先需要确定需求影响产业动态和创新的各个维度。第一个维度关系到需求对企业研发支出和研发轻度的刺激。在这一方面，消费者的偏好、市场分化和分割、需求规模和发展会影响创新强度，进而引起技术在多方面发生变化。例如，萨顿（1998）、克莱珀和汤普森（Thompson，2003）通过构建模型证明了用户特点和存在分市场能够显著影响市场结构演化。同时，克莱珀和汤普森（2003）的研究还进一步指出分市场的创造和破坏是产业演进的核心动力，并决定着企业的扩张和收缩，最终决定了企业的规模、年龄、增长和生存之间的关系。

另外，消费者行为对创新和产业动态演进也具有很大影响。消费者行为包括信息不对称、新产品和技术乃至路径等方面的不完全信息，现存产品和技术的消费惯性和习惯。此外，消费者能力影响产业技术改变。关注消费者行为和能力能够在分析需求如何影响创新以及产业动态的专属特性方面取得很有效的研究成果。可供选择的研究视角有用户—生产者互动、用户发起创新、实验性消费者、消费者学习能力等方面。通过研究消费者行为和能力对需求的影响能够深入探讨需求动态、产业动态、技术动态以及产业动态之间的联系。

### 三 产业动态与经济周期波动

目前对于产业动态的研究更多的是探讨影响产业动态的因素，分析产业动态的发生机制。相应地，实证研究焦点集中在两方面：一是通过企业进入、退出数量的变动以微观视角刻画产业动态；二是通过研究产业动态发生前后企业群体生存率的变化来分析产业动态所造成的影响。并且，产业动态的研究通常与产业生命周期、产品生命周期相联系。实际上，企业进入、退出、成长动态与经济周期波动也存在密切联系，并逐渐受到研究关注。

在理论研究中，将经济周期波动与企业进入、退出决策之间的关系视为是一种具体传递机制的研究视角，提高了短期经济波动模型对实际经济波动特性的解释力，并开发出了几种垄断竞争下的随机动态一般均衡模型来分析企业进入、退出对经济周期波动的影响。具体来看，一种较为广泛使用的方法是假设企业自由进入，随之而来的是产业当中企业数量的逐渐增长，致使每期利润为零。这种假设静态零利润条件的模型包括 Bergin 和 Corsetti（2005）、Jaimovich（2007）、

Jaimovich 和 Floetotto（2008）等的研究。与此相反，另一些研究采用动态进入模型，并增加了期望利润的当前折现值等于进入沉没成本的企业进入条件（Lewis，2006；Bilbiie et al.，2007）。在该条件下，允许企业利润随时间变化，并且企业数量是一个真正的状态变量。而在近期的研究中，Lee 和 Mukoyama（2015）分析了在一轮经济周期中，美国制造业企业的进入、退出动态，发现进入率变化比退出率变化更具有周期性，且分别在经济繁荣和衰退阶段，进入和退出的企业在生产率、员工数等方面存在着差异。Clementi 和 Palazzo（2016）通过构建模型研究了在经济总体受到冲击时，企业进入、退出动态在总体冲击传播中所起的作用。该模型还发现了在经济衰退开始时，企业数量下降与随后经济缓慢复苏之间的因果关系。

在实证研究中，多数研究焦点是经济周期中企业数量的变化。例如，克莱珀和汤普森（2006）研究得出激光行业的生产者数量随着时间的推移而持续增长。而克莱珀和西蒙斯（1997）发现，在汽车、轮胎和电视行业，企业数量出现了大幅震荡波动。Laincz 和 Peretto（2006）使用美国数据分析得出，尽管产业中企业数量持续增加，但是企业的长期平均规模较为稳定。分析企业规模分布与经济周期变动之间关系的实证研究却较少。较为有代表性的是卢卡斯（Lucas，1978）使用1900—1970年的数据研究了企业规模分布与经济增长之间的关系。结果表明，人均国内生产总值对企业平均规模具有显著的正向影响，然而，企业规模的独立变动趋势却是负向的，并逐渐递减。萨弗（Shaffer，2006）以家庭收入的中位数增长率来衡量经济增长，来研究经济增长与国家层面的企业初始规模之间的关系。研究结果表明，较小的企业初始规模与家庭收入中位数的增长具有显著的相关性。

汇总以上研究结论，可以得出一些关于产业动态与经济周期之间关系的典型事实，这包括：第一，净进入和企业实际利润率具有很强的顺周期性（Bilbiie et al.，2007）；第二，企业进入是顺周期的，且与产出增长正相关（Lewis，2006；Bergin and Corsetti，2005；Devereux et al.，1996；Campbell，1998）；第三，与资本投资相类似，企业进入和退出比整个经济周期中的产出变化更加不稳定（Lewis，2006）；第四，进入与全要素增长率呈正相关关系（Campbell，1998）；第五，退出是反周期的，且与产出增长负相关（Devereux et al.，1996；Campbell，1998）；第六，企业规模和产品多样化以顺周期的方式导致上升期间的产品空间扩张（Jovanovic，1993）。

# 第二部分 产业分布形态

# 第二章 企业规模分布

对于产业发展状况而言,有一系列的维度和指标可以对其进行经济学刻画,其中,既包括总产值、增加值、固定资产投资和从业人数等总量指标,也包括企业规模分布、成长率分布等结构性维度,后者往往能够更为清晰地呈现出产业发展的特点、规律与阶段。本章将企业规模分布理论与方法应用于中国新兴产业的研究,通过对规模分布及创新等影响因素的研究,探寻产业发展的水平与独特性,产业内部的动态变化以及不同因素对产业内企业规模分布与成长的塑造作用,对于摸清新兴产业发展情况,识别产业问题,预测产业未来发展趋势是十分有必要的。本章由四个部分构成,首先梳理了企业规模分布的相关研究,分析了企业规模分布的类型、经验证据及其经济学内涵;其次分析了影响企业规模分布的多种因素,包括创新、行业集中度、国有化程度、政府补贴收入、企业进入率,等等;再次对中国新兴产业的企业分布的基本事实进行了描述,判断分布形态与类型,通过对帕累托指数的测算,分析企业规模分布的变化趋势,并将其与传统产业进行了比较研究;最后实证检验了创新等因素对新兴产业企业分布的影响,并据此得出相应的政策内涵与措施。

## 第一节 企业规模分布的类型、经济学内涵与经验证据

综合之前企业规模分布的相关研究可以得出,企业规模分布类型主要包括对数正态分布和帕累托分布两类,齐夫分布是帕累托分布的

特例。接下来对这三种分布类型分别进行综述。

一　对数正态分布

关于企业规模分布的经验研究起始于吉布拉特的先驱性贡献。吉布拉特（1931）在《非均衡经济学》一书中基于多随机过程理论的假设，利用1896—1921年法国农业和商业等全国性部门以及一些区域性部门的数据，研究了法国的制造业企业的规模分布，发现企业成长的随机过程导致企业规模近似服从对数正态分布且比较稳定。其后众多的研究验证了这一观点，Kalecki（1945）检验了美国企业规模分布，以1937年美国制造业的工人数量来衡量企业规模，发现美国的企业规模较好地服从对数正态分布，遵循吉布拉特提出的比例效应法则。哈特和普雷斯（Hart and Prais，1956）采用英国1885—1950年制造业和采矿业3200个公司的面板数据，用净资产度量企业规模，发现企业规模近似服从对数正态分布。Cabral 和 Mata（2003）使用葡萄牙制造企业的数据，研究发现企业规模分布显著右偏，随着时间的推移而向对数正态分布演进。Kaizoji 等（2006）分析了1995—2003年跨国公司的数据，对日本企业和美国企业的规模分布进行比较，发现美国企业的规模分布近似服从对数正态分布，而日本企业规模分布的上尾部分服从帕累托分布。

在国内的研究中，石建中（2010）运用2004—2007年中国规模以上工业企业的数据，研究发现中国的企业规模大体上服从对数正态分布，同时呈现出一些新的特征，大企业大而不强、产业的市场集中度偏低、大企业在产业中的分布不均衡等。张巍和孙宝文等（2013）采用2008—2012年中国互联网行业上市公司的数据，研究互联网企业的规模分布，并对中国互联网行业是否遵循吉布拉特法则进行了检验，结果表明互联网企业成长规模呈现对数正态分布，互联网行业结构表现出"寡头主导、多种形态企业共存"的特点，互联网行业遵循吉布拉特法则，即互联网企业成长率与期初规模相关。

二　帕累托分布

对于企业规模分布进一步的研究发现，如果考虑到新生企业的样本，帕累托分布比对数正态分布能够更充分地拟合现实状况。帕累托分布是以意大利经济学家帕累托（Vilfredo Pareto）命名的，是从大量真实世界的现象中发现的幂次定律分布。帕累托（1897）发现，社会上20%的人占有80%的社会财富，即著名的"二八定律"，收入大于等于某一临界值$x$的人数$N$与$x$的常数次幂成反比，即$N = A/(x + b)^\theta$，其中，$\theta$是帕累托指数。帕累托分布应用到企业规模分布的领域，则意味着分布的曲线是右偏的，帕累托指数也成为考察企业规模分布的指标。Simon和Bonini（1958）使用1954—1956年美国500强企业的数据研究了企业规模分布的类型，他们认为，企业规模分布（无论在单个产业内，还是在整个经济体内）都是高度右偏的，规模分布的上尾部分近似服从帕累托分布。

Ijiri和Simon（1964）使用247个企业样本的数据，发现大量相关的随机过程导致企业规模分布是高度偏斜的频率分布，近似于Yule分布（与帕累托分布类似）。Ijiri和Simon（1971）利用1956—1957年美国500强企业的数据，研究了企业规模分布以及影响规模分布的因素。通过美国500强企业20年的规模分布图，发现由集中度衡量的帕累托曲线的形状具有相对稳定性，并购不影响企业集中，即并购并不影响企业规模分布。Ijiri和Simon（1974）运用1948—1969年美国制造业和采矿业的企业数据，研究发现帕累托曲线不仅可以近似拟合企业规模的数据，而且可以拟合多种多样的经济和非经济的偏态分布。Marsili（2006）采用荷兰1978—1998年制造业的数据，发现规模分布是高度右偏的，近似服从帕累托分布，如果伴随经济衰退，各类规模企业的流动性将会提高，导致帕累托分布的斜率更大。

理论界常用帕累托指数来描绘企业规模分布的状态。国内外诸多学者通过测算国家、城市或企业样本的帕累托指数来度量规模分布状况，研究该地区的规模分布是否服从齐夫定律以及相关影响因素，并发现理论上最优的总体规模分布应该服从齐夫分布。

Rosen和Resnick（1980）为测量城市的规模分布，计算了44个样本国家的帕累托指数，帕累托指数的估计结果从0.81（摩洛哥）到1.96（澳大利亚）变化，样本的平均值为1.14，在这44个国家中，有32个国家的帕累托指数显著大于1，4个国家的帕累托指数显著小于1。在大部分样本国家中，大城市比小城市增长得更快。帕累托指数与人均国民生产总值、总人口和铁路密度呈现出正相关，与陆地面积负相关。米尔斯和贝克（Mills and Becker，1986）使用1960—1971年印度城市系统的数据，发现印度城市的帕累托指数与总人口和工人数量在制造业所占比例正相关。

Alperovich（1993）研究了多个国家的帕累托指数，发现帕累托指数与人均国内生产总值、人口密度和陆地面积呈现出正相关，与GDP中政府份额和制造业增加值的份额呈现出负效应。Kwok（2004）为检验齐夫法则是否适用于城市，采用1972—2001年73个国家的新数据，使用OLS和Hill两种估计方法。对于OLS方法，帕累托指数的最大值是1.719（科威特），最小值是0.729（危地马拉），在73个国家中，有39个国家的帕累托指数显著大于1，14个国家的帕累托指数显著小于1。对于布尔（Hill）估计方法，帕累托指数的最大值是1.742（比利时），接着是瑞士和葡萄牙，最小值是韩国、沙特阿拉伯和白俄罗斯。73个国家中，有24个国家的帕累托指数显著大于1，只有6个国家的帕累托指数显著小于1。因此得出结论，齐夫法则并不适用于城市的规模分布。

在国内的研究中，高鸿鹰和武康平（2007）使用OLS方法测算了1997年、2000年和2003年我国各省、三大区域以及全国的城市人口规模分布和经济规模分布的帕累托指数，对其进行跨区域和跨时间的对比分析，并实证分析我国城市规模分布的影响因素。研究发现我国的城市规模分布显著地服从帕累托分布，并具有明显的结构性特征。我国的城市经济规模分布的帕累托指数大部分小于1，与Nitsch（2005）的研究结论相比较，我国的城市人口规模分布更不均匀。工业化进程、产业结构以及运输能力与我国的城市人口规模分布呈现出显著正相关，而工业化进程、运输能力和区域特征则对城市的经济规模分布有着明显的影响。

杨其静、李小斌和方明月（2010）以年销售收入度量企业规模，测算了1999—2005年我国各省市区企业规模分布的帕累托指数，发现帕累托指数明显小于1，集中分布于0.5左右，表明大型企业在数量和相对规模方面处于明显的优势地位。杨其静和李小斌（2012）测算了1998—2009年全国及各省市区企业规模分布的帕累托指数，并深入分析了企业规模分布的影响因素，检验和拓展了杨其静等（2010）的研究结果，研究发现，我国企业的规模分布状况并未遵循齐夫定律，而是明显向下偏离；尽管随着时间的推移，帕累托指数呈现出显著的上升趋势，但这一趋势渐渐变缓，至2009年已趋于停滞。同时，各省份的企业规模分布普遍偏离齐夫定律，且各省之间的分布状况差异较大。

马靖（2013）发现，出口企业规模呈现出不均衡分布，即帕累托指数较低。在非出口状态下，企业规模分布的帕累托指数平均值为0.80，而在出口状态下企业规模分布的帕累托指数平均值仅为0.66，表明出口对企业规模的两极分化影响显著，改变了我国企业规模的整体分布结构。

### 三　齐夫分布

齐夫（Zipf，1949）以城市人口规模对城市进行降序排列，发现发达国家的城市人口规模不仅服从帕累托分布，而且帕累托指数 $\theta$ 近似等于1，这一发现被称为"齐夫定律"，随后在分子渗透、城市和企业的规模分布等领域这一定律都得到了验证。$\theta$ 的经济含义为：帕累托指数 $\theta$ 为1是帕累托规律的特例，即齐夫定律。$\theta$ 偏离1时，$\theta$ 越小，企业规模分布越不均匀；$\theta$ 越接近于1，则企业规模分布越均匀。阿克斯特尔（Axtell，2001）运用1988—1997年美国纳税企业的全部样本数据，用不同的指标度量企业规模，发现样本期间企业规模均服从齐夫分布。Fujiwara（2004）使用1997年日本破产企业的数据，发现破产企业的总负债服从齐夫分布，债务和规模是高度相关的。Fujiwara等（2004）运用1992—2001年45个欧洲国家26万个企业的平衡数据，分别以总资产、员工数量和主营业务收入度量企业规模，发现企业规模分布的上尾部分服从齐夫分布。

勒特默（Luttmer，2007）使用2002年美国统计局的数据，采用对数正态分布的最大似然估计法，用不同的指标来衡量企业规模，得出企业规模分布在右侧尾部服从齐夫分布，齐夫系数为1.06。Gabaix

和 Landier（2008）运用 2004 年美国 500 强企业的数据，以企业的市场价值（股权和债权之和）度量企业规模，发现美国企业的规模分布服从齐夫分布，齐夫系数为 1.01。

方明月和聂辉华（2010）使用 1999—2005 年中国全部国有及规模以上工业企业数据库，以销售收入来衡量企业规模，得出中国工业企业总体规模分布偏离了齐夫分布，国有企业是导致偏离的主要原因。杨其静、李小斌和方明月（2010）采用 1999—2005 年全部国有企业及规模以上非国有企业的总体调查数据，通过对我国各省市区工业企业规模分布的帕累托指数进行测算，发现我国各省市区的企业规模分布状态都普遍比较严重地偏离齐夫定律，即大型企业在各省市区处于明显的优势地位，而中小企业发展不足。

那么，不同的企业规模分布，体现出的产业现实内涵是什么呢？一般而言，对数正态分布和帕累托分布都属于不均衡分布，在对数正态分布中，强调中小企业的重要性，大企业数量在行业中所占比重在 10% 以内，产业发展以中小企业为主导；在帕累托分布中，突出强调大企业的重要性，大企业数量在行业中所占比重超过 20%，对产业的发展有着决定性作用。同时，齐夫分布是帕累托分布的一种特殊形式，呈现出企业规模均匀分布的理想状态。齐夫分布的模型假设研究主体的成长是一个自然的随机过程，即只有在相对自然的环境中，规模不等的企业在数量和相对规模上才会表现出齐夫分布状态。阿克斯特尔（2001）、勒特默（2007）、Gabaix 和 Landier（2008）指出，在市场经济发达、政府管制较少的美国等发达国家，企业规模分布的帕累托指数近似等于 1。与此相反，当政府管制较多、妨碍自由竞争的因素较多时，帕累托指数就会偏离 1。Hernández–Pérez 等（2006）发现发展中国家（如墨西哥）的市场中阻碍竞争的因素较多，帕累托指数明显小于发达国家。Takayasu 和 Okuyama（1998）研究发现，即使是发达国家，如果国家干预较强（如日本），其帕累托指数仍然明显小于 1。阿克斯特尔（2001）明确指出，"齐夫分布是任何经验上准确的企业理论必须符合的标准"。因此，齐夫法则通常当作推断市场是否是自由竞争的指标。然而，齐夫分布并不是在任何情况下都是最优的，特别是对于工业化和城市化尚未完成的中国而言。

## 第二节 影响企业规模分布的因素

### 一 创新对企业规模分布的影响

在熊彼特体系的研究中，技术创新被认为是市场结构的决定性因素。熊彼特（1942）有关创新与企业规模的论述被归结为"熊彼特假说"，即独立的新型小企业是创新的主体和主要组织形式，并终将过渡为大型一体化官僚型大企业。达斯吉普塔和斯蒂格利茨（Dasgupta and Stiglitz，1980）指出，特定技术是企业规模分布的决定性因素。Bottazzi等（2001）研究了世界制药企业150强，发现创新在实质上驱动着细分市场的演变，创新、模仿和新市场的持续开拓共同塑造了制药产业的市场结构长期演变。

Marsili（2005）使用荷兰制造企业数据发现技术因素影响着企业规模分布，技术能够使产业"自我组织"的特征发生改变。在国内的研究中，施培公（1995）认为，企业技术创新存在一个适度规模，企业的技术创新能力随企业规模的扩大先上升后下降，因而企业应掌握适度规模以保持强盛的创新能力。马宁等（2001）使用1996年960家高新技术企业的数据，以员工数量衡量企业规模，研究了我国高新技术企业规模与创新能力之间的关系，发现高新技术企业R&D强度随着企业规模的增大呈阶梯下降趋势，同时创新强度表现出倒"U"形分布的特点，较多小型高新技术企业的创新效率比较低。

### 二 其他因素对企业规模分布的影响

对于影响企业规模分布的其他因素，相关学者从产业集中度、产业结构、产业政策等角度进行了探讨。哈特和普雷斯（1956）分析了产业集中度对企业规模分布的影响，认为较高产业集中度会形成较大的标准差，进而导致企业规模分布不集中，而较低的集中度会使得企业规模相对均匀。石建中（2010）认为，企业规模之间的巨大差距是由于受到国家产业政策及行业生产技术经济特点的影响。

杨其静、李小斌和方明月（2010）认为，国有企业比重、城市化水平、开放程度会对企业规模分布产生影响，这几方面水平的提高会使得当地的企业规模分布更加偏离齐夫分布。政府的财政支出比重越大，会使企业规模分布进一步偏离齐夫分布，但政府增加基础建设的投资会使得企业规模分布接近齐夫状态。尽管随着时间的推移以及市场化程度的提高，各省市区的帕累托指数显示出上升趋势，但是东部地区的发达程度和地理位置优势更能培育和集聚优秀的大型企业，而西部地区可能出现较低水平的齐夫分布状态。杨其静和李小斌（2012）通过测算1998—2009年全国及各省市区企业规模分布的帕累托指数，深入分析了企业规模分布的影响因素，在杨其静等（2010）研究结果的基础上，进一步探讨了阶段性因素对企业规模分布的影响，以及各因素对企业规模分布的影响是否有跨时差异。结果表明，在所有影响企业规模分布的变量中，政府财政、国有企业所占比重、市场化指数和区域因素最为稳定和显著。

马靖（2013）运用1999—2009年中国的省际平衡面板数据，分别采用GLS和PCSE方法，对出口贸易如何影响企业规模分布进行了检验，并分析了影响企业规模分布的其他因素。研究发现，人均GDP的提高和国有企业所占比重的上升降低了企业规模分布的帕累托指数，社会固定资产投资额和市场化水平与企业规模分布的帕累托指数呈现出正相关关系。在政府势力方面，教育支出比重和基础建设比重与帕累托指数呈现出正相关，但是，科技支出比重与帕累托指数呈现出负相关关系，表明政府对大型企业的科技创新投入比较高，而对中小企业投入较少，说明我国对于中小企业在市场中的地位和作用没有足够重视。在标准化系数方面，国有企业所占比重与市场化水平对企业规模分布的影响最大，对外贸易对企业规模分布的影响程度比出口贸易更大，政府势力的影响并不十分明显。

总体来看，国内外对于企业规模分布的类型与特征、帕累托指数相关研究以及影响企业规模分布的因素并没有得出一致的结论，这是因为企业规模分布在不同国家之间、不同行业之间存在较大差异，也与学者们所采用的不同研究方法有关。基于之前的研究结论，我们可以对当前中国新兴产业的企业规模分布进行分析,研究其分布所呈现的典型特征,与传统产业的差异,以及创新等因素对于规模分布的塑造作用。

## 第三节 企业规模分布的基本事实

为了说明企业规模分布的分析方法,并刻画企业规模分布的基本事实,本节选择新兴产业作为研究对象,从两方面探讨规模分布的特征,一是直接刻画新兴产业的规模分布图,研究其分布类型与特征;二是将新兴产业与传统产业作比较,从标准差、偏度、峰度分析新兴产业的特有规律,本节选取的传统产业为有色金属矿采选业和食品制造业。

### 一 新兴产业的总体规模分析

为研究新兴产业的规模分布情况,本书从《中国工业企业数据库》中选取2003—2009年新兴产业的面板数据。在数据的筛选过程中,依据《新兴产业分类目录》的五级目录和产品类别,从《中国工业企业数据库》中进行行业筛选,并依据"主营产品"一项剔除虽在大类中属于新兴产业,但企业以生产经营传统产业产品为主的样本,最终选取属于新兴产业的106个子行业的企业样本,剔除12个数据不全的行业之后为94个行业样本,共计6万多家企业。

(一) 新兴产业的基本情况

本书以2003—2009年中国新兴产业为研究对象,首先对新兴产业的整体情况进行分析,如表2-1和图2-1所示。

表2-1　　　　　2003—2009年中国新兴产业基本情况

| 年份 | 企业数量（个） | 资产总计（亿元） | 工业总产值（亿元） | 主营业务收入（亿元） | 全部从业人员年平均人数（万人） |
|---|---|---|---|---|---|
| 2003 | 22505 | 25860.67 | 23323.21 | 22675.97 | 709.27 |
| 2004 | 36685 | 33948.26 | 31391.68 | 31390.07 | 879.88 |
| 2005 | 35014 | 38119.34 | 38797.06 | 37808.91 | 932.92 |

续表

| 年份 | 企业数量（个） | 资产总计（亿元） | 工业总产值（亿元） | 主营业务收入（亿元） | 全部从业人员年平均人数（万人） |
|---|---|---|---|---|---|
| 2006 | 39298 | 45489.63 | 50596.93 | 49668.96 | 1027.71 |
| 2007 | 45339 | 57738.35 | 64891.89 | 63323.26 | 1145.65 |
| 2008 | 62169 | 73548.79 | 81052.33 | 78725.34 | 1364.33 |
| 2009 | 51313 | 72498.94 | 81113.19 | 79111.05 | 1187.74 |

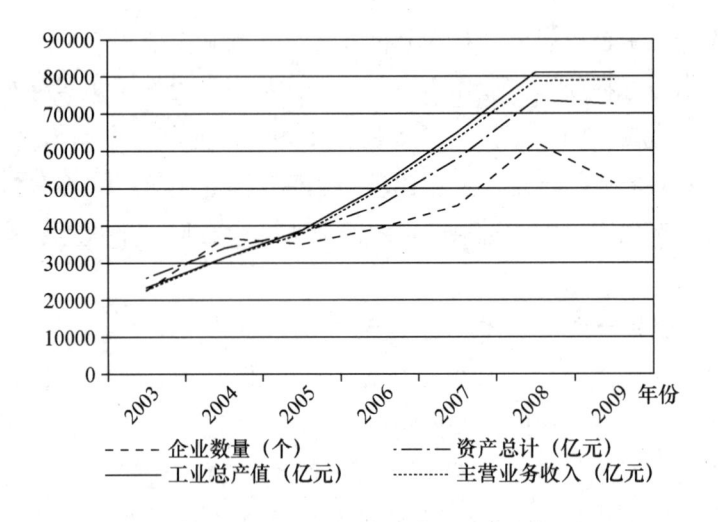

图 2-1 2003—2009 年中国新兴产业基本情况

可见，中国新兴产业的工业总产值和资产总计逐年递增，2003—2009 年增长了两倍多，显示出稳定的上升趋势；企业数量、资产总计和主营业务收入在 2003—2008 年间持续增长，增幅较大，由于受到 2008 年国际金融危机的影响，到 2009 年出现了不同程度的下降。总体来看，新兴产业的发展态势良好，产业增速较快，在国民经济中占据越来越重要的地位。

（二）新兴产业企业规模等级变化情况

按照《中国工业企业数据库》中企业规模的等级，此处报告 2003—2009 年新兴产业大中小型企业个数、所占百分比、资产总计、主营业务收入和利润总额，以分析新兴产业的规模分布情况，判断大中小型企业在市场中的优势和劣势。由于2009年数据库中有一些企业没有显示企业规模等级，因此将这部分企业按国家公布的《大中小型工业企业划分标准》来进行划分，依据企业的资产总计，将总资产在5亿元以上（含）的企业划定为大型企业，总资产在5亿元以下、5000万元以上（含）的企业划定为中型企业，将总资产在5000万元以下的企业划定为小型企业。由于缺失2004年的企业规模等级数据，本书只报告2003—2009年（除2004年外）6年间的企业规模等级变化情况，具体如表2-2所示。

表2-2　2003—2009年中国新兴产业企业规模等级变化情况

| 年份 | 规模等级 | 企业个数（个） | 所占比重（%） | 资产总计（亿元） | 主营业务收入（亿元） | 利润总额（亿元） |
|---|---|---|---|---|---|---|
| 2003 | 大型企业 | 336 | 1.5 | 10457.22 | 9765.15 | 680.84 |
| | 中型企业 | 3195 | 14.2 | 9704.39 | 8052.37 | 505.25 |
| | 小型企业 | 18974 | 84.3 | 5699.06 | 4858.45 | 248.04 |
| 2005 | 大型企业 | 468 | 1.3 | 14881.48 | 15872.06 | 793.37 |
| | 中型企业 | 4358 | 12.4 | 13958.41 | 12712.19 | 668.31 |
| | 小型企业 | 30188 | 86.2 | 9279.46 | 9224.65 | 544.91 |
| 2006 | 大型企业 | 530 | 1.3 | 18012.92 | 21267.42 | 1109.88 |
| | 中型企业 | 4901 | 12.5 | 16134.51 | 16129.73 | 943.62 |
| | 小型企业 | 33867 | 86.2 | 11342.19 | 12271.80 | 756.65 |
| 2007 | 大型企业 | 593 | 1.3 | 23286.53 | 26837.48 | 1566.25 |
| | 中型企业 | 5603 | 12.4 | 20628.40 | 20558.35 | 1350.05 |
| | 小型企业 | 39143 | 86.3 | 13823.42 | 15927.43 | 1033.98 |
| 2008 | 大型企业 | 688 | 1.1 | 29749.08 | 31889.70 | 1788.45 |
| | 中型企业 | 6436 | 10.4 | 24216.02 | 24315.25 | 1754.96 |
| | 小型企业 | 55045 | 88.5 | 19583.69 | 22520.39 | 1502.6 |
| 2009 | 大型企业 | 733 | 1.5 | 31473.08 | 34221.43 | 2238.15 |
| | 中型企业 | 6291 | 12.5 | 22908.59 | 21853.21 | 2834.98 |
| | 小型企业 | 44289 | 85.9 | 22918.26 | 30245.50 | 1956.61 |

可见，在企业数量方面，2003—2009年，新兴产业的大型企业呈现逐年增加的趋势，从2003年的336个增加到2009年的733个，增长了一倍多，年均增幅达到13.88%。2003—2008年，中型企业和小型企业的数量持续增长，中型企业年均增幅达到12.38%，小型企业年均增长19.42%，由于受到2008年国际金融危机的影响，2008—2009年，中型企业和小型企业的数量有所下降。在所占比重方面，小型企业所占比重较高，每年均占所有企业数量的84%以上，而大中型企业所占比重较低，几乎每年大中型企业的比重不足所有企业数量的15%，表明小型企业在我国新兴产业的发展中占据主体地位。

虽然从企业数量和所占比重上小企业处于优势，但是，在主营业务收入和利润总额方面，小型企业处于明显的劣势。2009年小型企业的主营业务收入为30245.50亿元，大型企业的主营业务收入达到34221.43亿元，占所有企业的39.64%，而小型企业的数量仅占所有企业的1.54%。2009年小型企业的利润总额为1956.61亿元，而大型企业的利润总额达到2238.15亿元，占所有企业的31.84%。这表明我国新兴产业的企业规模分布严重不均衡。

值得注意的是，虽然中小企业数量较多，收入和利润较低，但是，中小企业的主营业务收入和利润总额占所有企业的比重却在不断上升，中小企业主营业务收入占比从2003年的56.94%上升到2009年的60.36%，利润额占比从2003年的52.53%上升到68.16%。这说明随着时间的推移，中小企业获得了较快的发展，对新兴产业的贡献逐渐增大，主体地位得到了提高。这可能是由于我国重视中小企业的发展，从税收、政策、融资方面大力支持中小企业，中小企业得到了快速成长的机会。

(三) 新兴产业规模分布的总体状况

为研究新兴产业规模分布的类型与特征，本书选取新兴产业2003年、2006年、2009年的微观企业数据作为样本，分析其变化趋势。由于新兴产业的企业样本过多，此处从6万多个企业中随机抽样选取6000个企业样本进行绘图。企业规模一般以工业总产值、总资产、主营业务收入和就业人数等指标进行度量。由于总资产能够在一定程度上揭示出企业的收益及规模变化,并且相对于其他指标具有更好的稳定性,因此本书用总资产来度量企业规模。同时,由于企业总资产数值比较大,对总资产取自然对数。用 Matlab 软件对本书选取的样本规模进行绘图,得到新兴产业的规模分布图(见图2-2)。

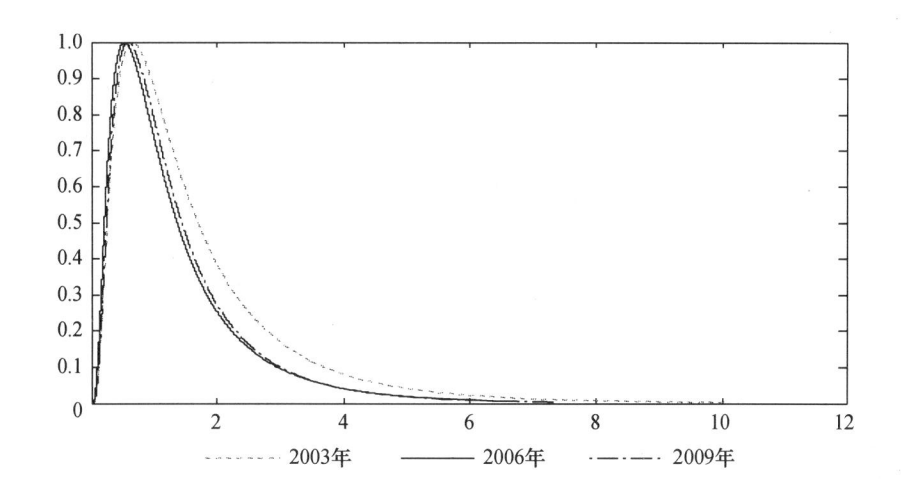

**图 2-2 新兴产业的规模分布**

可见,新兴产业的规模分布向右偏,服从对数正态分布,支持了吉布拉特提出的规模分布理论。相对于2003年,2009年的新兴产业规模分布密度呈现明显提高,中小企业更加集中,同时分布曲线右侧的尾部出现下降,表明大部分企业的规模小于行业平均值,大量的中小企业在新兴产业的发展过程中发挥了重大作用。

### 二 新兴产业的帕累托指数测算及其含义

理论界常用帕累托指数来描绘企业规模分布的状态。以帕累托指数 $\theta=1$ 的齐夫分布为参照,$\theta<1$ 说明在该经济体中,大型企业的数量较多、规模较大,即大型企业势强,从而企业规模分布呈现出不均匀的状态,并且 $\theta$ 越小,这种不均匀的分布状态越明显。相反,若 $\theta>1$,则说明在该经济体中大型企业的数量较少、规模较小,即大型企业势弱,使得企业规模分布比较均匀,并且 $\theta$ 越大,这种均匀分布的状态就越明显。

## (一) 帕累托指数的估计模型与方法

为测算我国新兴产业总体及各子行业规模分布的帕累托指数,将帕累托的经验结果 $N=A/(x+b)^\theta$ 变换形式,令 $b=0$,等式两边同时取自然对数,得:$\ln N = \ln A - \theta \ln x$。因此,本书采用以下计量方程:

$$\ln N_i = \ln A - \theta \ln x_i + \varepsilon_i \tag{2-1}$$

其中,$N_i$ 是行业中的第 $i$ 个企业按照企业规模进行降序排列之后的位序,$\ln A$ 是常数项,$\theta$ 是帕累托指数,$x_i$ 是第 $i$ 个企业的规模,$\varepsilon_i$ 是误差项。需要注意的是,如果样本数量过少,使用此方程估计的帕累托指数是有偏的。本书使用《中国工业企业数据库》2003—2009年新兴产业的企业数据,具体到各年、各行业的企业数据至少有几百个,基本可以避免由于样本量小而产生的偏差。

## (二) 新兴产业帕累托指数测算

以总资产作为 $x_i$ 来衡量企业规模,运用 SPSS 软件对模型 (2-1) 进行估计,得到新兴产业的帕累托指数,如表2-3和图2-3所示。

表2-3　2003—2009年中国新兴产业帕累托指数测算

| 年份 | 2003 | 2004 | 2005 | 2006 | 2007 | 2008 | 2009 |
|---|---|---|---|---|---|---|---|
| 企业数 (个) | 22505 | 36685 | 35014 | 39298 | 45339 | 62169 | 51313 |
| 企业总资产 (亿元) | 25860.67 | 33948.26 | 38119.34 | 45489.63 | 57738.35 | 73548.79 | 72498.94 |
| 帕累托指数 | 0.635 | 0.652 | 0.661 | 0.664 | 0.662 | 0.664 | 0.666 |

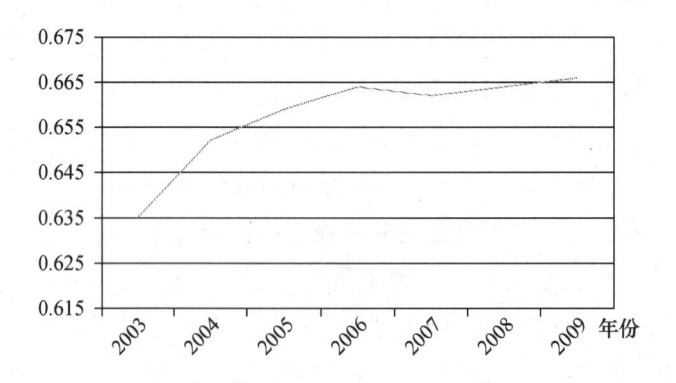

图2-3　2003—2009年中国新兴产业规模分布的帕累托指数变化

可见，近年来，我国新兴产业的帕累托指数明显小于1，说明新兴产业的规模分布状况并未遵循齐夫定律，而是明显向下偏离；除2006—2007年出现短暂的下降外，历年帕累托指数显示出稳定的上升趋势；除在2003—2004年上升的幅度较大外，帕累托指数的上升趋势均较为平和；帕累托指数的上升趋势逐渐变缓，到2009年基本趋于停滞，这说明大型企业势强，市场中存在着不利于中小企业发展的突出因素，企业规模分布的改善已经面临"瓶颈"，需要寻求进一步改善的办法。

新兴产业包含节能环保、新一代信息技术、生物医药、高端装备制造、新能源、新材料和新能源汽车七大领域。按照《新兴产业分类目录》的五级目录和产品类别，将本书的94个行业按照新兴产业的七大领域进行归类，得到各新兴产业的相应数据。将七个产业的数据运用到模型(2-1)，则可以得到各产业企业规模分布的帕累托指数，如表2-4和图2-4所示。

表2-4　　2003—2009年七大新兴产业的帕累托指数

| 产业 | 2003年 | 2004年 | 2005年 | 2006年 | 2007年 | 2008年 | 2009年 |
|---|---|---|---|---|---|---|---|
| 节能环保 | 0.614 | 0.640 | 0.655 | 0.698 | 0.689 | 0.692 | 0.687 |
| 新一代信息技术 | 0.586 | 0.606 | 0.604 | 0.608 | 0.606 | 0.615 | 0.615 |
| 生物医药 | 0.620 | 0.704 | 0.702 | 0.717 | 0.740 | 0.729 | 0.738 |
| 高端装备制造 | 0.678 | 0.696 | 0.709 | 0.707 | 0.705 | 0.701 | 0.706 |
| 新能源 | 0.636 | 0.625 | 0.632 | 0.635 | 0.622 | 0.600 | 0.598 |
| 新材料 | 0.680 | 0.684 | 0.708 | 0.718 | 0.704 | 0.696 | 0.690 |
| 新能源汽车 | 0.460 | 0.450 | 0.469 | 0.473 | 0.471 | 0.461 | 0.455 |

首先，2003—2009年，七大新兴产业的帕累托指数都明显小于1，集中于0.60—0.75，七大产业的企业规模分布均向下偏离齐夫定律，说明七大产业中大型企业数量较多，规模较大，在行业中占据比较显著的优势地位。

其次，不同产业间企业规模分布的差异显著。新能源汽车产业的帕累托指数在0.45—0.50，与其他六个产业具有较大的差距。说明在新能源汽车产业中，中小企业的发展比较落后，大型企业占据着支配地位。

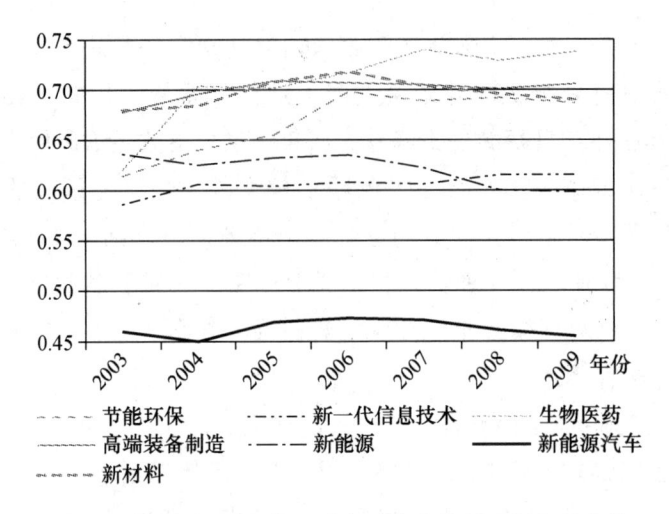

图 2-4　2003—2009 年七大新兴产业的帕累托指数变化

再次，不同产业间帕累托指数的变化趋势不同。节能环保、生物医药和新一代信息技术产业的帕累托指数基本保持持续增长，表明在这三个产业中，中小企业得到了较快发展，企业规模分布状况得到改善。新能源产业的帕累托指数不断下降，新材料和新能源汽车产业的帕累托指数先上升后下降，表明在这三个产业中，中小企业发展比较落后，大型企业与中小企业的规模差距在扩大。

最后，总体来看，各产业的帕累托指数在 2008—2009 年变化较小，基本趋于停滞，这表明企业规模分布的改善面临"瓶颈"，中小企业在市场中被诸多因素所限制，需要根据各产业的具体情况，采取有效措施进行改善。

(三) 新兴产业离最优均衡分布有多远

从帕累托指数走向图来看，新兴产业总体及其七大领域均呈现出先上升后停滞的特点，企业规模分布的改善面临困境，并且均向下偏离齐夫均衡分布，表现出大型企业势强而中小企业势弱的特点。

究其原因，一是在体制机制上，大型企业与中小企业的待遇有差别，大型企业有着资金、技术和人才优势，易获得政府补贴，在市场中处于优势地位；而中小企业融资成本高、创新能力不强、规模小，在市场中处于劣势。二是与我国工业化阶段密切相关。对于工业化和城市化尚未完成的中国而言，新兴产业的发展不必去追求最优均衡分布。经验证据表明，发达国家的工业制造业也是有偏的，例如，Takayasu 和 Okuyama（1998）研究发现，日本的帕累托指数明显小于 1。对于我国而言，新兴产业分布于不同地区，这些地区的工业化阶段进程有所差别，例如，河南、黑龙江处于工业化初期，湖北、辽宁、湖南、重庆处于工业化中期，北京、上海、广东处于工业化后期，所以制造业的规模分布与最优分布的距离也与之有着密切联系。

而且在现阶段，新兴产业处于发展初期，不仅需要依赖大型企业的基础优势，更要强化中小企业的竞争力与发展活力，作为产业主体的众多中小企业，其生命力才是最终产业发展之源。只有中小企业获得快速发展，企业规模分布才会改善，并逐渐接近最优齐夫分布。

### 三 新兴产业规模分布与传统产业的差异

此处选取有色金属矿采选业和食品制造业作为传统产业，与新兴产业进行比较。运用 2009 年新兴产业、有色金属矿采选业和食品制造业的全体企业样本数据，从标准差、偏度、峰度来分析新兴产业与传统产业的差异。由于各企业的资产数值比较大，因此，对企业资产取自然对数，结果如表 2-5 所示。

表 2-5　　　　新兴产业与传统产业的规模分布特征对比

| 产业 | 平均值 | 标准差 | 偏度 | 峰度 | 样本点（个） |
| --- | --- | --- | --- | --- | --- |
| 新兴产业 | 10.17092 | 1.450858 | 0.809404 | 4.140034 | 51313 |
| 有色金属矿采选业 | 10.43327 | 1.382629 | 0.4719 | 3.207081 | 1392 |
| 食品制造业 | 10.05071 | 1.352017 | 0.590633 | 3.508526 | 7052 |

可见，新兴产业的标准差较大，说明新兴产业中各企业的规模与其平均值之间差异较大，而两个传统产业的企业规模与其平均值之间差距相对较小。新兴产业的偏度最大且大于 0，分布呈右偏态，数据位于均值左侧的比右侧的多，右侧的尾部相对于左侧的尾部要长，表明新兴产业中有较多企业的规模小于平均值，并且相对于两个传统产业，中小企业对新兴产业的作用更为突出。新兴产业的峰度最大且

大于3,具有过度的峰度,说明新兴产业的分布比传统产业的分布陡峭,即规模分布更为集中。而传统产业的分布具有一定程度的分散性。

从新兴产业的标准差、偏度和峰度综合来看,新兴产业中大多数企业为中小企业,且分布比较集中,大量中小企业在新兴产业的发展中发挥了重要作用,企业规模分布不均衡。而传统产业中,中小企业所占比重相对较低,大型企业所占比重相对较高,企业规模分布比较均匀。

## 第四节 实证专题:创新与新兴产业规模分布[*]

### 一 变量和模型设定

新兴产业的企业规模分布状况受到创新、行业集中度、国有化程度、政府补贴收入、企业进入率的影响,本书主要研究创新对规模分布演进的影响,因此,本书以帕累托指数作为因变量来衡量企业规模分布状况,创新(新产品产出率)作为自变量,将影响规模分布的其他因素作为控制变量。帕累托指数及其变化是企业在行业中的位次及不同企业间规模差距变化的结果,反映了企业的规模分布是趋于集中还是分散。因此,影响企业规模及成长的因素就是影响企业规模分布的因素。

此处从《中国工业企业数据库》中选取了2003—2009年新兴产业94个子行业的全体企业样本,分行业对这些企业样本进行加总,得到94个具有完整数据的行业样本,样本点658个。[①]

(一)创新

创新(INV)通过影响企业的生存成长来不断塑造企业规模结构

---

[*] 本节部分内容曾发表于《财经问题研究》2013年第11期。

[①] 在计算94个行业的帕累托指数时,删除了总资产为0以及总资产小于5万元的企业样本。

的变迁。创新可以使企业创造利润，提高竞争力，在市场竞争中处于有利地位；而缺乏创新则会使企业在激烈的市场竞争中被淘汰。衡量创新活动的指标一般包括创新投入和创新产出两个方面，创新投入主要以研发投入来衡量，创新产出主要以新产品产值、专利数等来衡量。由于《中国工业企业数据库》中只有新产品产值这一个指标，因此本书使用新产品产出率来代表创新，新产品产出率（INV）＝新产品产值/工业总产值。新产品产出率越高，表示企业的创新活动越活跃，创新能力越强。由于新产品产值缺失 2004 年和 2008 年的数据，因此用 2003 年和 2005 年新产品产值的平均值来代替 2004 年的数据，用 2007 年和 2009 年新产品产值的平均值来代替 2008 年的数据。

（二）行业集中度

行业集中度（IC）对企业规模分布状况有着重要的影响，如果一个行业有着较高的集中度，则该行业的市场份额被几家大型企业占领，大企业的规模较大，小企业的规模相对更小，因此，企业规模之间的差距较大，规模分布的状况不均衡。反之，如果一个行业的集中度较低，则该行业的市场份额被众多企业占据，厂商间对市场份额的争夺激烈，但是，没有一家企业能够独占鳌头，因此企业规模之间的差距较小，规模分布的状况比较均匀。行业集中度是一个行业内前 N 家最大的企业所占市场份额的总和，度量了整个行业的市场结构集中程度．用来衡量企业的数量和相对规模的差异，是市场势力的关键量化指标，主要表明了市场的竞争和垄断程度。在本书中，我们使用行业集中率（CR$_4$）作为对行业集中度的测量，即 $CR_4 = \sum_{i=1}^{4} S_i / \sum_{i=1}^{n} S_i$，其中，$\sum_{i=1}^{4} S_i$ 表示某行业前四位企业产品销售收入之和，$\sum_{i=1}^{n} S_i$ 表示某行业所有企业产品销售收入之和。

（三）国有化程度

国有化程度（OSD）即国有企业数量在行业中的比重。国有企业是国家独资或者控股的企业，集中分布于大中型企业，国有企业虽然是市场的一部分，但是，由于和政府的紧密关系，在政策、融资、人才等方面具有较强的优势。在一个行业中,国有企业会对其他企业的发展产生较大的影响。国有企业作为行业链条中的重要一环,可能会对上下游的其他企业产生一定的拉动作用。同时由于国有企业的规模优势及其与政府的密切关系,可能会对其他企业,尤其是民营企业的成长产生较大的竞争性限制作用,从而使企业规模分布的状态发生变化。在本书中,我们根据《中国工业企业数据库》中"控股情况"计算国有企业比例,即 $x_i/X_i$,$x_i$ 表示行业中的国有企业数量,$X_i$ 表示行业中的所有企业数量。

(四) 政府补贴收入

新兴产业作为加快经济发展方式转变、产业布局调整的重大举措,得到了政府的大力支持。政府对新兴产业各行业的财政投入直接影响到产业发展水平,同时也通过"光环效应""信号效应"对企业在融资成长方面产生间接影响(郭晓丹、何文韬,2011),进而作用到企业规模分布的变化。政府重点支持一个行业的企业,则该行业内的企业获得补贴、税收和融资等政策优惠,就会增长得更快。本书用行业的"补贴收入"表示政府对新兴产业各行业的财政支出。由于政府补贴收入(GS)数值较大,对该值取自然对数。

(五) 企业进入率

新兴产业由于受政策引导的影响,经常出现大批企业追逐进入的局面,行业的企业进入率(EN)会对规模分布产生较大影响。如果一个行业的企业进入率较高,即有较多的企业进入该行业,则该行业的市场主体增多,行业规模随之扩大,并且新进入者会对在位企业产生一定的影响,导致规模分布发生变化。反之,如果一个行业的企业进入率较低,即进入该行业的新企业较少,则该行业的规模变化较小。企业进入率用"(当年企业数 - 上年企业数)/上年企业数"来测量。

为研究新兴产业创新及其他因素对企业规模分布的影响,设定如下模型:

$$PAR_{it} = \alpha_0 + \beta_1 INV_{it} + \beta_2 IC_{it} + \beta_3 OSD_{it} + \beta_4 \ln GS_{it} + \beta_5 EN_{it} + \varepsilon_{it}$$

(2-2)

其中，$i$（$i=1, 2, \cdots, 94$）表示第 $i$ 个行业，$t$（$t=2003$，2004，$\cdots$，2009）表示第 $t$ 年，$\alpha_0$、$\beta_n$（$n=1、2、3、4、5$）为待估参数，$PAR_{it}$ 是 $i$ 行业在第 $t$ 年的帕累托指数，$INV_{it}$ 是 $i$ 行业在第 $t$ 年的新产品产出率，$IC_{it}$ 是 $i$ 行业在第 $t$ 年的行业集中度，$OSD_{it}$ 是 $i$ 行业在第 $t$ 年的国有化程度，$\ln GS_{it}$ 是 $i$ 行业在第 $t$ 年的政府补贴收入，$EN_{it}$ 是 $i$ 行业在第 $t$ 年的企业进入率，$\varepsilon_{it}$ 为残差项。

## 二 描述性统计和散点图分析

（一）描述性统计

从表2-6可以看出，$\ln GS_{it}$ 的标准差最大，说明行业补贴收入的大部分数值与其平均值之间差异较大；而 $PAR_{it}$ 的标准差最小，说明帕累托指数的大部分数值与其平均值之间差异较小。$PAR_{it}$ 的偏度小于0，分布呈左偏态，数据位于均值右边的比左边的多，左边的尾部相对于右边的尾部要长，说明有较多行业的帕累托指数大于平均值；而 $INV_{it}$ 的偏度最大且大于0，分布呈右偏态，有较多行业的新产品产出率小于平均值，说明有较多行业存在创新不足的问题。这六个变量的峰度均大于3，说明这六个变量的分布都比正态分布陡峭，其中，$INV_{it}$ 的峰度最大，具有过度的峰度，说明新产品产出率的分布更为集中。

表2-6　　　　　　　　主要变量的描述性统计

| 变量 | 平均值 | 中位数 | 最大值 | 最小值 | 标准差 | 偏度 | 峰度 | 观测值 |
|---|---|---|---|---|---|---|---|---|
| $PAR_{it}$ | 0.65266 | 0.6665 | 1.4600 | 0.2810 | 0.11563 | -0.0906 | 6.75173 | 658 |
| $INV_{it}$ | 0.16617 | 0.13163 | 1.58538 | 0.0000 | 0.15383 | 3.64819 | 25.4849 | 658 |
| $IC_{it}$ | 0.30708 | 0.26738 | 1.0000 | 0.0063 | 0.19164 | 1.47595 | 5.50352 | 658 |
| $OSD_{it}$ | 0.15767 | 0.10515 | 1.0000 | 0.0000 | 0.16456 | 2.57365 | 11.1898 | 658 |
| $\ln GS_{it}$ | 10.4432 | 10.7799 | 14.6491 | 0.0000 | 2.04918 | -1.5217 | 7.80067 | 658 |
| $EN_{it}$ | 0.12163 | 0.07095 | 4.21519 | -0.7517 | 0.49403 | 2.55214 | 15.9109 | 658 |

由于 $INV_{it}$ 的标准差较小，偏度最大且大于0，峰度最大且远大于3，因此，大部分行业的新产品产出率小于平均值且分布比较集中，说明我国新兴产业存在创造能力不强、创新不足的突出问题。

## （二）散点图分析

运用 Stata 12 软件分别画出帕累托指数与创新、行业集中度、国有化程度、政府补贴收入和企业进入率之间的散点图，可以直观地看出帕累托指数与这五个变量之间的相关关系，如图 2-5 所示。

(a) 帕累托指数与创新

(b) 帕累托指数与行业集中度

(c) 帕累托指数与国有化程度

(d) 帕累托指数与政府补贴收入

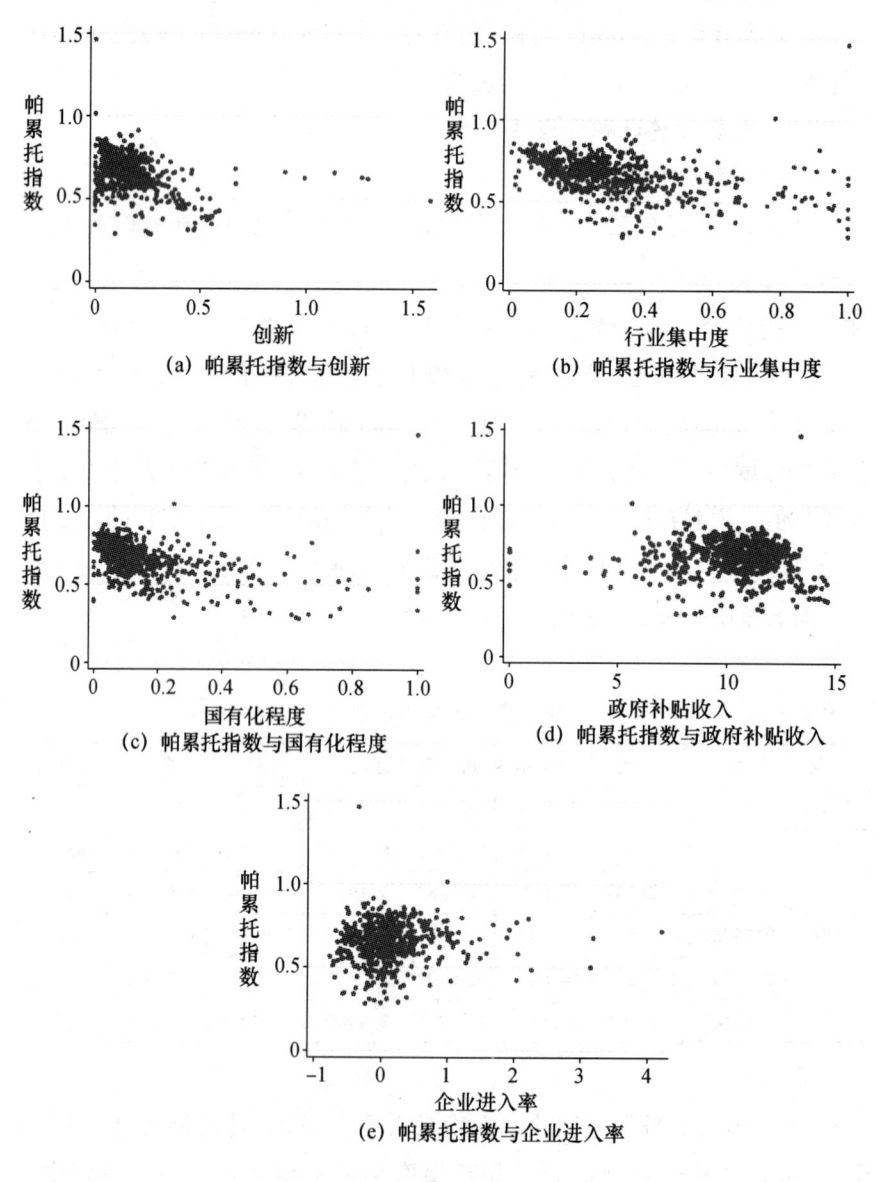

(e) 帕累托指数与企业进入率

图 2-5　帕累托指数与各变量之间的散点图

在图2-5 (a) 中，纵坐标是帕累托指数，横坐标是创新。可以看出，新兴产业94个行业的帕累托指数集中分布于0.5—0.8，创新集中分布于0—0.5。由数据的变化趋势可以看出，帕累托指数与创新之间呈现出弱负相关关系，帕累托指数随着创新的提高而降低。说明了创新的提高使企业规模分布偏离齐夫状态，大型企业的优势地位更加突出，中小企业由于创新基础薄弱而处于劣势。

在图2-5 (b) 中，纵坐标是帕累托指数，横坐标是行业集中度。可以清晰地看出行业集中度集中分布于0—0.4。由数据的变化趋势可以看出，帕累托指数与行业集中度之间呈现出弱负相关关系，帕累托指数随着行业集中度的提高而降低。表明行业集中度的提高使企业规模分布进一步偏离齐夫均匀状态，大型企业占有的市场份额更高，在市场中处于强势地位，而中小企业的市场占有率较低，企业规模分布更加不均衡。

在图2-5 (c) 中，纵坐标是帕累托指数，横坐标是国有化程度。国有化程度的数值集中于0—0.2。由数据的变化趋势可以看出，帕累托指数与国有化程度之间同样呈现出弱负相关关系，帕累托指数随着国有化程度的提高而降低。同样表明，国有化程度的提高使企业规模分布偏离齐夫均匀状态，国有企业数量的增多和规模的扩大，使国有企业在市场上的控制力进一步增强，对其他企业尤其是民营企业产生较大的竞争性限制作用，导致企业规模分布进一步失衡。

在图2-5 (d) 中，纵坐标是帕累托指数，横坐标是政府补贴收入。政府补贴收入集中分布于8—13。由数据的变动趋势可以看出，帕累托指数与政府补贴收入呈现出弱正相关关系，帕累托指数随着政府补贴收入的提高而提高。表明政府补贴收入的提高使企业规模分布接近齐夫均匀状态，政府补贴收入的提高，给中小企业提供了快速成长的机会，使中小企业加快发展，与大型企业的规模差距逐渐缩小，导致企业规模分布趋于均匀。

在图2-5 (e) 中，纵坐标是帕累托指数，横坐标是企业进入率。企业进入率的数值分布于-0.5—0.6。由数据的变化趋势可以看出，帕累托指数与企业进入率之间呈现出弱正相关关系，帕累托指数随着企业进入率的提高而提高。表明企业进入率的提高使企业规模分布接近齐夫均匀状态，企业进入率的提高，使中小企业数量增多，行业规模扩大，中小企业通过发展新兴产业来获得较快增长，大型企业数量相对变少，规模相对变小，即大型企业势弱，企业规模分布趋于均匀。

### 三 数据检验

首先对面板数据进行单位根检验，以判断序列数据的平稳性。对面板数据的单位根检验方法分为两类，一类为相同根情形下的单位根检验，主要的检验方法为 LLC 检验；另一类为不同根情形下的单位根检验，主要的检验方法是 IPS、ADF 和 PP 三种方法。由于每种方法各具优缺点，因此我们用这 4 种方法进行检验（见表 2-7）。

表 2-7　　　　　　　　单位根检验结果

| 检验方法<br>变量 | LLC | IPS | ADF | PP |
| --- | --- | --- | --- | --- |
| $PAR_{it}$ | -21.3750 ***<br>(0.0000) | -6.22969 ***<br>(0.0000) | 371.959 ***<br>(0.0000) | 471.812 ***<br>(0.0000) |
| $INV_{it}$ | -40.6489 ***<br>(0.0000) | -4.51787 ***<br>(0.0000) | 257.038 ***<br>(0.0004) | 271.062 ***<br>(0.0000) |
| $IC_{it}$ | -22.8781 ***<br>(0.0000) | -5.78414 ***<br>(0.0000) | 362.632 ***<br>(0.0000) | 480.782 ***<br>(0.0000) |
| $OSD_{it}$ | -71.9370 ***<br>(0.0000) | -18.9191 ***<br>(0.0000) | 532.333 ***<br>(0.0000) | 792.229 ***<br>(0.0000) |
| $lnGS_{it}$ | -20.1395 ***<br>(0.0000) | -5.89584 ***<br>(0.0000) | 352.866 ***<br>(0.0000) | 456.366 ***<br>(0.0000) |
| $EN_{it}$ | -45.5164 ***<br>(0.0000) | -18.8598 ***<br>(0.0000) | 734.584 ***<br>(0.0000) | 1274.14 ***<br>(0.0000) |

注：***表示相应的变量在 1% 的水平上显著。

从各变量单位根检验结果（LLC、IPS、ADF 和 PP）来看，在 1% 的显著性水平下，所有变量序列的水平项都是平稳序列，因此，模型中的这些变量序列均为零阶单整序列，可以进行协整检验。本书所选用的面板数据协整检验方法为 Kao 检验，所得结果如表 2-8 所示。

表 2-8　　　　　　　　　　协整检验结果

| 检验方法 | t 值 | P 值 |
| --- | --- | --- |
| ADF | 1.761813 | 0.0391 |

注：Kao 检验方法原假设为：不存在协整关系。

由 Kao 检验结果来看，P 值小于 0.05，因此拒绝原假设，被解释变量与解释变量之间存在协整关系，具有比较稳定的长期相关关系，可以进行回归分析。

在面板数据分析模型形式的选择方法上，通过 F 检验决定选用混合模型还是固定效应模型，F 检验的原假设为建立混合模型，对模型（2-2）进行 F 检验，检验结果见表 2-9。

表 2-9　　　　　　　　　　F 检验结果

| F 检验 | 统计值 | P 值 |
| --- | --- | --- |
| F 值 | 10.856962 | 0.0000 |

由检验结果来看，F 检验拒绝原假设，本书应建立固定效应模型或者随机效应模型，接下来进行豪斯曼检验。

豪斯曼检验用来判定回归过程中应建立随机效应模型还是固定效应模型，豪斯曼检验的原假设为建立随机效应模型，对模型（2-2）进行豪斯曼检验，其检验结果见表 2-10。

表 2-10　　　　　　　　　豪斯曼检验结果

| 豪斯曼检验 | 模型 | P 值 |
| --- | --- | --- |
| 检验值 | 27.199966 | 0.0001 |

由表 2-10 可以看到，模型（2-2）拒绝原假设，建立固定效应模型。

由于模型（2-2）中的被解释变量帕累托指数是模型（2-1）中估计出来的结果，如果直接采用固定效应模型可能存在较大问题，因为模型（2-1）的回归结果可能存在误差，从而导致模型（2-2）的估计无效；并且模型（2-2）中可能存在异方差，影响估计结果的有效性。刘易斯（Lewis，2000）提出的广义最小二乘法（GLS、FGLS）能够解决异方差问题。但是，Baltagi（1995）指出，FGLS 仅在 T 趋于无穷的时候才能得到一致估计。贝克和卡茨（Beck and Katz，1995）指出，FGLS 可能会低估标准误，并且在面板数据中，时段越有限，标准误被低估的可能性越大。

贝克和卡茨（1995）提出的校正面板标准误（PCSE）估计方法是面板数据模型估计方法的一个创新，可以有效处理复杂的面板误差结构，如同步相关、异方差、序列相关等，尤其适用于样本量不大的面板数据。由于本书的行业数量（94 个）远大于观察期数（7 年），因此本书选择按截面加权的方式，估计方法采用按截面加权（PCSE）的 OLS 方法对模型（2-2）进行估计。

### 四 模型估计结果

通过对模型（2-2）进行参数估计，得到表 2-11 的结果。

表 2-11　　　　　　　　　　模型估计结果

| 变量 | 系数值 | t 值 | P 值 |
| --- | --- | --- | --- |
| C | 0.664363 | 30.08432*** | 0.0000 |
| $INV_{it}$ | -0.03899 | -2.05778** | 0.0401 |
| $IC_{it}$ | -0.09145 | -6.08889*** | 0.0000 |
| $OSD_{it}$ | -0.22302 | -11.6571*** | 0.0000 |
| $lnGS_{it}$ | 0.005541 | 2.985105*** | 0.0030 |
| $EN_{it}$ | 0.001281 | 0.689255 | 0.4909 |
| 调整的 $R^2$ | | 0.950559 | |
| DW | | 1.623603 | |
| 样本数 | | 658 | |

注：***和**分别表示相应的变量在1%和5%的水平上显著。

可见，模型估计结果与散点图分析结论基本保持一致，体现了模型估计的有效性，并得到以下结论：

第一，$INV_{it}$的系数$\beta_1$为-0.03899，并且显著，表明创新的提高会使企业规模分布偏离齐夫状态。在我国新兴产业中，大型企业的技术更先进，创新的优势更强，新产品产出率的提高，更能促进大型企业的进一步发展。这在一定程度上限制了中小企业的发展。事实上，中小型企业是发展新兴产业的重要生力军，近些年来，我国在新兴领域取得的关键技术突破，许多来源于民营科技企业，特别是广大的中小型企业。科技型中小企业创新效率高，试错成本低，富有活力的科技型中小企业是国家创新体系的基础。中小企业凭借灵活的经营理念、敏锐的市场反应以及富有成效的激励机制，在技术创新中取得了重大成就，并逐渐成为新兴产业科技创新和人才培养的重要孵化器。相关数据表明，全国约65%的发明专利、75%以上的企业技术创新和80%以上的新产品开发，都是由中小企业完成的。截至2010年年底，国家高新技术企业中的中小企业比重达到82.6%，这表明中小企业在新兴产业的发展中有着无可替代的作用。政府部门应大力支持中小企业发展新兴产业。

第二，行业集中度和国有化程度的系数为负且显著，表明行业集中度和国有化程度的提高会使企业规模分布偏离齐夫状态。行业集中度的提高，则会使大型企业的市场占有率更高，大型企业在市场占据绝对优势的地位，容易形成寡头垄断市场，使企业规模分布更加不均衡，导致效率的降低和社会福利水平的下降。同样，国有企业集中于大型企业，国有化程度提高，则国有企业在市场上的控制力进一步增强，对其他企业，尤其是民营企业产生较大的限制作用。行业集中度和国有化程度的提高，会使大型企业的规模更大，数量更多，大型企业势强，企业规模分布不均匀的状态更加明显。

第三，政府补贴收入的系数为正且显著，企业进入率的系数为正但是不显著，表明随着政府补贴收入和企业进入率的增大，各行业的帕累托指数逐步上升，使企业规模分布接近齐夫状态。企业进入率的提高，使得行业规模扩大，中小企业数量增多，中小企业通过发展新兴产业来获得较快增长,使帕累托指数缓慢增长。政府补贴收入和企业进入率的提高,使得中小企业快速成长,大型企业数量较少,规模相对变小,即大型企业势弱,企业规模分布更加均匀。

## 五 小结

以上实证部分,应用《中国工业企业数据库》中2003—2009年新兴产业的面板数据,从企业规模分布的视角对中国新兴产业的发展水平进行刻画,并寻求创新等因素对于规模分布的独特影响。研究发现,新兴产业规模分布服从对数正态分布,向下偏离齐夫定律,中小企业在产业发展中起主导作用,但大企业比较强势,与传统产业呈现出较大差异;创新在规模分布的塑造中起到显著作用,进一步使得企业规模偏离齐夫状态,而政府补贴收入和企业进入则减缓了这一趋势。通过对研究结论的分析,新兴产业下一步发展政策的制定应考虑以下两个方面的问题。

一是新兴产业不必追求最优均衡分布,但仍需强化中小企业的竞争力与发展活力。

理论上讲,帕累托指数为1时,产业的企业分布呈现出最优的均衡状态。但这种状态只是衡量产业内部是否实现完全自由竞争、是否无须政府监管的一种理论状态。在现实的产业发展过程中,大部分的情况都是企业规模分布或多或少地偏离齐夫定律,仅有少量研究发现样本企业规模分布的帕累托指数接近于1,且均发生在市场经济发达、政府管制较少的北美国家。事实上,这种状态并不是在任何情况下都是最优的,特别是对于工业化和城市化尚未完成的中国而言。中国新兴产业目前仍处于发展的初期,产业基础、产业竞争力和创新能力都相对薄弱,甚至有些产业还无法直接应对市场挑战,尚处于政策性的"保护性空间"当中,因而在这个阶段去追求所谓的最优均衡分布并不合适,大企业强势可能是一段时间以内产业发展的必然。但同时,仍需强化新兴产业中小企业的竞争力与发展活力,作为构成产业主体的众多中小企业,其生命力才是最终产业发展之源。

二是技术创新对产业发展至关重要,下一步应在提高整体创新能力的同时,注意"强者更强,弱者更弱"的问题,激发中小企业的创新动力。

　　新兴产业的高技术性和高风险性决定了技术创新与成果转化是产业发展的重要因素。目前新兴产业一方面面临着整体技术创新能力不足的问题，另一方面"强者更强，弱者更弱"的问题也十分突出。国家级的实验室、技术中心、技术人员等大量创新资源都集中于国有企业和超大型企业，技术创新的政府补贴投入也密集地汇聚于此，加之原有的基础条件优势，大企业一直是新兴产业中技术创新和转化的主要力量。而本应在技术创新领域最具活力的中小企业，却陷入创新动力缺乏的困境，并未表现出应有的小而专、小而精的特色，在技术创新领域难以发挥作用。中小企业融资成本高、税费负担过重、实体经济疲弱、企业家投机心理日盛等都是造成这一困境的原因，激发中小企业的创新活力已经成为发展新兴产业的首要任务之一。

# 第三章 企业成长率分布

## 第一节 企业成长率分布的相关理论

企业成长率分布的研究是在企业规模分布的基础上展开的。吉布拉特于1931年发表的创造性学术著作开启了学术界的一个新的研究方向，该书详细介绍了学术界第一个关于企业规模与产业结构的动态模型，并且提出了著名的吉布拉特比例效应法则，与此同时，吉布拉特为之后学者们关于企业成长率分布及其特征的研究做了铺垫。在吉布拉特的研究之后，学者们研究的一项重要课题便是在随机自然回归过程条件下，企业规模密度分布的统计特征以及企业动态变化。吉布拉特提出，企业的成长不受其自身规模的影响，企业成长是一个随机游走的过程。随后，一大批学者采用不同数据对吉布拉特法则进行了验证。哈特和普莱斯（1956）采用英国企业数据，证实了吉布拉特关于企业规模分布的理论；Simon 和 Bonini（1958）采用美国的企业数据，他们认为企业规模分布是尤尔分布的一个特例，尤尔分布的优势是能够更加便捷地在模型中加入新企业；Steindl（1965）采用澳大利亚企业数据，其研究结果更倾向于采用帕累托分布来拟合企业规模分布，他认为帕累托分布能够更好地解释企业规模分布的肥尾现象；同样，Ijiri 和 Simon（1977）研究发现，吉布拉特法则成立与否与所采用的样本大小有关，若采用的是某一行业的小样本，吉布拉特法则往往是成立的；反之，若采用的是许多行业的大样本，法则往往不成立。在此之后，又有大量研究表明企业成长率和企业规模之间存在着明显的负向关系，由此否定了吉布拉特法则。

随后，大量研究致力于区分企业规模分布的多种非对称分布形式。维宁（Vining，1976）指出，帕累托分布拟合企业规模分布上的一个问题是，经验密度中大部分企业为中型企业，大型企业的数量远远少于理论上所预计的数量。昆特（Quandt，1996）对比分析了帕累托分布的对数正态形式以及其他三种形式，按照企业所属行业将数据进行了分组，研究发现某些行业的企业规模分布并不服从先前研究所提到的任何分布。昆特的研究结果使学者们怀疑总体上企业规模分布所具有的特征在将企业进行分组后并不能保持。西尔伯曼（Silberman，1967）按照SIC的4位数标准对企业进行分组，发现了同样的结论。多西等（Dosi et al.，1995；2007）认为，规模分布在总体上呈现出常规的分布形态，但是这种分布形态仅代表总体上数据的一种统计特征而并不具备深层的经济意义。

另外，部分关于企业规模分布的研究重点关注企业规模分布随着时间推移的形态变化。大量研究表明新企业初期的企业规模分布均呈现出右偏的特征，且其对数分布随着时间逐渐接近对称形态。这一结论与年轻的小型企业成长速度快于大型企业相一致，说明了对于给定的群组来说，对数正态仅是一种"极限"分布形式，即最终群组均会收敛于对数正态形式。Lotti和Santarelli（2001）追踪研究了意大利制造业几个行业中的新企业规模分布，其研究结论证实了以上假设。Cabral和Mata（2003）利用葡萄牙新企业进行了同样的研究，并得到了相同的结论，但是，Cabral和Mata认为，该结论是由新企业运营规模受到经济限制所引起的，并不是随时间的推移而形成，他们还认为自然选择对于市场结构的进化并没有显著的影响。

虽然研究一致发现企业规模分布具有偏度这一事实，但是，针对不同国家企业数据，其企业规模分布还具有一些其他特征。例如，研究发现大型企业占据了法国工业大部分份额；而意大利企业平均规模则相对小很多。

早期企业成长率分布研究中，阿希顿（Ashton，1926）采用英国纺织业企业数据来考察企业成长率分布特征，研究发现，企业成长率分布呈现肥尾的特征；Geroski 和 Gugler（2004）对比研究了企业成长率分布与常规分布，发现了相似的结论；而近期的实证研究则从经济物理学的背景出发，研究发现企业成长率分布遵循拉普拉斯分布函数的参数形式。斯坦利（1996）和阿马拉尔（1997）从吉布拉特的研究出发，将关于企业规模密度分布的研究拓展到企业成长率分布以及企业规模与企业成长率之间的关系。斯坦利等（1996，1997，2001）采用 Compustat 数据库中美国制造业企业数据研究发现，美国制造业企业成长率分布呈现"帐篷形"，并不是吉布拉特所说的高斯分布，而是服从拉普拉斯分布，同时，企业规模与企业成长率之间存在一种线性关系。

在斯坦利、阿马拉尔突破性的研究之后，大量学者分别使用不同数据库对企业成长率分布及其分布特征进行了系统研究。Bottazzi 等（2001）采用全球制药行业数据，发现拉普拉斯分布能够准确地拟合制药企业成长率分布，进一步地，为了扩展这一结论，Bottazzi 采用 Subbotin 分布代替拉普拉斯分布来拟合企业成长率分布，研究发现，无论从总体分析还是从非总体分析，企业成长率分布确实最适合采用拉普拉斯分布来拟合。同时，在一些数据库条件下，指数分布企业成长率分布也服从指数分布，例如，意大利制造企业数据（Bottazzi et al.，2007）。Bottazzi 等（2005）进一步采用法国制造业企业数据进行研究，同样发现，其企业成长率分布形态与先前研究大体相同，但是，相对于拉普拉斯分布，其经验分布更加肥尾。

Reichstein 和 Jensen（2005）采用丹麦制造业企业数据，进一步证明了企业成长率分布肥尾这一现象，且分不同行业来看，某些行业企业成长率分布为非对称而是右偏的状态。总体来说，非总体数据条件下，企业成长率分布比企业规模分布更加稳健，也就是说，企业成长率分布总体上呈现的"帐篷形"在非总体上这一结论依然稳定（Bottazzi and Secchi，2003；Bottazzi et al.，2005）。

## 第二节 企业成长率分布模型

### 一 吉布拉特的随机模型

吉布拉特在 Jacobus Kapteyn 的研究基础上,简化了其模型过程、模型变量及假设:

假设一:企业成长率与企业规模是不相关的(比例效应法则);

假设二:企业成长率在时间上是独立的。

$X_t$ 代表企业在 t 时的规模,随机变量 $\varepsilon_t$ 为企业在 t-1 和 t 期间的相对成长率,可知:

$$X_t - X_{t-1} = \varepsilon_t X_{t-1} \tag{3-1}$$

即 $X_t = (1 + \varepsilon_t) X_{t-1} = X_0 (1 + \varepsilon_1)(1 + \varepsilon_2) \cdots (1 + \varepsilon_t)$ (3-2)

假设在一个很短的时间范围内,即可视为极小的一个数,那么我们可以认为:

$$\log(1 + \varepsilon_t) = \varepsilon_t \tag{3-3}$$

将式(3-2)左右两边取对数,可得到:

$$\log X_t = \log X_0 + \varepsilon_1 + \varepsilon_2 + \cdots + \varepsilon_t \tag{3-4}$$

假设 $\varepsilon_t$ 为独立标准正态随机变量,其平均值等于 m,方差等于 $\sigma^2$,由中心极限定理可知,若 $t \to \infty$,那么 $\log X_t$ 相比 $\log X_0$,则是一个很小的数,因此,$\log X_t$ 可近似服从标准正态分布,且其平均值为 mt、方差为 $\sigma_t^2$。也就是说,企业在 t 时的规模 $X_t$ 服从对数正态分布。并且,在时间间隔足够大的条件下,企业成长率也是服从对数正态分布的。

### 二 斯坦利和阿马拉尔的模型

斯坦利和阿马拉尔(1996)为了更加具体地研究企业动态特征,对吉布拉特的模型进行了进一步推广,斯坦利和阿马拉尔利用 1975—1991 年度美国制造业企业数据,重点考察了企业成长率分布的特征。

定义企业的年成长率为 $R \equiv S_1/S_0$,其中,$S_0$、$S_1$ 分别代表企业连续两年的销售额,定义 $r \equiv \ln(S_1/S_0)$,$s_0 \equiv \ln S_0$,$p(r | s_0)$ 代表给定

起始销售额 $s_0$ 条件下的企业成长率条件分布函数。在两个不同起始销售额条件下的美国制造业企业 1990—1991 年企业成长率条件分布如图 3-1 所示。

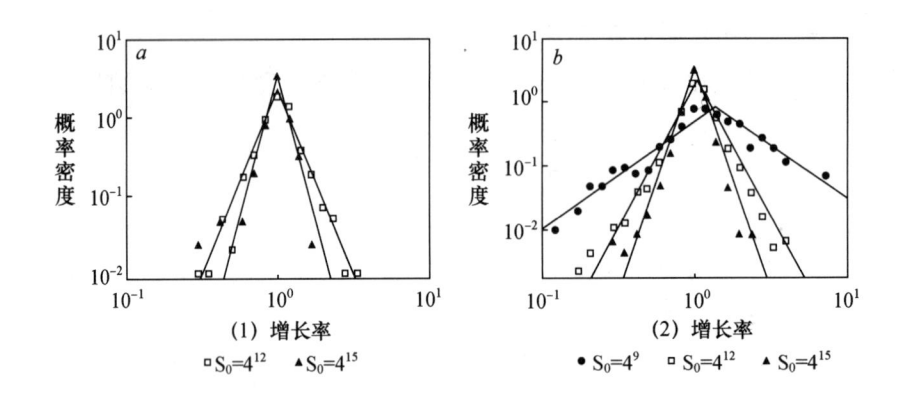

图 3-1　1990—1991 年企业成长率条件分布

由图 3-1 可知，两者均呈现出"帐篷形"，与吉布拉特模型结论不同，分布并不服从高斯分布，而是服从指数分布，即：

$$p(r|s_0) = \frac{1}{\sqrt{2}\sigma(s_0)}\exp\left(-\frac{\sqrt{2}|r-\bar{r}(s_0)|}{\sigma(s_0)}\right) \qquad (3-5)$$

## 第三节　企业成长率分布的基本事实

### 一　数据与变量

本书采用 1998—2007 年中国工业企业数据库微观数据，该数据库来源于国家统计局的全部国有企业及规模以上非国有工业企业数据库，数据库的样本包括全部国有工业企业以及规模以上非国有工业企业微观数据（即主营业务收入超过 500 万元）。这里的统计口径"工业"包括国民经济行业分类中的采掘业、制造业、电力、燃气及水的生产和供应业。制造业统计口径包括从烟草制品业、农副食品加工业、纺织业、家具制造业、化学原料及化学制品制造业、医药制造业、金属制品业、通用设备制造业到通信设备、计算机及其他电子设备制造业等30多个大类。数据库包括企业的两类基本信息：一是企业的基本情况；二是企业的财务情况。企业的基本情况包括企业名称、法人代码、法人代表、邮政编码、联系电话、所属行业代码、具体企业地址、企业注册类型（所有制）、隶属关系、起始年份和雇员人数等指标。企业的财务数据则包括流动资产、工业总产值、长期投资、累计折旧、出口交货值、无形资产、中间投入、流动负债、长期负债、实收资本、主营业务收入、应收账款、主营业务成本、营业费用、工资总额、管理费用、研究开发费、财务费用、营业利润、固定资产、利税总额、广告费、福利费总额、增值税等130个指标。

由于中国工业企业数据库存中一些关键指标的数据存在缺失值或错误值，同时考虑本书研究的需要，本书对数据库进行了如下处理：（1）删除雇员数量小于10的样本；（2）删除企业主营业收入为0或者为负数的样本；（3）删除出口交易值缺失或者为负数的样本；（4）删除各个指标中存在异常值的样本；（5）在布兰特（Brandt，2012）和杨汝岱（2015）的基础上，结合二者的处理方法的优势，本书设计了面板数据的如下处理方法：第一步，通过企业法人代码进行匹配；第二步，通过企业名称进行匹配；第三步，通过企业地址代码、电话号码进行匹配；第四步，通过企业法人代表名称、企业所属行业代码和企业成立年份进行匹配。匹配原则是每一步一定存在可以唯一表示某个企业的标识。结果发现，可以一定程度上修正布兰特方法的过窄匹配和杨汝岱方法的过宽匹配问题。最终获得34351家企业1998—2007年的数据。

企业的成长率代表一个企业的发展速度，由于研究需要，本书采用两种测量方法对1998—2007年中国工业企业成长率进行估计。在本章描述出口型企业成长率与非出口型企业成长率及其分布的差异时，本书采用企业年均复合增长率来刻画，年均复合增长率指的是一项投资在特定的时期内的年度增长率，是一种基于时间基础上的成长率测算。年均复合增长率能够更加清晰地说明产业或产品增长或变迁的潜力和预期。对于出口型企业和非出口型企业成长率差异、成长率分布差异的刻画，年均复合增长率提供了更好的描述方式。第五章在分析出口型企业成长率分布与非出口型企业成长率分布之间差异的影响因素时，本书采用常规的企业成长率计算公式。本书分别以企业雇员数量 t 企业收入作为企业规模衡量的指标。企业的年均复合增长率计算公式如下：

$$g_i(n-m+1) = \left\{\frac{\ln[s_i(n)]}{\ln[s_i(m)]}\right\}\left(\frac{1}{n-m+1}\right) - 1 \quad (3-6)$$

其中，$g_i(n-m+1)$ 表示企业 $i$ 在 $n-m+1$ 年内的企业复合成长率，$s_i(n)$ 表示企业 $i$ 在第 $n$ 年的企业规模，$s_i(m)$ 表示企业 $i$ 在第 $m$ 年的企业规模，$n-m+1$ 表示测算的年份数。常规的企业成长率计算公式如下：

$$g_i(t) = \frac{s_i(t)}{s_i(t-1)} - 1 \quad (3-7)$$

其中，$g_i(t)$ 表示企业 $i$ 在第 $t$ 年的成长率，$s_i(t)$ 代表企业 $i$ 在第 $t$ 年时的企业规模。

## 二 企业成长率分布基本事实

本书采用核密度估计方法对企业成长率分布进行刻画，分别选取1999 年、2003 年、2007 年企业成长率数据，核密度分布如图 3-2 所示。

(1) 以企业雇员数量为指标

(2) 以企业销售额为指标

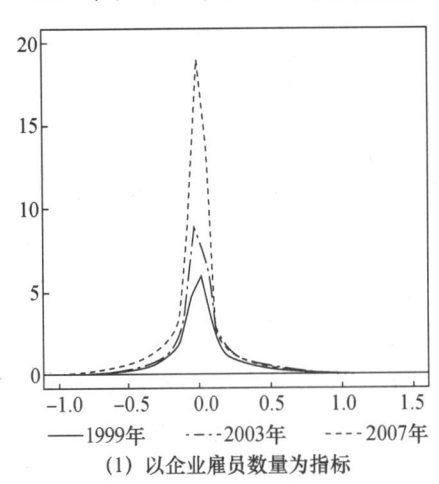

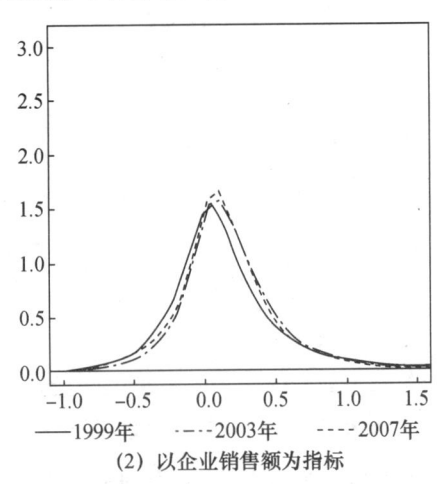

**图 3-2 企业成长率核密度**

图 3 - 2 (1) 为以企业雇员数量为指标的企业成长率核密度分布，图 3 - 2 (2) 是以企业销售额为指标的企业成长率核密度分布。由图 3 - 2 我们可以看出，以雇员为指标的条件下，企业成长率分布随着时间的推移呈现越来越集中的趋势；而以企业销售额为指标的条件下，企业成长率分布随着时间呈现右偏的趋势。

# 第四节 实证专题：出口行为、效率与企业成长率分布

### 一 企业成长率及其分布差异

利用 t 检验来刻画出口型企业与非出口型企业成长率分布之间的差异。t 检验的原假设 $H_0$ 为：出口型企业成长率分布与非出口型成长率分布之间无显著差异。表 3 - 1 报告了出口型企业与非出口型企业年复合成长率的 t 检验结果，由表 3 - 1 可知，总体上看，拒绝了 $H_0$ 原假设，这意味着从数值上看，两种指标条件下，出口型企业成长率与非出口型企业成长率之间存在的差异是十分显著的。同时，测算了 1999—2007 年出口型企业成长率均值与非出口型企业成长率均值，图 3 - 3 给出了各年度成长率均值情况，1999—2007 年，以雇员数量为指标的出口型企业与非出口型企业年均成长率差异不大，而以企业销售额为指标的出口型企业的成长率低于非出口型企业。

表 3 - 1 　　　出口型企业和非出口型企业成长率的 t 检验结果

|  | t 值 | df | P 值 |
| --- | --- | --- | --- |
| 总体雇员成长率 | -12.6140 | 22925 | 0.0000 |
| 总体收入成长率 | 22.8780 | 26820 | 0.0000 |

注：表中，P 值 < 2.2e - 16 时，将 P 值表示为 0.0000，下同。

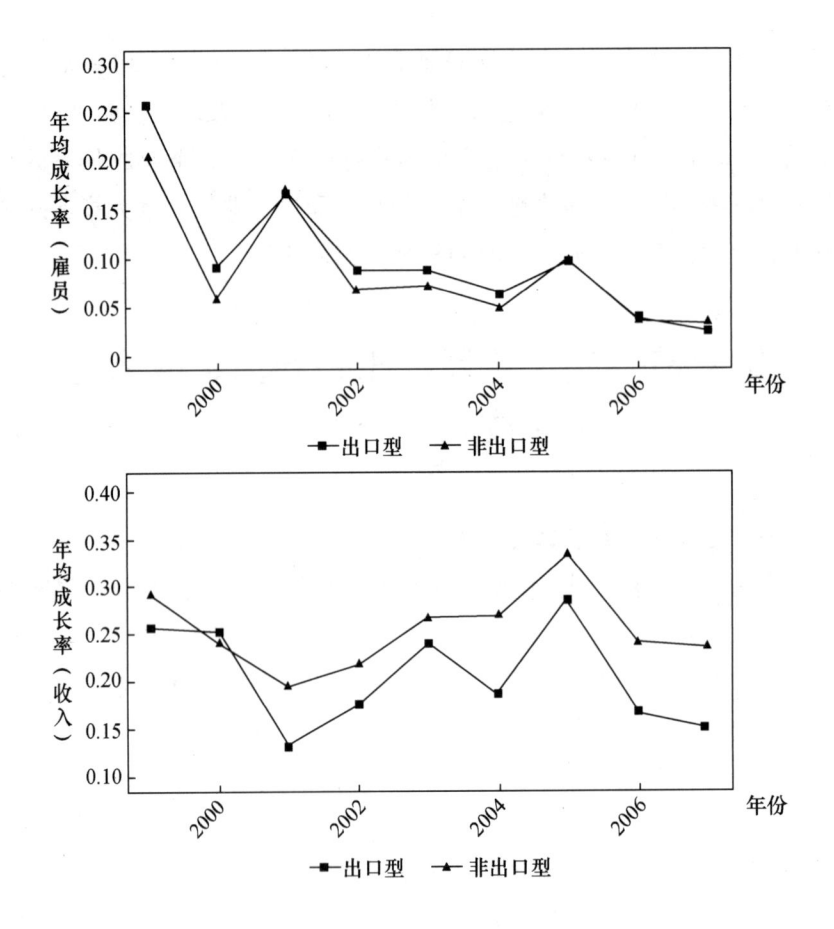

图 3-3 出口型企业和非出口型企业成长率

进一步将企业按照不同所有制结构进行划分，按照企业登记注册类型，将国有企业（代码110）与国有独资企业（代码151）划分为国有及国有控股企业；将港澳台商投资企业与外商投资企业分组为外资企业；将剩余企业所有制类型均分组为内资非国有企业。考察了出口行为对不同所有制的企业成长率是否存在一定影响，以及这种影响是什么样的。分组后得到国有及国有控股企业成长率样本7852个、内资非国有企业成长率样本17832个、外资企业成长率样本8667个。同样采用t检验来考察相同所有制出口型企业和非出口型企业成长率之间是否存在差异。表3-2给出了t检验结果。由结果可以得到结论，出口行为对国有及国有控股企业成长率的影响最为显著，两种指标条件下 t 检验的 P 值均显著，即出口型国有企业成长率与非出口型国有企业之间有着明显差异。出口行为对内资非国有企业、外资企业成长率也存在着一定的影响，但这种影响并不是确定的，由表 3-2 可知，雇员指标条件下，出口行为对内资非国有企业、外资企业成长率的影响并不显著，而收入指标条件下，影响是显著的。

表 3-2　不同所有制企业出口型和非出口型企业成长率的 t 检验结果

|  | t 值 | df | P 值 |
| --- | --- | --- | --- |
| 国有及国有控股企业雇员成长率 | 10.7360 | 2193 | 0.0000 |
| 国有及国有控股企业收入成长率 | 12.7350 | 2411 | 0.0000 |
| 内资非国有企业雇员成长率 | -1.1738 | 6957 | 0.2405 |
| 内资非国有企业收入成长率 | 12.0230 | 7798 | 0.0000 |
| 外资企业雇员成长率 | -1.7932 | 6262 | 0.0729 |
| 外资企业收入成长率 | 5.9739 | 6051 | 0.0000 |

由表 3-2 可知，出口对国有及国有控股企业成长率的影响最为明显，因此，本书分别测算了出口型国有企业与非出口型国有企业的年均成长率，年均成长率结果如图 3-4 所示。由图 3-4 可以得到结论，出口型国有及国有控股企业年均成长率显著低于非出口型国有及国有控股企业。从雇员来看，总体出口型企业年均成长率是高于非出口型企业的，而出口型国有企业年均成长率明显低于非出口型国有企业的，可以得出结论：国有及国有控股企业是引起总体出口型企业年均成长率较低的主要因素。

根据工业企业数据库企业规模这一指标，将企业分为大型、中型和小型三种规模类型，考察出口与否对于不同规模企业成长率是否有一定影响。分组后得到国有及大型企业成长率观测值 1119 个、中型企业成长率观测值 9208 个、小型企业成长率观测值 24024 个。表 3-3 给出了不同规模条件下的 t 检验结果。结果表明，出口行为对大型企业成长率的影响最为明显，两种指标条件下，大型企业成长率的 t

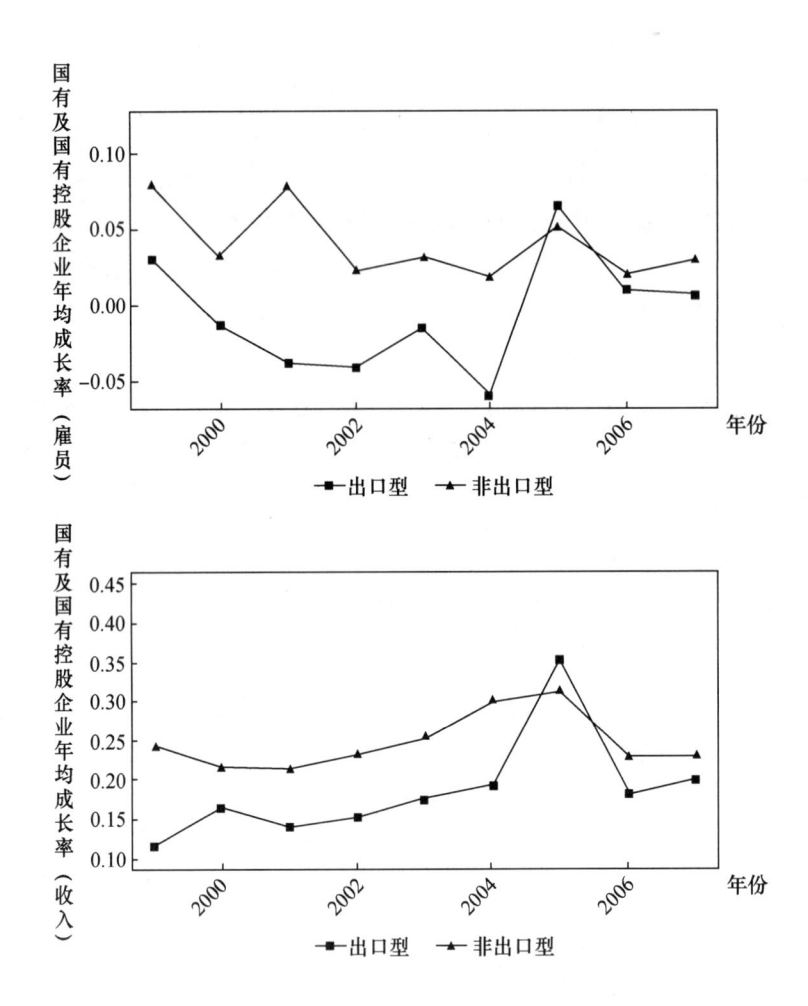

**图 3 – 4　国有及国有控股出口型企业和非出口型企业年均成长率**

注：2005 年年均成长率出现了异常值，这是由于工业企业数据库在 2005 年进行了一次变更。

检验结果均是显著的。出口行为对中型、小型企业成长率也存在着一定的影响，但这种影响具有不确定性，从雇员指标看，出口行为对中型、小型企业成长率无明显影响；从收入指标看，出口行为对中型和小型企业成长率却具有影响。总的来说，可以得到结论：出口行为对大型企业成长率的影响最为显著。

由于出口行为对大型企业成长率的影响最为显著，所以，对出口大型企业与非出口大型企业成长率进行了详细的刻画。图 3 – 5 为大型出口型企业与非出口型企业成长率年均值折线图，可以看出，两种指标条件下，出口型大型企业成长率均低于非出口型大型企业。

表3-3　　　　　　　不同规模出口型企业和非出口型企业成长率的t检验结果

|  | t 值 | df | P 值 |
| --- | --- | --- | --- |
| 出口型企业雇员成长率 | 7.8497 | 1028 | 0.0000 |
| 大型企业收入成长率 | 6.6918 | 1013 | 0.0000 |
| 出口型中型企业雇员成长率 | -1.6208 | 8431 | 0.1051 |
| 中型企业收入成长率 | 17.5370 | 9250 | 0.0000 |
| 出口型小型企业雇员成长率 | -2.2000 | 12437 | 0.0070 |
| 小型企业收入成长率 | 22.6840 | 15031 | 0.0000 |

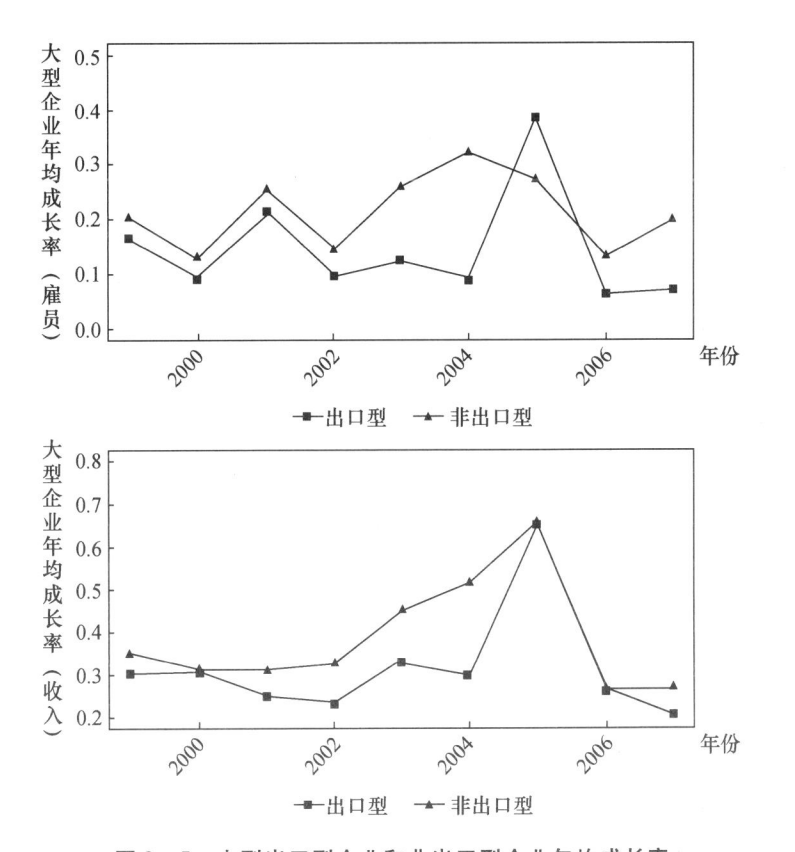

图3-5　大型出口型企业和非出口型企业年均成长率

根据中国工业企业数据库中行业代码这一指标,将企业按照不同行业代码进行分类,研究各行业中的企业成长率是否受到出口行为的影响。截至2007年,数据库中共收入44个行业的企业数据,剔除无出口行为企业的行业数据,最终选取27个比较有代表性的制造业行业作为样本,行业名称及其代码如表3-4所示。

表3-4 制造业27个行业代码及其名称

| 行业及其代码 | 行业及其代码 | 行业及其代码 |
| --- | --- | --- |
| 13 农副食品加工业 | 23 印刷和记录媒介复制业 | 33 金属制品业 |
| 14 食品制造业 | 24 文教、工美、体育和娱乐用品制造业 | 34 通用设备制造业 |
| 15 酒、饮料和精制茶制造业 | 26 化学原料和化学制品制造业 | 35 专用设备制造业 |
| 17 纺织业 | 27 医药制造业 | 36 汽车制造业 |
| 18 纺织服装、服饰业 | 28 化学纤维制造业 | 37 铁路、船舶、航空航天和其他运输设备制造业 |
| 19 皮革、毛皮、羽毛及其制品和制鞋业 | 29 橡胶和塑料制品业 | 39 计算机、通信和其他电子设备制造业 |
| 20 木材加工和木、竹、藤、棕、草制品业 | 30 非金属矿物制品业 | 40 仪器仪表制造业 |
| 21 家具制造业 | 31 黑色金属冶炼和压延加工业 | 41 其他制造业 |
| 22 造纸和纸制品业 | 32 有色金属冶炼和压延加工业 | 42 废弃资源综合利用业 |

按照表3-4的行业代码对企业进行分类,考察1999—2007年各行业中出口型企业与非出口型企业成长率年均值的大小,并进行比较,由于分别以企业雇员数量、企业收入为指标计算企业成长率,数据量过大,这里仅说明得到的结论。

在大部分中国工业行业中,均存在出口型企业成长率低于非出口型企业成长率这一现象。从各年度、各衡量指标来看,1999—2007

年,每年均有超过一半的行业存在这种现象。并且随着时间的推移,这种现象表现得更为显著,2007 年基本所有的制造业行业都存在这一现象。并且可以观察到,以雇员为指标的条件下,具有这种出口型企业成长率较低的行业数量每年都少于以企业收入为指标的条件下的行业数量。其中,表现最明显的为行业代码 17、18、19、34、35,即纺织业、设备制造相关行业。可以得到结论:出口行为对纺织业、设备制造相关行业企业成长率的影响最为显著。

先前大量关于企业成长率的研究已经证明,企业成长率分布符合拉普拉斯分布,因此,在已知成长率分布的前提下,通过双样本 Kolmogorov – Smirnov 检验(K—S 检验)来观测出口型企业成长率分布与非出口型企业成长率分布之间是否具有显著性差异,K—S 检验是在累积分布函数的基础上,用于检验一个经验分布是否符合某种理论分布,或者用于比较两个经验分布之间是否有显著性差异,其中,双样本 K—S 检验对两个经验分布函数的形状参数、位置的差异具有敏感性,因此,双样本 K—S 检验成为比较两样本的最常规且有效的非参数方法之一。

K—S 检验的统计量为 $D = \max_x |F(x) - P(x)|$,其中,$F(x)$ 为出口型企业成长率累积分布函数,$P(x)$ 为非出口型企业成长率累积分布函数,其检验的原假设 $H_0$ 为:出口型企业成长率分布与非出口型企业成长率分布之间无显著差异。表 3-5 报告了 K—S 检验结果,结果表明,拒绝原假设,可以得出结论:出口行为对企业成长率分布具有显著的影响。

表 3-5　总体出口和非出口型企业成长率分布的 K—S 检验结果

|  | 双尾 | |
| --- | --- | --- |
|  | D 值 | P 值 |
| 总体雇员成长率 | 0.07306 | 0.0000 |
| 总体收入成长率 | 0.10259 | 0.0000 |

由上述研究可知,出口行为对企业成长率分布具有显著的影响。

为了进一步刻画出口型企业、非出口型企业成长率分布之间的差异，采用核密度估计方法，对 1998—2007 年出口型企业、非出口型企业成长率分布形态进行了估计。核密度估计是概率论中用来估计未知的密度函数的一种方法，属于非参数检验方法之一。图3-6分别给出了以雇员、收入为规模衡量指标时的出口型、非出口型企业成长率分布形态，可以看出，从雇员指标看，出口型企业成长率分布集中度低于非出口型企业，从收入指标看，出口型企业成长率分布集中度更加集中且呈现左偏的状态。

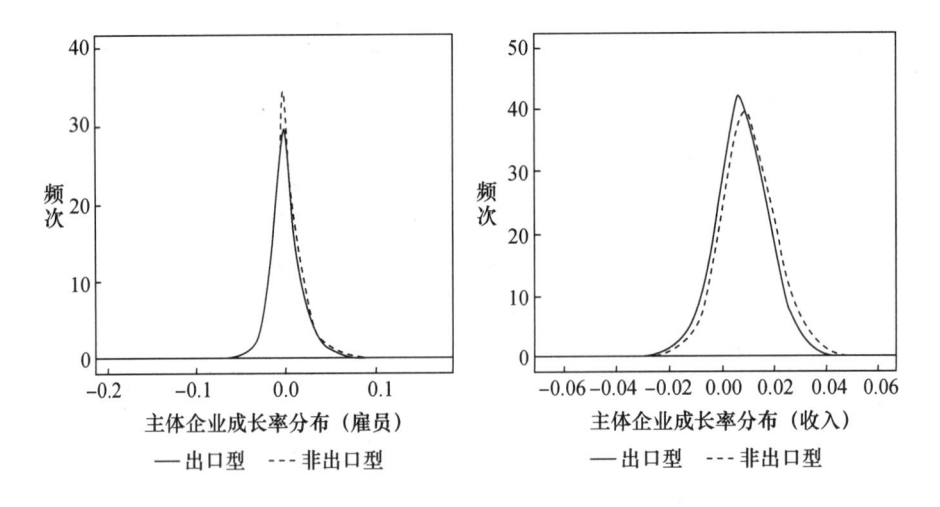

**图3-6　出口型企业和非出口型企业成长情况**

为了研究出口行为对企业成长率分布影响的主要来源，在不同企业所有制条件下，进一步考察了出口行为对不同所有制企业成长率的影响。不同所有制企业 K—S 检验结果如表 3-6 所示，可以看出，出口行为对国有及国有控股企业成长率分布的影响最为显著，出口行为对内资非国有企业、外资企业成长率分布也存在一定的影响，但是，这种影响存在着不确定性。从收入指标看，出口行为对其成长率分布有着显著影响；从雇员指标看，该种影响不显著。可以得到结论：国有及国有控股企业是导致总体出口型企业成长率分布与非出口型企业之间存在差异的主要来源。

表 3-6　不同所有制企业出口型企业和非出口型企业成长率
分布差异的 K—S 检验结果

|  | 双尾 ||
|---|---|---|
|  | D 值 | P 值 |
| 国有及国有控股企业雇员成长率 | 0.2231 | 0.0000 |
| 国有及国有控股企业收入成长率 | 0.1352 | 0.0000 |
| 内资非国有企业雇员成长率 | 0.0176 | 0.2322 |
| 内资非国有企业收入成长率 | 0.0869 | 0.0000 |
| 外资企业雇员成长率 | 0.0419 | 0.0010 |
| 外资企业收入成长率 | 0.0626 | 0.0000 |

进一步采用核密度分布刻画了不同所有制企业成长率分布形态，图 3-7（1）、图 3-7（2）和图 3-7（3）分别刻画了不同所有制结构下企业出口型、非出口型成长率分布形态，由图 3-7（1）可以看出，出口行为对国有及国有控股企业成长率分布的影响最明显。从雇员指标看，与非出口型国有企业相比，出口型国有企业成长率分布集中程度更高，然而出口型国有企业成长率分布呈现出明显的左偏状态，从另一个角度证明了出口型国有企业成长率低于非出口型国有企业。从收入指标看，可以得到一致的结论。出口行为对内资非国有、外资企业成长率分布也存在一定的影响。从收入指标看，出口型内资非国有企业、外资企业成长率分布集中度均高于非出口型企业，且呈现出显著的左偏状态，说明出口型内资非国有企业、外资企业成长率均值也低于非出口型企业。通过以上分析，可以得出结论：出口行为对国有及国有控股企业成长率分布的影响最为显著，且从成长率分布角度进一步证明了出口型国有企业成长率低于非出口型国有企业这一基本事实。

为了探究出口行为对企业成长率分布的影响的主要来源，在不同企业规模条件下，进一步考察了出口行为对不同规模的企业成长率的影响。不同规模企业 K—S 检验结果如表 3-7 所示，可以看出，出口行为对大型企业成长率分布的影响最为显著，出口行为对中型、小型企业成长率分布没有明显的影响。可以得到结论：大型企业是导致总体出口型企业与非出口型企业之间成长率分布存在差异的主要来源。

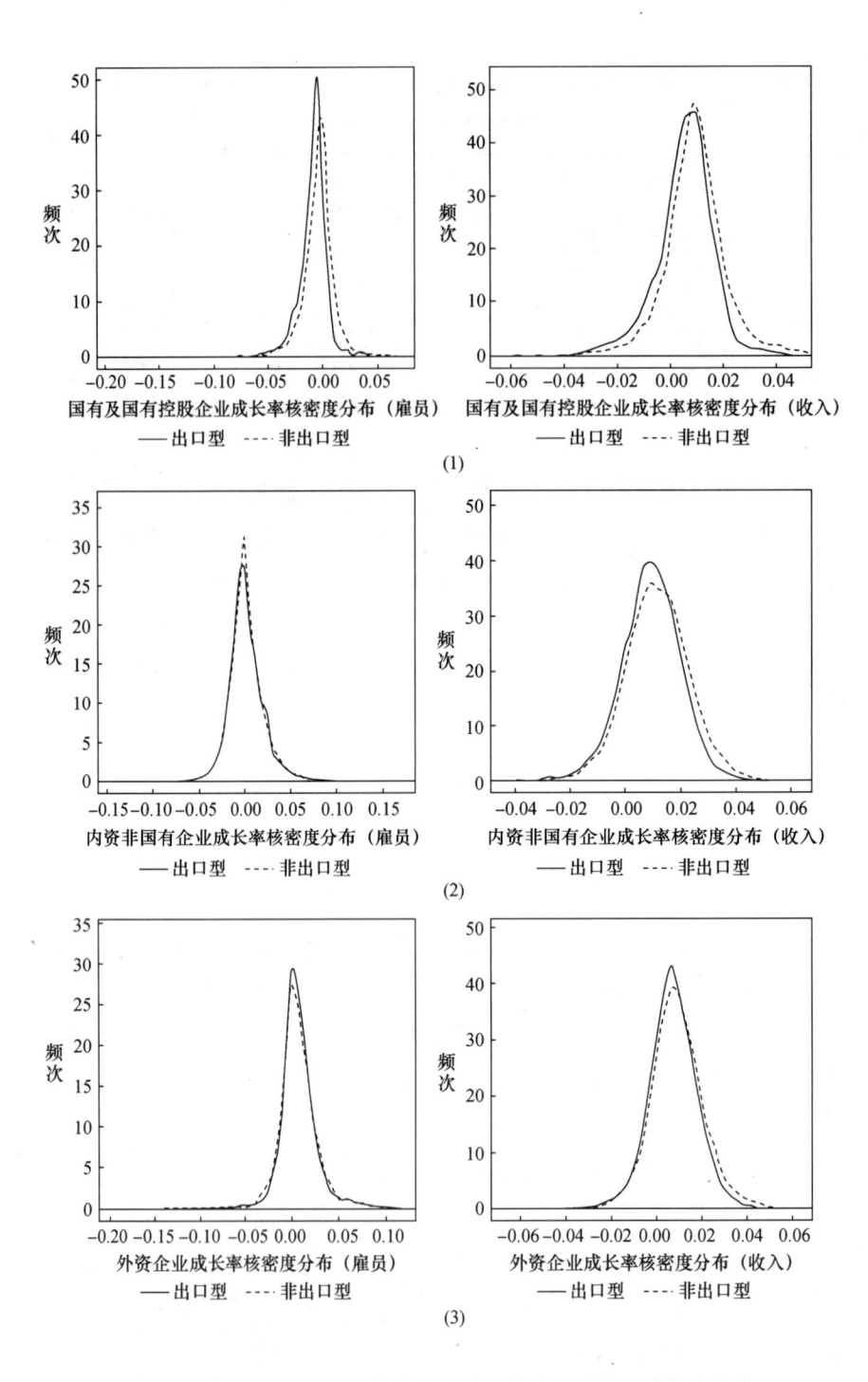

图 3-7 不同所有制下出口型企业和非出口型企业成长率分布

表3-7　　　不同规模出口型企业和非出口型企业成长率
分布 K—S 检验结果

|  | 双尾 | |
| --- | --- | --- |
|  | D 值 | P 值 |
| 大型企业雇员成长率 | 0.1102 | 0.0000 |
| 大型企业收入成长率 | 0.1039 | 0.0000 |
| 中型企业雇员成长率 | 0.0623 | 0.0004 |
| 中型企业收入成长率 | 0.0552 | 0.0024 |
| 小型企业雇员成长率 | 0.0540 | 0.0248 |
| 小型企业收入成长率 | 0.0371 | 0.2513 |

进一步采用核密度分布刻画了不同规模的企业成长率分布形态，图3-8（1）、（2）和（3）分别刻画了不同规模出口型、非出口型企业成长率分布形态，由图3-8（1）可看出，从雇员指标看，大型出口企业成长率分布集中度低于非出口型企业，且大型出口企业成长率分布呈现左偏的形态。从收入指标看，大型出口企业成长率分布呈现出尖峰肥尾的状态，验证了大型出口企业成长率均值低于非出口企业这一事实。由图3-8（2）和（3）可以看出，出口行为对中型企业、小型企业成长率分布的影响不是很显著，从雇员指标看，中小型出口企业成长率分布集中度稍微低于非出口型企业；从收入指标看，中小型出口企业成长率集中度高于非出口型企业，并且均呈现出左偏的形态，这也进一步验证了从收入指标看出口型企业成长率在整体上低于非出口型企业。可以得出结论：出口行为对大型企业成长率分布的影响最为显著，且从成长率分布的形态进一步证明了大型出口企业成长率均值低于非出口企业这一基本事实。

通过本节的研究结果，可以得到以下结论：

其一，出口型企业成长率与非出口型企业成长率之间存在差异。出口型企业成长率低于非出口型企业，同时，在分布上，从两种指标

78 | 第二部分 产业分布形态

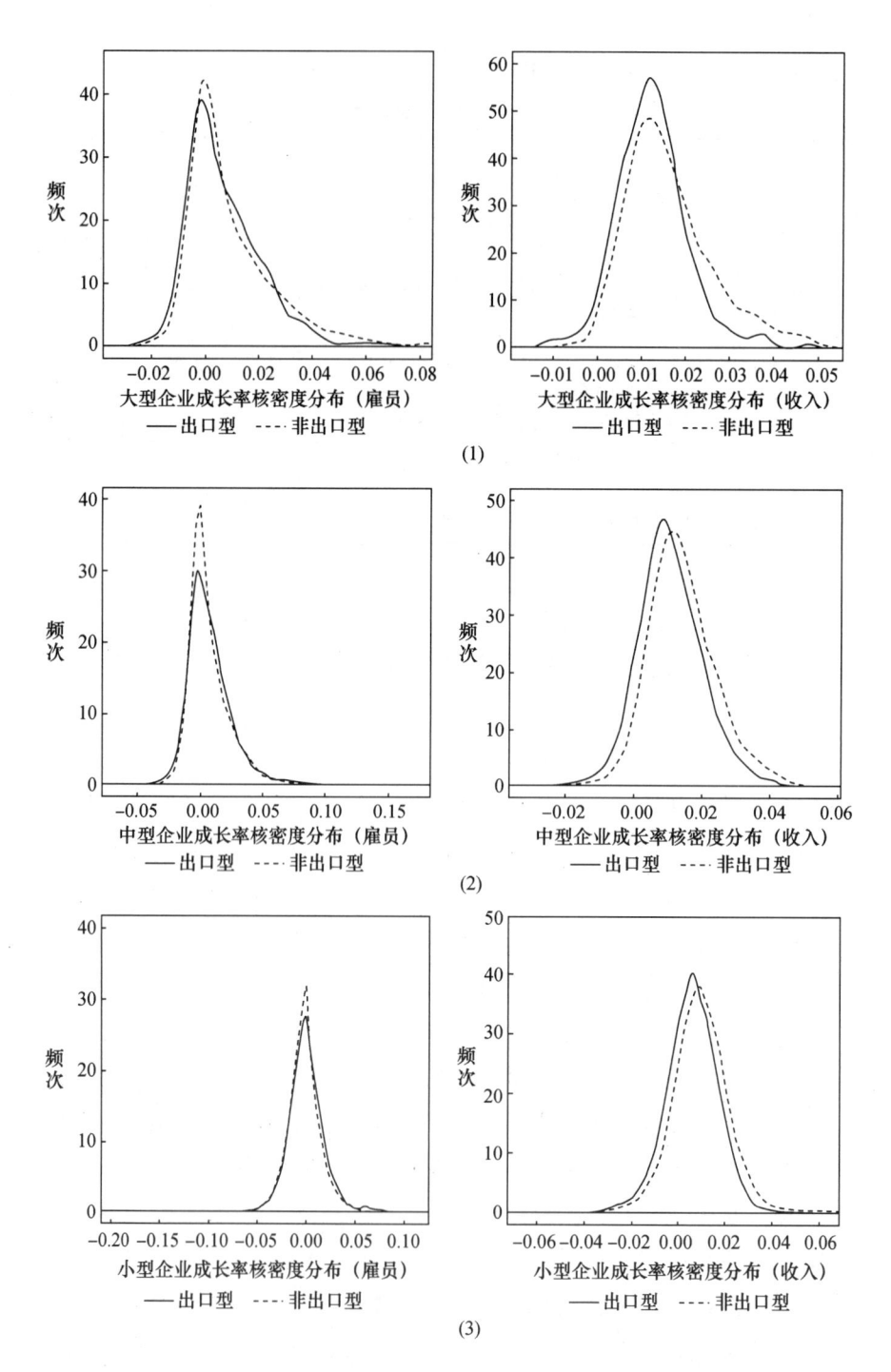

图3-8 不同规模出口型企业和非出口型企业成长率分布

看，出口型企业成长率分布与非出口型企业均有显著差异。从雇员指标看，出口型企业成长率分布集中度低于非出口型企业；从收入指标看，出口型企业成长率集中度偏高且呈现出左偏的形态，即从成长率分布角度进一步验证了出口型企业成长率低于非出口型企业。

其二，分所有制来看，国有及国有控股企业是差异的主要来源。出口型国有及国有控股企业成长率显著低于非出口型企业，且出口型国有企业分布在偏度上与非出口型企业的差异十分明显，与非出口型国有企业相比，出口型国有企业成长率分布明显左偏，也就是说，大部分出口型国有企业成长率是低于非出口型国有企业的。

其三，分规模来看，大型企业是差异的主要来源。大型出口企业成长率低于大型非出口企业。在分布上，从雇员指标看，大型出口企业成长率分布集中度低于非出口型企业；从收入指标看，相对于大型非出口企业，大型出口企业成长率集中度高于非出口型企业且分布整体左偏。从成长率分布角度验证了出口行为对大型企业成长率的影响。

其四，分行业来看，纺织品、设备制造相关行业的差异最为显著，且随着时间的推移，这种差异呈现越来越大的趋势。纺织品相关行业的企业附加值低，这些企业往往依赖原材料和人工的低成本优势进行出口，但随着这种优势的不断丧失，导致在国际市场的竞争力下降，从而使得企业成长减慢，形成了其成长率低下的现状。设备制造等相关行业主要依赖于企业的技术水平，而出口型企业的技术水平落后，其生产设备仍处于价值链的低端，生产效率低下，随着国际市场整体技术水平的不断进步，出口型设备制造企业在国际市场的竞争力逐渐下降，最终导致了其成长率低下的状况。

## 二 实证分析

通过对出口型企业和非出口型企业成长率、成长率分布差异性的描述，发现中国出口型和非出口型工业企业的成长率及其分布有显著的差异。那么出口行为影响企业成长率的机制究竟是怎么样的呢？针对这个问题，通过早期关于贸易关系与企业生产率的一系列相关研究（Melitz, Ottaviano, 2005; Yeaple, 2005; Bernard, Eaton, Jensen, Kortum, 2003; Heopman, Melitz, Yeaple, 2004），本书得出出口行为通过加强产业间竞争来促进企业生产率的提高，对企业而言，勒特默（2007）、Pagano 和 Schivardi（2003）指出，企业规模与生产率增长之间存在交互效应，从而本书可以推测企业从事贸易活动这一决策会通过企业生产率来影响企业规模。进一步地，本书通过一个简单的概率函数计算，推导出企业规模分布与成长率分布之间的关系，联系以上模型，本书推导出企业成长率分布函数，进一步研究企业成长率分布函数与生产率分布函数之间的关系，最后分析出口行为是怎样通过影响企业生产率分布来影响企业成长率分布。

本节实证分析的数据来源于中国工业企业数据库，主要利用行业代码 C 类制造业中二位数代码 13—43 的企业，包括从烟草制品业、农副食品加工业、医药制造业、家具制造业、化学原料及化学制品制造业、纺织业、计算机及其他电子设备制造业、通用设备制造业到通信设备、金属制品业等 30 多个大类。在先前的数据处理基础上，为了得到更加准确的实证结果，本书剔除了行业中出口型企业个数明显偏少以及无出口型企业的行业数据。

基于梅利茨（2003）的多部门贸易异质性企业模型，该模型的假设条件有：

（1）经济体中有两个国家（本国和外国）、$L$ 个行业、两种生产要素（劳动和资本），两个国家之间除了资本禀赋、劳动禀赋不同以外其他条件均相同，国家之间是对称的，并且贸易存在冰山运输成本；

（2）行业 $l$ 有 $N_l$ 个企业，这些企业通过劳动要素、资本要素生产具有差异的产品，并且企业之间进行垄断竞争。同一行业中，资本的产出弹性 $a_l$ 相同，每个行业中的企业仅生产一种差异性产品；

（3）行业生产率分布服从帕累托分布；

（4）企业规模分布是独立的；

（5）消费者是同质的。

在行业 $l$ 中，企业在进入行业时需要支付固定的进入成本 $F_l$，然后才能观察到其生产率水平 $\theta$，其中 $\theta$ 服从累积概率函数 $G_l(\theta)$，并且函数为一个随机分布。通过企业净利润最大化可得到行业 $l$ 进入市场的临界收入 $\bar{D}_l = \sigma_l f_l$ 以及临界生产率水平 $\bar{\theta} = (\sigma_l f_l / M_l)^{\frac{1}{\sigma_l - 1}}$，行业 $l$ 中企业出口的临界出口额 $\bar{X}_l = \sigma_l K_l(\theta)$ 以及出口的临界生产率 $\bar{\theta}_n = \left[\dfrac{\sigma_l K_l(\theta)}{M_l^*}\right]^{\frac{1}{\sigma_l - 1}}$。

根据假设条件以及章韬、孙楚仁（2012），可知行业生产率均服从帕累托分布，但是，出口型企业、非出口型企业的幂分布指数并不相同。由此，设非出口型企业的生产率分布函数为：

$$G_l(\theta) = \begin{cases} 1 - \left(\dfrac{b_l}{\theta}\right)^{k'_l} & \theta \geq b_l \\ 0 & \theta < b_l \end{cases} \qquad (3-8)$$

出口型企业的生产率分布函数为：

$$G'_l(\theta) = \begin{cases} 1 - \left(\dfrac{b'_l}{\theta}\right)^{k'_l} & \theta \geq b'_l \\ 0 & \theta < b'_l \end{cases} \qquad (3-9)$$

其中，$k_l$、$b_l > 0$，$k'_l$、$b'_l > 0$ 分别为非出口型企业、出口型企业与行业 $l$ 有关的生产率集中度（尺度参数）和累积概率函数的下界（位置参数）。可推出非出口型企业规模分布函数为：

$$P[D_l(\theta) > s] = \begin{cases} C_l S^{-\zeta_l} & s \geq \bar{D}_l \\ 0 & s < \bar{D}_l \end{cases} \qquad (3-10)$$

其中，国内收入 $C_l = (M_l^{\frac{1}{\sigma_l - 1}} b_l)^{\zeta_l}$，指数 $\zeta_l = \dfrac{k_l}{\sigma_l - 1}$。出口型企业规模分布函数为：

$$P[S_{xl}(\theta) > s] = \begin{cases} C'_l S^{-\zeta'_l} & s \geq \bar{X}_l \\ 0 & s < \bar{X}_l \end{cases} \qquad (3-11)$$

其中，$C'_l = [(M_l + M_l^*)^{\frac{1}{\sigma_l-1}} b_l]^{k_l}$，$\zeta'_l = \frac{k'_l}{\sigma_l - 1}$。

由上述推导可以得出结论，在同一行业中的企业的出口固定成本相同，且在出口型企业成长率分布与非出口型企业成长率分布存在差异假设条件下，可以得出，出口型企业与非出口型企业规模分布都服从幂分布，且其规模分布集中度由生产率分布集中度决定。出口行为对异质性企业的生产率分布有着一定的影响，而企业生产率分布则对企业规模分布形态起着决定性的作用，且企业生产率分布与企业规模分布参数之间存在着一致的变动规律：

$$\frac{\zeta'_l}{\zeta_l} = \frac{k'_l}{k_l} \tag{3-12}$$

由式（3-10）和式（3-11）可知，非出口型企业规模分布概率密度函数为：

$$\varphi(x) = \begin{cases} C_l \zeta_l x^{-\zeta_l - 1} & s \geq \overline{D}_l \\ 0 & s < \overline{D}_l \end{cases} \tag{3-13}$$

其中，国内收入 $C_l = (M_e^{\frac{1}{\sigma_l-1}} k_l)^{\zeta_l}$，指数 $\zeta_l = \frac{k_l}{\sigma_l - 1}$。出口型企业规模分布函数为：

$$\varphi(y) = \begin{cases} C'_l \zeta'_l y^{-\zeta'_l - 1} & s \geq \overline{X}_l \\ 0 & s < \overline{X}_l \end{cases} \tag{3-14}$$

其中，$C'_l = [(M_l + M_l^*)^{\frac{1}{\sigma_l-1}} b_l]^{\zeta_l}$，$\zeta'_l = \frac{k'_l}{\sigma_l - 1}$。

企业成长率计算公式为：$g_i(t) = \frac{s_i(t)}{s_i(t-1)} - 1$，其中，对于非出口型企业 $s_i(t)$、$s_i(t-1)$ 服从概率密度函数（3-13），出口型企业 $s_i(t)$、$s_i(t-1)$ 服从概率密度函数（3-14），即 $s(t)$ 与 $s_i(t-1)$ 同分布。记：

$$U(u) = \frac{s(t)}{s(t-1)} - 1 = \frac{s(x_1)}{s(x_2)} - 1 \tag{3-15}$$

$$V(v) = s(x_2) \tag{3-16}$$

其中，$s(x_1)$、$s(x_2)$ 服从概率密度函数式（3-13），由式（3-15）、式（3-16）式可得：

$$\begin{cases} u = \dfrac{x_1}{x_2} \\ v = x_2 \end{cases}, \quad 即 \begin{cases} x_1 = uv - v \\ x_2 = v \end{cases} \tag{3-17}$$

则该变换的雅克比行列式为：

$$J = \frac{\partial(x_1, x_2)}{\partial(u, v)} = \begin{vmatrix} \dfrac{\partial x_1}{\partial u} & \dfrac{\partial x_1}{\partial v} \\ \dfrac{\partial x_2}{\partial u} & \dfrac{\partial x_2}{\partial v} \end{vmatrix} = \begin{vmatrix} v & u-1 \\ 0 & 1 \end{vmatrix} = v \tag{3-18}$$

所以，$(U, V)$ 的联合密度函数为：

$$p(u, v) = p(uv - v, v) |J| = \varphi(uv - v)\varphi(v) |J| \tag{3-19}$$

对 $p(u, v)$ 关于 $v$ 进行积分，得到非出口型企业成长率的概率密度函数为：

$$p(u) = \frac{1}{2} C_l^2 \zeta_l (u - 1)^{-\zeta_l - 1} \tag{3-20}$$

再对概率密度函数积分，得到非出口型企业成长率分布函数为：

$$P(U_1 > u) = \frac{1}{2} C_l^2 (u - 1)^{-\zeta} \tag{3-21}$$

其中，国内收入 $C_l = (M_l^{\frac{1}{\sigma_l - 1}} b_l)^{k_l}$，指数 $\zeta_l = \dfrac{k_2}{\sigma_l - 1}$。同样，求得出口型企业成长率分布函数为：

$$P(U_1 > u) = \frac{1}{2} C'^2_1 (u - 1)^{-\zeta'} \tag{3-22}$$

其中，$C'_l = [(M_l + M_l^*)^{\frac{1}{\sigma_l - 1}} b_l]^{k_l}$，$\zeta'_l = \dfrac{k'_l}{\sigma_l - 1}$。

可以得出结论，在同一行业中的企业的出口固定成本相同，且在出口型企业成长率分布与非出口型企业成长率分布存在差异假设条件下，出口型企业与非出口型企业成长率分布都服从幂分布，且其成长率分布集中度由生产率分布集中度决定。出口行为对异质性企业的生产率分布有着一定的影响，而企业生产率分布则对企业成长率分布形态起着决定性的作用，并且企业生产率分布与企业成长率分布参数之间存在着一致的变动规律：

$$\frac{\zeta'_l}{\zeta_l} = \frac{k'_l}{k_l} \qquad (3-23)$$

因而，可以提出假设，出口型企业的成长率分布差异是由生产率差异所引致的。之前的研究已经对出口型企业的生产率悖论进行了经验验证和分析，基本得出了中国出口型企业具有相对较低的生产率的结论，通过本部分的分析可见，企业成长率与生产率存在密切关系，将在后文对其进行进一步的检验与分析。

用企业雇员数量、企业收入两个指标来衡量企业成长率，因变量包括企业成长率、行业成长率分布参数。控制变量包括企业生产率、行业生产率分布参数、企业利润率、企业年龄、企业规模、企业出口行为、企业所有制结构和创新，并进行了行业效应分析，重点考察出口是否影响企业成长率、成长率分布参数，以及出口型企业成长率的影响因素，尤其是企业生产率对企业成长率的影响。

(一) 行业成长率、行业成长率分布集中度

企业成长率的测算在前文已经介绍过，下面来重点说明行业成长率分布参数的测算。行业成长率分布函数为：

$$P(U_l > u) = \frac{1}{2} C_l^2 (u-1)^{-\zeta} \qquad (3-24)$$

其中，$U_l$ 表示行业 $l$ 的成长率，$C_l$ 为参数，$\zeta$ 为所求的行业成长率分布参数，$P(U_l > u)$ 表示行业 $l$ 的成长率大于临界值 $u$ 的概率。对上式进行对数线性化，得到：

$$\ln[P(U_l > u)] = \ln\frac{1}{2} + 2\ln C_l - \zeta \ln(u-1) \qquad (3-25)$$

在上式中，行业 $l$ 的成长率大于 $u$ 的概率 $P(U_l > u)$ 等价于该行业中企业在按照成长率降序排列之后的位次 $R_l$ 与企业总数 $N$ 的比值，因此，式 (3-25) 可等价于：

$$\ln\left(\frac{R_l}{N}\right) = \alpha - \zeta \ln(u-1) + \varepsilon \qquad (3-26)$$

其中，$\alpha = \ln\frac{1}{2} + 2\ln C_l$ 代表常数项，$\varepsilon$ 为随机误差项。

### （二）企业生产率、行业生产率分布的集中度

采用 OP 方法测算企业的生产率。针对传统的生产率 OLS 测算方法 TFP，该方法存在参数方法求微观企业生产率时容易出现的联立方程偏误以及样本选择偏误问题。奥利和帕克斯（Olley and Pakes, 1996）对 TFP 方法进行了改进，他们采用了半参数方法对生产率进行测算。OP 方法的特点在于：首先，假定企业根据当前生产率状况做出投资决策，对于不可观测生产率冲击的代理变量，采用企业的当期投资来衡量，解决了先前方法中联立方程存在偏误的问题。然后通过对产出的一些主要影响因素来建立参数关系，同时，对于其他未包含在以上参数关系中的其他影响产出变量，建立非参数关系，最后，将参数关系与非参数关系共同纳入生产函数中去。通过以上过程估计参数、非参数函数，最终计算出生产率。

行业的生产率分布参数的测算与行业成长率分布参数的测算类似，行业生产率分布函数为：

$$G_l(\theta_l \geq b_l) = 1 - \left(\frac{b_l}{\theta_l}\right)^k \tag{3-27}$$

其中，$\theta_l$ 表示行业 $l$ 的生产率，$b_l$ 为参数，$k$ 为所求的行业生产率分布参数，$G_l(\theta_l \geq b_l)$ 表示企业 $l$ 的生产率大于临界值的概率，行业 $l$ 的生产率大于 $u$ 的概率 $P(U_l > u)$ 等价于该行业中的企业在按照生产率降序排列之后的位次 $R_l$ 与企业总数 $N$ 的比值，因此，上式可等价于：

$$\frac{R'_l}{N} = 1 - \left(\frac{b_l}{\theta_l}\right)^k + \varepsilon' \tag{3-28}$$

其中，$\varepsilon'$ 为随机误差项。

### （三）企业利润率、企业年龄、企业出口行为、企业所有制、企业规模类型和企业创新

企业利润率（profit_rate）：采用企业利润总额作为衡量企业利润率的指标，企业利润率的计算通过企业利润总额除以销售收入来表

示。企业利润率代表了企业的盈利情况，综合反映了整个企业生产经营活动的经济效应，对企业成长率具有一定的影响。

企业年龄（age）：以 2007 年为标准，以企业注册创建时间至 2007 年这期间的年份数量作为企业年龄。

企业出口行为（export）：以 1998 年企业的出口总产值是否为 0 为判断依据，出口总产值若为 0，则定义为非出口型企业，出口总产值若不为 0，则定义为出口型企业。

企业所有制（ownership）：根据企业登记注册类型与代码，将企业划分为国有及国有控股企业、内资非国有企业以及外资企业三类，其中国有及国有控股企业包括国有企业（代码 110）、集体企业（代码 120）以及国有独资企业（代码 151），所有代码以 3 开头的都划分为外资企业，其余的则划分为内资非国有企业。

企业规模类型（size_type）：以工业企业数据库中企业规模类型这一指标，将企业划分为大型、中型和小型三种规模类型。

企业创新（innovation）：以 1998 年企业新产品产出是否为 0 作为判断依据，若企业新产品产值为 0，则该企业定义为非创新型企业，若企业新产品产值不为 0，则定义为创新型企业。

为了考察出口行为对企业成长率的影响，构建以下计量模型：

$$Growth_{i,jt} = \alpha_0 + \alpha_1 PROD_{i,jt} + \alpha_2 profit\_rate_{i,jt} + \alpha_3 age_{i,j} + \beta_1 Export1_{i,jt} + \beta_2 Ownership1_{i,jt} + \beta_3 Ownership2_{i,jt} + \beta_4 size\_type2_{i,jt} + \beta_5 size\_type3_{i,jt} + \beta_6 Innovation + V_j + \varepsilon_{i,jt} \quad (3-29)$$

其中，下标 $i$、$j$ 和 $t$ 分别代表企业、行业和年份；被解释变量 Growth 代表企业成长，本书分别以企业雇员和企业收入成长率来衡量；$V_j$ 表示行业效应；$\varepsilon_{i,jt}$ 表示随机扰动项。本书中的自变量企业成长率从时间上看，不同个体之间不存在显著性差异；从截面上看，不同截面之间也不存在显著的差异，所以，本书选择采用混合估计模型（Pooled Regression Model）来进行回归估计。依据处理过的中国工业企业数据，对出口与企业成长率的关系进行回归分析，估计结果如表 3-8 所示。

表3-8　　　　　　　　　企业成长率模型估计结果

| 变量 | 全样本 雇员 | 全样本 收入 |
| --- | --- | --- |
| PROD | 0.0058*** (3.5356) | 0.1268*** (75.0257) |
| Profit_rate | 0.0010 (1.0127) | 0.0011 (1.0893) |
| Age | -0.0020*** (-17.1335) | -0.0026*** (-21.4888) |
| Export1 | -0.0137*** (-3.5621) | -0.0672*** (-17.0297) |
| Ownership1 | 0.0639*** (14.2647) | -0.0639*** (-13.8819) |
| Ownership2 | 0.0856*** (15.5895) | -0.1279*** (-22.6829) |
| Size_type2 | -0.0576*** (-6.1705) | 0.1286*** (13.4159) |
| Size_type3 | -0.1255*** (-12.5754) | 0.2014*** (19.6458) |
| Innovation | -0.0115* (-2.4345) | -0.0268*** (-5.5415) |
| Industry | 显著 | 显著 |
| Constant | 0.1855*** (6.8528) | -0.8591*** (-30.9030) |
| $R^2$ | 0.0057 | 0.0214 |
| F统计量 | 37.7993 | 144.3770 |
| 样本数 | 342776 | 342776 |

注：①***表示在1%的水平下显著，**表示在5%的水平下显著，*表示在10%的水平下显著；②括号内为t值。后文各表的星号"*、**、***"的含义，如无特别说明，均同表3-8。

由表3-8成长率模型可以看出，出口行为对企业成长率有着显著的影响，并且这种影响是负向的，也就是说，出口型企业的成长率低于非出口型企业。企业生产率对企业成长率也具有显著的影响，两者之间的关系呈正方向，即生产率高的企业其成长率也高。同时，企业年龄、企业所有制、企业规模以及创新对企业成长率也具有一定的影响。其中，企业年龄与企业成长率之间是负相关的，也就是说，随着企业年龄的增大，企业成长率会逐渐减小；创新对企业成长率的影响也是负向的，即相比非创新型企业，创新型企业的成长率更低。同时，企业成长率的行业效应是显著的，即企业所属行业类型对企业成长率也具有一定的影响。可以得到结论：出口行为对企业成长具有显著的影响，出口型企业成长率低于非出口型企业；企业生产率与企业成长率之间有着密切的关系，生产率高的企业其成长率也高。

通过本小节的研究结果，可以得到结论：出口行为对企业成长率有着显著的影响。回归模型结果显示，出口行为对企业成长率的影响是不可忽视的，并且出口行为对企业成长率的影响是负方向的，即出口型企业成长率低于非出口型企业，这一结论符合前文对出口型企业成长率的一系列刻画。同时，企业生产率、年龄、企业所有制、规模以及创新都是影响企业成长率的因素。特别是企业生产率，生产率越高的企业其成长率也越高。

进一步地，将企业按照出口行为分离出出口型企业、非出口型企业数据，分别研究出口型企业、非出口型企业成长率与其他变量之间的关系，模型回归结果如表3－9所示。

由表3－9可知，分组来看，企业生产率对出口型企业成长率依然具有显著的影响，同时，企业利润率、年龄、所有制、规模均是影响出口型企业成长率的重要因素。与未分组回归结果相比，一个明显的差异便是企业利润率。总体来看，企业利润率对企业成长率并没有明显的影响，并且对于非出口型企业，企业利润率对企业成长率也无显著的影响。而对于出口型企业来说，企业利润率对企业成长率的影响十分显著，且这种影响是正方向的。也就是说，相比于非出口型企业，企业利润率对出口型企业的成长至关重要，利润率高的出口型企业其成长率更高。

表3-9 企业成长率模型估计结果（出口型企业和非出口型企业）

| 变量 | 出口型企业 雇员 | 出口型企业 收入 | 非出口型企业 雇员 | 非出口型企业 收入 |
|---|---|---|---|---|
| PROD | 0.0040*** (1.1930) | 0.1110*** (39.8487) | 0.0084*** (4.5076) | 0.1354*** (63.7089) |
| Profit_rate | 0.0427*** (4.1285) | 0.0535*** (6.2585) | 0.0005 (0.5425) | 0.0004 (0.4139) |
| Age | -0.0021*** (-8.8558) | -0.0021*** (-10.5705) | -0.0019*** (-14.2318) | -0.0027*** (-17.5391) |
| Ownership1 | 0.0958*** (8.7582) | -0.0686*** (-13.1494) | 0.0529*** (11.0856) | -0.0843*** (-15.4585) |
| Ownership2 | 0.1113*** (9.8276) | -0.0530*** (-5.6676) | 0.0726*** (10.9545) | -0.1723*** (-22.7490) |
| Size_type2 | -0.0412** (-2.7861) | 0.0939*** (7.6808) | -0.0903*** (-7.0450) | 0.1396*** (9.5299) |
| Size_type3 | -0.1167*** (-7.0604) | 0.1456*** (10.6668) | -0.1541*** (-11.5631) | 0.2244*** (14.7352) |
| Innovation | -0.0103 (-1.2602) | -0.0231*** (-3.4318) | -0.0104 (-1.7616) | -0.0240*** (-3.5540) |
| Industry | 显著 | 显著 | 显著 | 显著 |
| Constant | 0.1600* (2.5287) | -0.8713*** (-16.6765) | 0.2038*** (6.7486) | -0.9205*** (-26.6674) |
| $R^2$ | 0.0066 | 0.0202 | 0.0057 | 0.0220 |
| F统计量 | 15.9919 | 49.6702 | 26.3045 | 102.3300 |
| 样本数 | 110665 | 110665 | 232111 | 232111 |

本部分的因变量、控制变量如下：

（1）企业成长率分布参数（gr_dis_para）：该数据为行业数据，本书数据共包括43个行业，故本书分别得到43个行业1999—2007年的成长率分布参数；

（2）企业生产率分布参数（PROD_dis_para）：该数据为行业数

据，本书数据共包括 43 个行业，故分别得到 43 个行业 1999—2007 年的生产率分布参数；

（3）行业平均年龄（Age_avg）：以行业为单位，分别将一个行业中出口型企业、非出口型企业的企业年龄相加，除以其企业数量得到行业平均年龄；

（4）行业平均规模（Scale_avg）：分别将一个行业出口型企业、非出口型企业的企业工业总产值相加，除以企业数量得到行业平均规模；

（5）行业平均利润率（Profit_rate_avg）：分别将一个行业出口型企业、非出口型企业的企业利润率相加，除以企业数量得到行业平均利润率；

（6）出口（Export）：代表了一个行业中出口型企业成长率分布参数与非出口型企业成长率分布参数。

为了考察成长率分布与生产率分布的影响，构建以下计量模型：

$$gr\_dis\_para_{jt} = \alpha_0 + \alpha_1 TFP\_dis\_para_{jt} + \alpha_2 Age\_avg_{jt} + \alpha_3 Scale\_avg_{jt} + \alpha_4 Profit\_rate\_avg_{jt} + \beta_1 Export_{jt} + \varepsilon_{i,jt} \quad (3-30)$$

回归结果如表 3-10 所示。

表 3-10　　　　　　　企业成长率分布模型估计结果

| 变量 | 雇员 | 收入 |
| --- | --- | --- |
| PROD_dis_para | 0.1023*** (8.4210) | 0.1947*** (21.2450) |
| Age_avg | 0.0081 (0.1040) | 0.0033 (0.5610) |
| Scale_avg | -0.0000 (-0.5130) | 0.0000 (1.4710) |
| Profit_rate_avg | -1.6820 (-1.3800) | -1.6310 (-1.7730) |
| Export | -0.1112 (-1.6310) | -0.1172* (-2.2750) |
| constant | 0.0959 (0.4870) | -0.7989*** (-5.3730) |
| $R^2$ | 0.1062 | 0.4050 |
| F 统计量 | 16.9700 | 97.1800 |
| 样本数 | 721 | 721 |

由表 3-10 可知,行业成长率分布与生产率参数之间存在着显著的关系,且这种关系为正方向的,这与先前的理论推导所得到的假设是一致的,即生产率分布形态直接决定了企业成长率分布形态,行业成长率分布与生产率分布存在着一致的变动规律。

通过本小节可以得出结论:行业生产率分布形态直接决定了其成长率分布形态。行业成长率分布参数与生产率分布参数之间有着显著的关系,也就是说,生产率分布形态,包括分布集中度、峰度、偏度等,决定了成长率的分布形态。生产率分布函数与成长率分布函数之间存在着一致变动的关系。

在先前得到结论,企业所有制结构、企业规模显著地影响着企业成长率,在这一小节,将详细地探究企业所有制结构、企业规模与企业成长率之间的关系。

首先,分别研究国有企业及国有控股企业、内资非国有企业、外资企业三种不同所有制结构企业的成长率模型,模型如下:

$$Growth_{i,jt} = \alpha_0 + \alpha_1 PROD_{i,jt} + \alpha_2 profit\_rate_{i,jt} + \alpha_3 age_{ij} + \beta_1 Export1_{i,jt} + \beta_2 size\_type2_{i,jt} + \beta_3 size\_type3_{i,jt} + \beta_4 Innovation + V_j + \varepsilon_{i,jt}$$

(3-31)

模型回归结果如表 3-11 所示。

由结果可知,出口行为对国有企业及国有控股企业成长率具有明显的影响,并且这种影响是负方向的,也就是说,出口型国有及国有控股企业成长率低于非出口型国有及国有控股企业。对内资非国有企业、外资企业进行了相同的研究,由于篇幅限制,这里,仅说明得到的主要结论。回归中内资非国有企业中控制变量出口的回归系数分别为:雇员 -0.0045(不显著),收入 -0.0758(显著);外资企业模型中出口的回归系数为:雇员 -0.0134(不显著),收入 -0.0377(显著)。即出口行为对内资非国有企业、外资企业成长率的影响并不能确定。由此可以得到结论:出口型企业与非出口型企业成长率这种差异主要是由国有企业及国有控股企业带来的。

同样,分别研究出口行为对大型企业、中型企业和小型企业三种不同规模企业的企业成长率的影响,回归模型如下:

表 3-11　企业成长率模型估计结果（国有企业及国有控股企业）

| 变量 | 国有企业及国有控股企业 ||
|---|---|---|
|  | 雇员 | 收入 |
| PROD | 0.0047*** (1.7518) | 0.0820*** (20.4908) |
| Profit_rate | 0.0002 (0.2263) | 0.0010 (0.8353) |
| Age | -0.0007*** (-5.1272) | -0.0019*** (-9.2742) |
| Export1 | -0.0371*** (-4.4942) | -0.0962*** (-7.9035) |
| Size_type2 | -0.0646*** (-5.0352) | 0.0586** (3.0991) |
| Size_type3 | -0.0750*** (-5.0648) | 0.1726*** (7.9101) |
| Innovation | -0.0089 (-0.9947) | -0.0175 (-1.3225) |
| Industry | 显著 | 显著 |
| Constant | 0.1497*** (3.6843) | -0.4266*** (-7.1268) |
| $R^2$ | 0.0031 | 0.0105 |
| F 统计量 | 5.0488 | 16.9809 |
| 样本数 | 78365 | 78365 |

$$Growth_{i,jt} = \alpha_0 + \alpha_1 PROD_{i,jt} + \alpha_2 profit\_rate_{i,jt} + \alpha_3 age_{ij} + \beta_1 Export1_{i,jt} + \beta_2 orwership1_{i,jt} + \beta_3 orwership2_{i,jt} + \beta_4 Innovation + V_j + \varepsilon_{i,jt}$$

$$(3-32)$$

模型回归结果如表 3-12 所示。

表 3-12　　企业成长率模型估计结果（大型企业）

| 变量 | 大型企业 ||
|---|---|---|
|  | 雇员 | 收入 |
| PROD | 0.0349*** (3.3998) | 0.0530*** (4.9455) |
| Profit_rate | 0.0161 (0.2260) | 0.1003 (1.3432) |
| Age | -0.0009 (-1.6390) | -0.0014* (-2.3392) |
| Export1 | -0.1197*** (-4.7611) | -0.1221*** (-4.6488) |
| Ownership1 | 0.0919** (3.0966) | 0.0404 (1.3030) |
| Ownership2 | 0.1343*** (3.6765) | -0.0150 (-0.3924) |
| Innovation | -0.0210 (-0.8462) | -0.0095 (-0.3660) |
| Industry | 显著 | 显著 |
| Constant | -0.2732 (-1.4033) | -0.2472 (-1.2156) |
| $R^2$ | 0.0168 | 0.0112 |
| F 统计量 | 4.2314 | 2.7848 |
| 样本数 | 11187 | 11187 |

由表 3 - 12 可知，出口行为对大型企业成长率具有显著的影响，且大型出口企业成长率低于大型非出口企业成长率。对中型企业、小型企业成长率的分析结果显示，中型企业中控制变量出口的回归系数分别为：雇员 - 0.0231（不显著），收入 - 0.0759（显著）；小型企业模型中出口的回归系数为：雇员 - 0.0022（不显著），收入 - 0.0580（显著）。也就是说，出口行为对中型企业、小型企业成长率有一定的影响，但是，这种影响具有不确定性，并且与中型企业、小型企业相比，出口行为对大型企业成长率的影响更为显著。可以得出结论：大型企业是导致出口型企业与非出口型企业成长率差异的主要因素。

首先，出口型企业成长率及其分布与非出口型企业存在着显著的差异。出口型企业成长率年均值低于非出口型企业，并且其分布在集中度、偏度上也与非出口型企业存在差异。分所有制来看，国有企业及国有控股企业是总体差异的主要来源。分规模来看，大型企业是出口型企业成长率低下的主要来源。分行业来看，纺织品、设备制造相关行业表现得最为显著。

其次，出口行为对企业成长率的影响十分显著。出口行为对企业成长率的影响不可忽视，且该影响是负向的，进一步证实了出口型企业成长率低于非出口型企业这一事实。同时，影响企业成长率的因素还包括企业生产率、企业年龄、企业所有制、企业规模以及创新。其中，企业生产率对企业成长率的影响至关重要，生产率较高的企业其成长率也较高。企业年龄对企业成长率的影响是负向的，即随着企业年龄的增大，企业成长率将会降低。

最后，行业生产率分布形态直接决定了其成长率分布形态。行业生产率分布参数与成长率分布参数之间存在着显著的关系，生产率的分布形态决定了成长率分布形态，两者之间存在着一致变动的关系。

# 第三部分 产业空间动态

# 第四章 企业更替

在不完全的市场竞争条件下，新企业的进入以及经营不佳的在位企业退出一直引人注目。在产业发展的演变过程中，由于利润及其他因素的驱动，厂商进入不断增加。伴随市场的成熟，进入厂商数量渐趋减少，并在达到顶峰后随之出现部分厂商退出。市场竞争的实质即新进厂商的进入与失败在位厂商的退出。该种现象即为企业更替，它体现了市场经济发展过程中优胜劣汰的本质。

本章主要基于企业更替的角度对产业动态演变进行分析。在对有关企业更替的相关文献进行梳理的基础上，以典型出口企业为例，对企业更替与出口行为进行了实证研究，并得出了有关企业更替的一些初步结论。该部分研究进一步明确了企业进入退出在产业动态研究中的重要作用，以期为产业动态方面的研究做出一定补充。

## 第一节 企业更替的相关理论

产业组织理论认为，企业的进入退出可以很好地改善企业的市场绩效。从20世纪80年代开始，伴随着企业动态模型的出现，企业的进入退出成了企业行为分析中不容小觑的一环。从现有文献来看，对于企业动态的研究大多从企业更替和成长两个维度来展开分析。熊彼特（1934）认为，企业的进入行为具有创造性破坏，其可以带来很高的生产率。就中国而言，企业的进入退出行为对生产率的增长作用巨大（李玉红等，2008）。

## 一　早期工业企业更替行为研究

经典产业组织理论认为，企业所在的行业的潜在盈利可能性是驱动企业发生进入或退出行为的根本因素。如果进入行为可以连续产生较为可观的利润，则企业的进入行为会相继发生。如果行业内利润水平较长时期内低于正常利润水平，则企业会发生退出行为。起初有关企业更替的研究大多集中于企业的进入行为与退出行为，并且许多学者就企业行为的这两个方面分别进行了探讨。

就企业进入行为而言，其是企业基于自身发展的考虑，并追求利润的结果。他们通过发现市场中的生存机会，并且主动承担一定风险，大胆进入某个行业，谋求自身的发展。1974年，奥尔（Orr）提出限价模型，其中，就针对企业的进入行为进行了分析，他认为企业的进入行为是关于预期利润、市场风险和进入壁垒的函数。在考虑现价模型对于创业成本忽略的情况下，埃文斯等（1989）提出了收入选择理论。他认为，企业家在作出进入选择时，往往面临着创业与受雇的权衡取舍，其选择一般取决于个人的创业利润与所获工资的差额。由此不难发现，相对来说，利润率高、进入壁垒低且工资低的行业或者区域更容易发生企业进入行为。

在理解了企业进入行为的动机后，针对企业进入行为影响因素的探讨逐渐流行起来。由前人的发现不难看出，行业的进入壁垒一直是新企业进入行业的一道门槛，鲍德温（Baldwin，1998）等研究发现，较之大企业而言，平均规模较小的企业由于其规模经济不太重要，其在进入市场方面门槛较低，更易进入。除此之外，许多学者对于企业进入的研究不断扩展。其中，有关失业与企业进入的研究结果并没有得到有关失业与企业进入行为之间相关关系的一致定论（Storey，1991）。此外，值得一提的是，有关集聚效应对于企业进入行为的研究表明，地方化和城市化经济都会促进企业的进入行为（Duranton et al.，2001；Armington et al.，2005）。但也有学者认为，过度集聚会导致交通拥堵，土地价格以及工人工资的大幅上涨，在一定程度上阻碍企业的进入。

企业进入行为的对立面即为企业退出。对于该种企业行为的研究沿用了企业进入的逻辑思路。主要分析了影响退出的各种因素,重点集中在退出壁垒、生产率、市场规模、技术升级等方面。早在1987年,夏皮罗等人就发现相应的退出激励以及退出壁垒均会对企业的退出行为产生影响。此后,伴随研究的深入,生产率日渐成为企业退出行为分析中的重要一环。较低的生产率会导致企业较高退出可能性(Baily,1992;Disney,2003),并且企业在退出之前就会表现出生产率下降趋势,即所谓的"死亡阴影"效应(Griliches,1995)。此外,企业的退出行为除了与自身条件联系紧密,外部环境也与其相关。诸如区域特征、产业结构特征和经济周期均会影响企业的退出(Manjon-Antolin,2008)。就服务业而言,区域的市场规模对于企业的退出行为具有一定影响(Carree,2011),主要原因在于劳动力的成本和质量。较之企业进入,集聚经济对于企业退出行为的影响尚无定论(Sorenson,2000;Buenstorf,2011;Renski,2011)。除此之外,有学者还研究发现产业技术水平的高低也会影响企业的退出,如果产业技术水平较高,产业升级较快,企业的竞争也会随之激烈,往往会导致很多企业难以适应技术革命而被迫退出所在行业(Audretsch,2000)。2008年金融危机大背景下,博克斯(Box)研究表明,相对稳定的宏观环境有利于企业的生存,经济越繁荣,企业的退出风险越小。

由以上文献梳理不难看出,早期对于企业更替行为的研究,都是针对企业的进入行为和退出行为单独进行的,虽然一系列的研究结论为企业发展的后续研究奠定了基础,但是,就企业而言,其作为一个运行的整体机构,进入退出势必紧密联系,这种割裂式的分析显然是不够全面的。因此,伴随研究的不断深入,有关企业更替方面的研究也在不断推进,对于企业进入退出行为的探讨也逐步趋于一体化、完整化,并且在前人基础上进行了更深层次的延伸。

在企业进入退出研究方面,工业企业一直是关注的焦点,其中对于制造业企业的研究尤为突出。由于企业频繁地进入退出,形成一种优胜劣汰机制,犹如为行业注入新鲜血液,有利于增强市场竞争,激发市场活力。同时,新进者还会为在位者创造更好的竞争环境,带来新技术、新产品,因而可以有效地促进生产率提高(John R. Baldwin，2002）。1992年，霍彭哈恩（Hopenhayn）从进入成本角度指出较低的进入成本可在一定程度上促进有效率企业进入，并且及时推动无效企业退出行业，能够较好地提高企业进入与退出行业的速度。可见相关的成本壁垒对于企业的进入退出均存在一定影响。后续研究进一步发现，企业更替的强度和效率会对在位企业和新进入企业产生一定影响，进入退出越频繁，越可能提升行业生产率（John R. Baldwin，2014）。与国外相比，我国有关企业更替研究方面的文献较为匮乏。近年来陆续有学者针对企业进入退出进行全方位分析。其中，杨天宇、张蕾（2009）利用2004年中国153个制造行业横截面数据对企业进入与退出进行分析，其主要从国有性质、资本和利润率等方面进行实证研究，发现国有性质对于企业进入具有明显的阻碍作用，但其对于企业的退出行为却具有明显的促进作用。而资本密度、集中度与研发投入密度可以一定程度地提高企业的进入率，但结果并不显著。而企业在退出行为方面由于一系列的壁垒往往具有明显的退出困难。与通常理解一致的是行业的利润率对于企业的进入与退出行为均具有显著的促进作用。此后，毛其淋和盛斌（2013）通过对我国企业层面的研究发现，我国制造业进入退出率相对较高，并与企业规模保持同方向变化。而频繁发生更替行为的多为小规模企业。以上研究结论在研究工业制造业企业更替方面不谋而合。

伴随研究的不断深入，学者们发现除诸如企业规模、进入壁垒、利润率等因素对于企业更替具有影响之外，企业的进入与退出行为之间可能存在相互影响。杨天宇、张蕾（2009）利用2004年中国153个制造行业横截面数据对企业进入与退出进行分析，研究发现，企业的进入与其退出之间存在显著正相关关系，在一定程度上说明了新进入企业往往具有较高生产率，会引起在位企业的"替代效应"。就我国而言，由于新进入企业导致的"替代效应"，以及在位企业退出导致的新进入者的"真空效应"都是存在的。这一发现为研究制造业行业企业更替动态提供了一个全新的视角，也更加全面地分析了企业的进入退出行为。

## 二 工业企业生产率与企业更替

随着时间的推移,以及相关研究的不断深入,有关企业进入退出行为的研究也日新月异。在剖析了影响企业更替的影响因素后,学者们对相关研究进行了延伸。站在市场竞争、企业生产率的视角审视企业的更替行为成为企业动态研究中的新大陆。研究发现就企业进入退出而言,其对于市场竞争,企业的生产率等方面均存在一定影响。张静等(2013)利用1999—2007年工业企业相关数据刻画了企业进入退出的基本事实及特征。论证了企业的进入行为能够增强市场竞争,但相关进入企业往往也面临着较高的退出率。与张静不同的是,许昌平、方涛等(2014)利用1999年、2003年和2007年三个时点上中国主要的12个制造业企业的数据对相关企业的进入退出及企业生产率之间的差异进行了测算。比较分析证实了对于进入企业和退出企业而言,其生产率明显低于在位企业。并且企业如若进入时具有较高的生产率其在进入后将可能存活更长时间。而对于退出企业而言,其生产率往往最低。

## 三 服务业企业更替研究

伴随着经济的不断发展,我国服务业行业如雨后春笋般纷纷成长起来。其进入与退出方面的研究也逐渐成为学者眼中的新宠儿。但针对服务业的专门研究文献仍属较少。克里斯蒂娜(Kristina,2007)通过对瑞典1997—2001年五位数的750个产业的进入退出行为进行研究发现,服务业行业企业的进入与退出率比制造业行业更高,并且该行业内企业的进入与退出行为之间的关联性较之制造业也更为紧密。陈艳莹(2008)通过对我国31个省市区14个细分子行业面板数据的分析,从行业及地区层面上对我国服务业行业的企业进入与退出作出了具体的实证分析。研究发现,就服务业而言,其进入行为主要是由于该行业本身的盈利前景,并且整个行业的进入与退出行为主要取决于市场机制的作用。而服务业企业的进入行为主要面临专业化壁垒、高素质劳动力稀缺以及在位企业扩大规模等经营行为所导致的进入壁垒。在此基础上,2010年,杜传忠利用2004年经济普查数据,截取第三产业中73个四位数产业的截面数据进行研究,在奥尔提出的经典企业进入模型框架下分析发现，企业的进入行为容易受到利润率和产业增长率的激励，而企业的平均规模、人力资本以及资本密度等结构性因素会对服务行业企业的退出行为产生一定影响。其中，浓墨重彩的一点当属对于国有经济和外资经济比重这一政策性和体制性因素的深入分析。其发现外资经济比重能够对企业的进入行为产生正向的作用，而国有经济占比会对企业的退出行为产生积极的正向作用，并且就服务业而言，国有经济比重越大，相关企业进入行为受到的阻碍作用越大。

### 四 特殊时期企业更替演变

值得一提的是，在经济转轨或转型时期，无论制造业还是服务行业，企业的进入与退出行为均会发生一系列与转轨时期相关的微妙变化。李平等（2012）对我国经济转轨期生产率进行探讨，并将企业更替引入研究中。此后，李德志、闫冰（2004）利用奥尔模型就转轨过程中中国工业企业的进入退出进行分析，研究结论表明我国工业企业的更替较之国外成熟市场经济国家有所不同。最小规模经济壁垒仍然是中国工业企业发展中存在的问题，由于产业增长率的影响，工业企业进入率逐年增加。但就固定资产、利润和销售额而言，企业的进入行为对此反应并不敏感。此外国有企业的性质对于相关企业的进入退出具有明显的阻碍作用。在此基础上，吴三忙（2009）利用中国26个制造业行业2003—2006年的面板数据，研究发现，在经济转型期资金利润率与行业风险会对企业的进入退出产生重大影响，但是，资本规模壁垒和行政性制度壁垒会严重阻碍企业的进入与退出行为。紧承以上研究，陈艳莹（2008）通过对服务业的研究进一步发现，在转轨时期，政府在行业发展中发挥了重要作用。其中，政府对于该行业的行政管制、垄断经营以及其对相关制造业的控制都在一定程度上制约了服务行业企业的进入与退出行为。并且，较之纯粹的经济性进入障碍，政府控制所导致的服务业企业更替机制的扭曲更为严重。

## 第二节 企业更替的影响因素

通过文献梳理不难发现,企业更替对于相关产业的发展至关重要。而对于影响企业进入退出行为的因素分析也是见仁见智。在影响企业更替的众多因素中,以下因素尤为突出。

### 一 行业利润驱动

追求利润最大化始终是企业经营的根本法则。产业组织理论认为实现行业利润,具有营利性始终是驱使企业进入或者退出产业的根本因素。利润的存在会吸引相关新企业进入该行业。同样长期利润低于正常利润会促使部分企业退出相关行业(Martin,2001)。吴三忙利用中国工业企业数据的研究表明,利润率对企业更替影响重大,其与企业进入行为高度正相关,该研究进一步佐证了行业利润对于企业更替的驱动作用。不仅如此,杨天宇、张蕾(2009)的研究同样说明了利润率对于企业进入退出的积极影响。由此可见,在企业更替过程中,行业利润始终是一个不容忽视的影响因素。

### 二 行业风险阻碍

行业风险业已成为影响企业进入或者退出产业的决定性因素(吴三忙,2009)。企业进入行为与其亏损额增长率呈负相关关系。伴随着各企业风险意识的不断强化,当下企业的自主投资能力不断增强,面对较高的行业风险,企业往往会减少进入行为,对是否投入市场持谨慎态度。奥尔(1974)研究表明,获利机会大小会直接影响企业的进入退出行为。该发现进一步佐证了市场或行业风险对企业更替行为具有一定的阻碍作用。

### 三 产业发展时期影响

通常产业生命周期主要包括初创期、成长期、成熟期和衰退期。其中成长期和衰退期企业更替行为最为明显。杰罗斯基(Geroski,1995)指出,企业的进入随时间变化会发生巨大变化,往往在一个产业发展的早期会伴随大批量的企业进入。同样,西格弗里德和埃文斯

(1994) 对企业进入退出的实证研究表明,成长较快的产业往往存在较为频繁的企业更替现象。

### 四 进入与退出壁垒

有关进入与退出壁垒的讨论,不同学派持有不同的观点。哈佛学派主张进入壁垒表明在位企业往往可以长期将价格维持在最小平均成本上,以至于潜在进入者不容易发生进入行为。不难发现,该种意义上的进入壁垒多是由于规模经济、在位者绝对成本优势等因素造成的。而与之不同,芝加哥学派则认为进入壁垒往往反映了进入企业与在位企业之间的一种不对称性,规模经济等往往难以构成进入壁垒。加里等(Gary et al., 2000)研究表明,进入壁垒对于美国医疗服务市场企业进入退出及其经营绩效具有重要影响。此外,凯维斯和波特(Caves and Porter, 2003)指出,行业的进入壁垒一定意义上对于在位企业而言也是一种退出壁垒。并且进入壁垒与退出壁垒之间存在一种对称关系。即产业层面上的阻止企业进入同样会阻碍企业退出(Shapior and Khemani, 1987)。由此可见,无论从哪个角度出发,进入与退出壁垒在企业更替研究中都十分重要。

### 五 制度及资本壁垒

在中国,尤其是制造业行业企业,其在进入某个行业时往往面临着巨大的资本压力。通常产业的平均资本规模越大,行业内企业的净进入率往往越低(吴三忙,2009)。这一方面可能是由于现下中国的资本市场建设尚不成熟;另一方面也是由于中国目前很多产业仍然依靠低劳动力成本优势谋求发展,进入企业主要集中于劳动密集型产业,因此导致资本密集型行业进入率不高。

此外,针对中国的特殊国情,制度因素在企业更替研究中不得不提。吴三忙(2009)利用中国制造业数据研究发现,行政性制度壁垒对于企业进入退出行为具有重要影响。其中国有企业性质或国有资产比重在其中发挥了重要作用。通常国有资产比重较大产业其进入率往往较低。诸如石油、烟草等产业,其往往属于行政性垄断行业,该性质往往会加大非国有性质的新企业进入行业的难度,降低行业进入率。无独有偶,杨蕙馨(2000)通过对汽车制造及耐用消费品制造业的研究也表明在中国主要是制度壁垒吸引企业进入并阻止企业退出。李德冰（2004）进一步证明了国有性质对于相关企业的进入退出具有明显的阻碍作用。可见制度及资本壁垒一定程度上不利于企业的进入与退出。

### 六　企业规模

企业的规模一定程度上可以反映出企业的规模经济效应，其往往可以作为产业规模经济效应的一种代表（Kessides，1986）。早在1995年邓尼和罗伯茨就通过实证研究发现，规模更大企业所在的产业其企业的退出率往往更低。但针对不同的产业结论往往有所差异。Kristina Nyström（2007）研究表明，规模经济与企业的进入退出行为存在负相关关系。同样，迈耶和查普尔（Mayer and Chappell，1992）在区别进入和退出效应的基础上发现，规模经济会显著阻碍企业的进入。值得一提的是，企业的进入与退出还可能存在相互影响。杨天宇、张蕾（2009）通过实证分析发现企业的进入与退出行为显著正相关。新进入的企业由于其高效率会导致在位低效率企业的退出，产生进入对于退出的"替代效应"。

### 七　其他影响因素

影响企业进入退出行为的因素众多，诸如资本需求、广告密度、研发密度对于企业更替都具有重要影响（Orr，1974）。其中，Duetsch（1975）研究表明，产业的需求增长率有利于吸引新企业进入行业，而由广告所导致的产品差异化却可能抑制新企业的进入行为。除此之外，资本密度、市场集中度、行业销售增长率、产业增长率、宏观经济增长率对于企业的更替均存在重要作用（Audretsch，1989；Austin and Rosenbaum，1991；李世英，2005；Schwalbach，1987）。

## 第三节　企业更替的基本事实

### 一　数据处理

在数据选择层面上，本书采用国家统计局发布的1998—2007年工业企业微观数据，样本涵盖了全部国有企业及规模以上（主营业务收入超过 500 万元）的非国有企业，具有样本量大、指标齐全等优点。

对于中国工业企业数据库的处理，在布兰特（2012）和杨汝岱（2015）的基础上，结合二者的处理方法的优势，我们设计了面板数据的如下处理方法：第一，通过法人代码进行匹配；第二，通过企业名称进行匹配；第三，通过地址代码和电话号码进行匹配；第四，通过法人代表名称、行业代码和成立年份进行匹配。其中，匹配原则是每一步一定存在可以唯一表示某个企业的标志。结果发现，可以一定程度上修正布兰特方法的过窄匹配和杨汝岱方法的过宽匹配。匹配后得到总体观察值数量为 2226168 个，企业为 585825 个，十年平衡的企业为 36608 个。在此基础上，根据四位数代码对各行业进行了区分，并根据前两位数行业代码筛选出纺织业及电子产品业企业样本。其中纺织业主要包括纺织业（代码 17），纺织服装、服饰业（代码 18），皮革、皮毛、羽毛及其制品和制鞋业（代码 19）。电子产品行业主要包括电气机械和器材制造业（代码 38），计算机、通信和其他电子设备制造业（代码 39、40）。在此基础上，本书针对这两个行业，利用三位数代码对其进行再细分，区别不同子行业。其中，纺织业囊括 18 个子行业，电子行业同样包括 18 个具体子行业。

为避免异常值影响，本书对纺织业和电子产品业数据进行了筛选：第一，删除了出口交货值为负和小于零的企业。第二，删除了建立年份在 1949 年之前的企业。第三，删除了销售额、资产总额存在缺漏值、零值和负值的企业。第四，删除了从业人员数、工业增加值、从业人员年平均数和固定资产净值年平均余额为负、为零和缺漏的企业。

## 二 企业进入退出的具体测算

针对企业更替方面的研究，核心在于计算企业进入率及其退出率。根据迪士尼等（Disney et al., 2003）、毛其淋等（2013）对于企业动态的界定，如果企业 i 在第 t−1 期不存在，而在第 t 期存在，则企业为第 i 期进入。如果企业 i 在第 t−1 期存在，而在第 t 期及以后各期均不存在，则可以界定 i 为第 t 期退出的企业。关于剩余企业均界定为存活企业。根据以上定义，本书分别根据公式 $entry_{jt} = NE_{jt}/$

$NT_{j,t-1}$ 和 $exit_{it} = NX_{jt}/NT_{j,t-1}$ 计算企业进入率和退出率，其中，j 和 t 分别表示行业和年份，$NE_{jt}$ 为第 t 年与第 t-1 年之间进入 j 行业的企业数，$NX_{jt}$ 为第 t 年和第 t-1 年之间退出行业 j 的企业数，$NT_{j,t-1}$ 为第 t-1 年行业 j 的企业总数。

### 三 企业更替基本事实

首先基于 1999—2006 年工业企业数据库相关数据，本书对全行业、纺织业以及电子产品行业的进入率和退出率进行了计算，并以各自更替率的均值为基础，绘制了行业整体及所研究的两个行业的更替率折线图，以便更加直观地看出相关行业企业进入与退出行为的变化，如图 4-1 和图 4-2 所示。

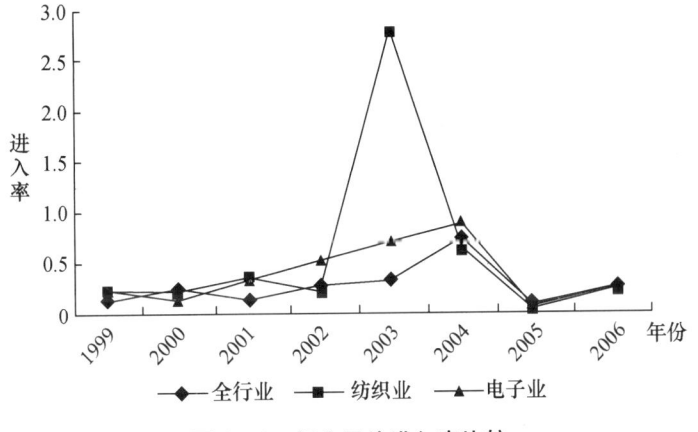

图 4-1 行业平均进入率比较

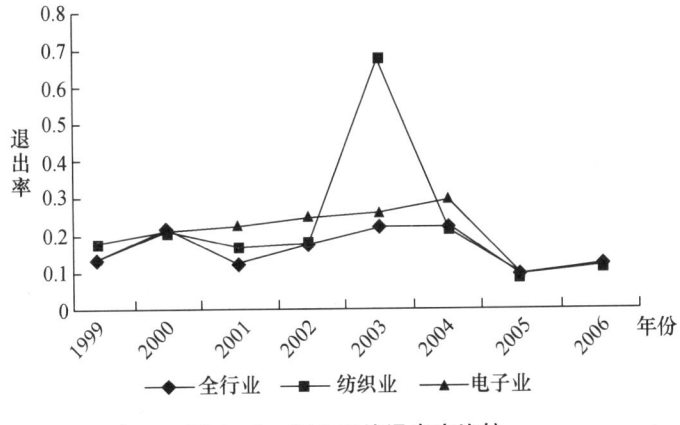

图 4-2 行业平均退出率比较

由图 4-1 和图 4-2 可以看出，就企业的进入率而言，全行业平均进入率 1998—2003 年稳中有增，总体较为稳定。2003—2004 年，出现较大幅度增长，即出现企业大量进入情况。其后又一度较大幅度递减，2005 年后再次呈现增加趋势。较之全行业，纺织业尤其显得特殊，其在 2002 年以前行业进入率一直较低且较为稳定，但在 2002—2004 年间出现"大起大落"迹象，前期增速惊人，而后又大幅度减少，并且 2004 年后仍持续递减，直至 2005 年后才开始表现出"抬头"递增趋势。与全行业及纺织业相比，电子产品行业企业的进入率相对较为稳定，多表现为稳中有增趋势，起伏不是很大。就企业退出率而言，其变化与进入率具有一定的相似性。2002 年之前，全行业、纺织业及电子产品业的退出率均较为稳定，并且多呈现稳中有增趋势。2002—2004 年，全行业退出率保持缓慢递增状态，而纺织行业则出现了巨大波动，出现"猛增猛跌"情况。2004 年以后所有行业均出现企业退出率降低趋势，但在 2005 年以后，均保持高度一致的增长势头。

## 第四节　实证专题：TPP 行业的企业出口与企业更替
### ——以电子与纺织行业为例

伴随着对外开放政策的不断演进，中国的出口贸易飞速发展，为我国的经济发展做出了巨大贡献。1987 年，拉姆（Ram）对 88 个发展中国家进行研究，发现输出贸易对于经济增长具有明显的促进效应。戴维（1993）及盛斌、毛其淋（2011）基于欧盟和中国数据的研究都进一步佐证了这一结果。针对出口对于企业发展的影响，杜传忠和郭树龙（2012）认为，出口可以促进企业走向国际化，学习并借鉴国际上好的出口贸易经验及技术，给企业创造了"干中学"的机会。此外，他还认为，企业的出口行为可以拓宽企业的市场范围，有利于促进企业专业化分工，进而更好地实现规模经济。2016 年 2 月，以美国为首的 12 个国家正式签署了跨太平洋战略经济伙伴关系协定（TPP），规定对成员国之间的近 18000 种类别的商品减免或降低关税。这一协议的出台无疑再次肯定了出口贸易对相关各国经济发展的互利性。同时也为身处协议之外的中国贸易的未来发展提供了借鉴。本节主要为企业出口行为对企业更替和成长提供了一个实证分析。基于电子产品和纺织服装业对 TPP 关联行业产业动态的出口依赖进行了分析。

实证部分除细致考量企业更替以外，对于企业成长的考虑在企业发展中同样不可或缺。早期研究认为企业规模是企业成长不可忽视的重要影响因素之一。吉布拉特（1931）对此检验发现，企业成长并不受企业规模的影响，即比例效应法则（吉布拉特法则）。Ijiri Simon（1977）在此研究基础上进一步地拓展，发现比例效应法则与研究的样本量有关，对于小样本企业研究该法则成立，针对大样本则不成立，甚至企业规模与其成长会呈现出负相关关系。此外，也有学者针对企业年龄与成长之间的关联进行了相关研究。埃文斯（1987）对美国 1976 1980 年的 100 个制造行业进行研究，发现企业年龄与企业成长负相关。邓尼·修斯（Dunne Hughes，1994）基于对 1975—1985 年间英国企业生存与成长的研究也支持了该结论。在规模及年龄研究的基础上，对于影响企业成长相关因素的研究范围不断扩展。其中，约翰·威克兰（Johan Wiklund，1998）通过对不同规模企业研究发现，创业精神有利于小企业积极竞争，对其快速成长具有重要作用。联系高技术产业，阿莱克斯·科德（Alex Coad，2008）研究发现，创新可以有效促进高技术产业的发展。

与发达国家略有不同，有关企业规模和年龄对企业成长的影响并未在我国得到验证。张维迎（2005）以中关村科技园为样本，研究发现企业规模和企业年龄对我国企业成长构成了一定约束。而唐跃军（2008）通过对 2003—2006 年中国制造业上市公司的研究发现，企业年龄却与其成长负相关，但企业规模对于企业成长具有正面影响。同样，李洪亚（2014）也认为，我国企业成长与其规模之间并不遵循吉布拉特定律，企业成长具有规模依赖。并且，张巍等（2013）针对我国互联网产业的研究进一步佐证了该结论。证明了互联网产业企业成长并不遵循吉布拉特定律。但企业成长是个复杂过程,既关联规模扩大、年龄递增也涉及企业素质的提升。其中,企业家才能所发挥的作用不容小觑(贺小刚和李新春,2005)。此外,紧承国际的研究脉络,我国学者也相继从企业创新、利润、产权保护、企业家精神以及法治环境等角度对中国企业的成长进行了相关解读(方明月和聂辉华,2008;杜运周,2009;陈俊龙等,2014;杜传忠和郭树龙,2012)。鉴于以上相关文献的梳理,本部分从企业更替和成长两个维度进行实证分析,以期对企业动态进行更为全面的分析与刻画。

### 一　中国主要出口企业概况

出口对于企业的生存及发展具有重要的作用,而作为 TPP 关联产业,针对纺织业及电子行业,出口的作用更是不容小觑。从制造业总体来看,从 1998—2007 年全行业企业的出口情况总体呈现递增趋势。2001 年加入世界贸易组织之后,我国出口贸易获得了强有力的推动(毛其淋和盛斌,2014)。之后各年全行业年出口额增速提高,出口贸易一定程度上推动了本土企业的发展。与全行业略有不同的是,1998—2003 年间,纺织业的出口情况较为稳定,并且年均出口额略高于全行业年均出口额。2003—2004 年,纺织行业内企业出口出现下降趋势。这可能是由于我国纺织业存在过度竞争问题(江小涓,1998)。即我国纺织行业进入企业过多,并且企业效益低下,有效的淘汰机制难以发挥成效,导致企业竞争过度,反而一定程度上抑制了该行业企业的出口经济发展。2004 年以后,国内纺织行业出口额有所提升,但较之前期明显偏低,并且低于全行业年均出口额。与纺织业不同,电子行业出口情况与全行业有所雷同,始终保持增长势头。但与全行业相比较,电子行业出口额明显高于全行业的平均出口额。其中,1998—2002 年,电子行业出口低于纺织行业,2002—2007 年该行业出口贸易额呈现迅猛增长的态势,可见,就电子产品而言,出口贸易在其发展中占据了重要地位。根据现有数据及分析,本书绘制了全行业、纺织业及电子产品行业的年均出口额折线图,如图 4-3 所示。

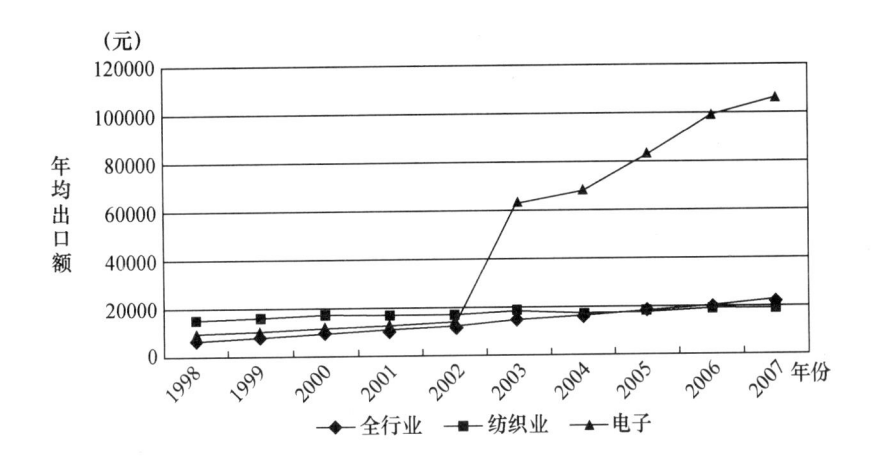

图 4-3　行业年平均出口额比较

## 二　变量处理

变量选取层面上，本书主要选取了企业更替（包括进入率和退出率）、企业成长率、企业规模、企业年龄、所有权性质、资本密集度、劳动生产率、赫芬达尔指数作为本书的主要变量。

（一）被解释变量选用

1. 企业更替数据

企业更替主要采用进入率与退出率进行衡量，这在前文已作出说明，在此不再赘述。

2. 企业成长数据

对于企业成长现有文献主要从销售额、从业人员及净资产等方面进行衡量。本书主要采用企业的销售额增长率（$salerate_{it}$）这一指标。数据处理方面，由于研究企业成长需要剔除企业进入率、退出率对其可能产生的影响，因此，本书在原数据的基础上对数据进行了筛选，针对企业成长的研究只保留了1998—2007年一直存活的企业样本。并且使用这些样本企业的当期销售收入（$sale_{it}$）与上期销售收入（$sale_{i,t-1}$）作比较并取对数进行计算。$salerate_{it} = lnsale_{it} - lnsale_{i,t-1}$。

（二）主要解释变量选用

企业出口交货值（export）。出口对于外贸企业而言十分重要。因为它可以让出口企业接触更多的国外技术及环境,跟进企业"干中学"的过程。此外,它可以扩大企业的市场范围,有利于企业实现规模化。作为 TPP 关联产业,出口贸易对于纺织业和电子产品业尤为重要。本书采用出口交货值来衡量两个行业的出口情况。

(三)控制变量选用

(1)企业规模(size)。企业规模对于企业动态的研究具有重要意义。根据现有文献,对企业规模的衡量方法一般有销售额、从业人员及总资产三种。本书主要采用企业的从业人员数来衡量企业规模,为了简化问题分析,本书不考虑物价、贴现率等因素的影响。

(2)企业年龄(age)。主要采用观测的当年年份与企业成立年份之差进行计算,以此来判断企业存在时间对企业动态的影响。

(3)所有权性质(Soe)。本书中该指标主要用于区分企业是否国有,设置虚拟变量,如果企业属于国有则取1,否则为0。

(4)资本密集度(kl)。资本密集的企业往往更加注重企业设备更新和研发投入,进而促进企业成长。本书主要采用固定资产净值年平均余额与就业人数之比来度量,以此来解释企业的异质性。

(5)劳动生产率(lp)。采用企业工业增加值与就业人数之比来度量,并分别取对数来表示。

(6)赫芬达尔指数(hhi)。$hhi = \sum_{i=1}^{n} S_i^2$,其中,$S_i$ 为企业相应子行业的销售比重。本书采用行业集中度一定程度上反映纺织及电子行业相关子行业企业的异质性对于企业动态的可能影响。

各主要变量的均值、样本量、最大值、最小值以及标准差等统计性特征如表4-1所示。

(四)模型构建与实证分析

在前文基础之上,本书试图探讨企业出口对于企业动态的影响。通过前文分析及文献梳理,不难发现,企业出口贸易可能会对企业动态产生影响。但是,关于这种影响作用的显著性以及影响的方向仍然不够确定,因此有待进一步的实证检验。为此,本书构建了模型并进行相应的定量分析。模型建立过程中,考虑到企业动态包含多个方面,

表 4-1　　　　　　　　　　描述性统计分析

| 行业 | 纺织业 | | | | | 电子业 | | | | |
|---|---|---|---|---|---|---|---|---|---|---|
| 变量指标 | 样本量 | 均值 | 标准差 | 最小值 | 最大值 | 样本量 | 均值 | 标准差 | 最小值 | 最大值 |
| export | 243268 | 10.1157 | 1.3717 | 0 | 15.8885 | 124530 | 9.9444 | 2.0217 | 0 | 19.0140 |
| size | 243268 | 567.4993 | 1658.2020 | 1 | 158288 | 124530 | 333.4149 | 1229.5650 | 1 | 188151 |
| age | 243268 | 13.4178 | 10.0752 | 1 | 59 | 124530 | 10.1712 | 9.2336 | 0 | 59 |
| soe | 243268 | 0.0815 | 0.2735 | 0 | 1 | 124530 | 0.0850 | 0.2789 | 0 | 1 |
| kl | 243268 | 3.2117 | 1.2636 | -5.5215 | 10.7235 | 124530 | 3.4363 | 1.3587 | -6.7476 | 12.7040 |
| lp | 243268 | 3.4984 | 1.0122 | -6.1003 | 9.8469 | 124530 | 3.9961 | 1.1927 | -7.6962 | 10.8197 |
| hhi | 243268 | 0.0193 | 0.0205 | 0.0029 | 0.1169 | 124530 | 0.0117 | 0.0136 | 0.0025 | 0.1201 |
| jinrulv | 243268 | 0.4553 | 1.6243 | -0.7072 | 16.6108 | 124530 | 0.2071 | 0.3214 | -0.9776 | 1.3699 |
| tuichulv | 243268 | 0.1895 | 0.2887 | 0 | 2.7438 | 124530 | 0.1398 | 0.1414 | 0 | 0.6545 |
| salerate | 243268 | 0.5265 | 1.6943 | -8.8304 | 9.8092 | 124530 | 0.9809 | 1.8643 | -10.5846 | 12.0881 |

我们主要从企业更替和成长两个角度切入，并且分不同子行业进行研究，对问题进行更细致的分析。

企业更替体现了企业发展过程中"优胜劣汰"的残酷现实。新进入者进入市场，落后企业被迫退出。对于企业更替的研究，本书主要从企业的进入率和退出率两个方面进行度量。针对出口对于企业进入率的影响，本书首先分析了纺织业和电子行业两个行业总体进入率对于出口的反应，然后针对相关的子行业进行了进一步回归分析，通过构建模型（4-1）来进行相关的实证研究。

$$Y_{it} = \beta_0 + \beta_1 export_{it} + X_{it} + \varepsilon_{it} \quad (4-1)$$

其中，$Y_{it}$ 为企业 $i$ 第 $t$ 年的更替率，包括进入率（$entry_{it}$）和退出率（$exit_{it}$）。$export_{it}$ 为企业 $i$ 第 $t$ 年的出口交货值，$X_{it}$ 为企业 $i$ 第 $t$ 年的主要控制变量，具体包括企业规模（size）、企业年龄（age）、企业是否国有的虚拟变量（soe）、资本密集度（kl）、劳动生产率（lp）和赫芬达尔指数（hhi）。$\beta_0$、$\beta_1$ 为待估系数，$\varepsilon_{it}$ 为残差项。依据模型及数据，依次对纺织业及电子产品行业的企业出口与企业进入率及退出率的关系进行估计，并采用固定效应模式来控制时间效应，回归结果如表 4-2 和表 4-3 所示。

表4-2 纺织行业企业的出口对其进入率和退出率影响的研究

| 变量 | 进入率 | 退出率 |
| --- | --- | --- |
| export | -0.126*** (0.0222) | -0.0369*** (0.00460) |
| size | -2.74e-05 (1.75e-05) | -9.71e-06*** (3.62e-06) |
| age | -0.0482*** (0.00368) | -0.0166*** (0.000764) |
| soe | -0.456*** (0.154) | -0.0466 (0.0320) |
| kl | -0.157*** (0.0240) | -0.0368*** (0.00498) |
| lp | -0.200*** (0.0257) | -0.0597*** (0.00532) |
| hhi | -78.23*** (6.504) | -10.78*** (1.349) |
| constant | 3.951*** (0.215) | 1.140*** (0.0446) |
| 样本量 | 70735 | 70735 |
| number of v | 33625 | 33625 |
| $R^2$ | 0.016 | 0.028 |

注：***表示在1%的水平上显著；括号内为标准误。

表4-3 电子产品行业企业的出口对其进入率和退出率影响的研究

| 变量 | 进入率 | 退出率 |
| --- | --- | --- |
| export | -0.0338*** (-0.0031) | -0.0309*** (-0.0013) |
| size | 3.55e-06** (-1.78E-06) | -3.00e-06*** (-7.49E-07) |
| age | -0.0158*** (-0.0008) | -0.0159*** (-0.0003) |
| soe | -0.0247 (-0.0232) | 0.0139 (-0.0100) |
| kl | -0.0098** (-0.0043) | -0.0089*** (-0.0018) |
| lp | -0.0223*** (-0.0040) | -0.0137*** (-0.0017) |
| hhi | -3.9300*** (-0.4990) | 1.6270*** (-0.2110) |
| constant | 0.8980*** (-0.0337) | 0.6310*** (-0.0142) |
| 样本量 | 27169 | 27169 |
| number of v | 14837 | 14837 |
| $R^2$ | 0.0610 | 0.2500 |

注：***、**分别表示在1%、5%的水平上显著；括号内为标准误。

由回归结果可知，出口对于纺织业行业的企业更替具有显著影响，并且企业的年龄、资本密集度、劳动生产率以及行业集中度对纺织行业的企业更替均具有显著作用。企业规模在企业进入方面影响不显著，但对于企业退出的作用则十分显著。恰恰相反，国有性质对于企业进入行为影响显著，但对企业退出却不具有显著作用。无论是进入率抑或退出率，企业出口与其均具有显著的负相关关系，表明出口会为在位纺织企业带来收益，一定程度上削弱该行业企业的更替行为，有利于在位企业保持出口企业的身份。该发现在一定程度上与陈勇兵等（2012）针对出口企业动态研究的结论相吻合，即出口企业倾向于维持出口状态。因此其可在一段期间内持续生存，其他外部企业仅凭出口也将难以进入该行业。企业规模越大，相关沉没成本越多，企业越难以自由退出所在行业。这与毛其淋等（2013）认为的大致相同，即企业规模越大，更替率越低。企业年龄与其更替率显著负相关，表明企业年龄越大，即生存时间越长，其技术及出口渠道较为健全，因此更容易保持稳定的市场地位。

除此之外，国有性质与企业进入具有显著负相关关系。说明由于资金雄厚、利润丰厚，国有性质的企业可以占据更大市场份额，有效抑制新企业进入。由于国有企业的资本及政策优势，可以为相关企业提供一定的发展支持，为企业在行业内发展打好基础。但就现阶段而言，我国经济发展注重效率提升，"优胜劣汰"显然已成为行业公认法则，国有企业也不例外。因此，在退出方面，国有性质并不具有显著作用，体现了国家在对企业发展支持方面态度的一种转变。资本密集度和劳动生产率对于企业的更替具有显著的负相关关系。这说明，在劳动力充足的中国，纺织业企业多数依赖廉价劳动力的劳动密集型生产方式，同时，由于资本密集企业往往更注重企业技术创新，所以，现出口企业会更加注重技术发展，进而更好地维持其在位者的身份。同样地，行业集中度对该行业企业的更替具有显著的负向作用，一定程度上说明行业内部各相关子行业的异质性，以及产品差异会给相关在位企业带来一定的优势，维持相关市场稳定。

由回归结果可知，除企业的国有性质以外，模型中所包含的其他因素对于电子行业企业的进入退出均具有显著影响。其中，出口对于该行业企业的更替具有显著的负向作用。说明与纺织业一样，电子行业企业通过出口可以维持其在位企业的身份。即出口会为企业带来收益，从而一定程度上抑制企业频繁进入和退出所在行业。不同于纺织业，在企业进入行为方面，电子行业企业规模与企业更替呈现负相关关系。这可能是由于电子类企业规模越大，机械设备投入较多，企业的固定成本越大，相对进入难度更大。而纺织业多为人力资本投入，变动相对比较灵活，由此导致了二者的差异。此外，由于持续生存时间长，具有成熟发展技术及经验，企业的年龄在一定程度上会对电子企业的更替产生抑制作用。不仅如此，资本密集度和劳动生产率也与电子行业企业的更替具有负相关关系。这说明在电子行业，资本高效率、高密集度有利于维持企业市场地位，一定程度上减少行业更替波动。与纺织行业略有不同，行业集中度对于电子行业企业的进入行为具有显著的促进作用。一定的行业差异可能会有利于相关企业进入该行业，为其发展谋得一席之地。

（五）纺织及电子设备子行业企业更替情况分析

在对纺织及电子行业的更替率进行总体分析后，我们发现企业出口对于这两个行业的企业进入与退出具有显著影响。在此基础上，我们进一步对相关行业进行再细分，将行业异质性引入分析，并着重对其下属子行业进行研究，以此来具体剖析出口对于纺织和电子行业相关子行业企业更替的影响。鉴于纺织行业企业样本较大，子行业回归中对于控制变量我们加以控制，而电子行业筛选后企业样本相对较少，因此，对于控制变量不再加入考虑。相关回归结果如表4-4和表4-5所示。

表4-4　　纺织行业相关子行业企业的出口对其进入率和退出率的影响

| 变量 | 进入率 | 退出率 |
| --- | --- | --- |
| 行业171出口 | 0.0063（0.0199） | 0.0013（0.0039） |
| 行业172出口 | 0.0205***（0.0075） | 0.0046（0.0034） |
| 行业173出口 | — | — |
| 行业174出口 | 0.0176**（0.0084） | 0.0054**（0.0027） |
| 行业175出口 | — | — |
| 行业176出口 | -0.6772***（0.1614） | -0.1398***（0.0329） |
| 行业177出口 | — | — |
| 行业178出口 | — | — |

续表

| 变量 | 进入率 | 退出率 |
| --- | --- | --- |
| 行业 179 出口 | — | — |
| 行业 181 出口 | -0.0151*** (0.0015) | -0.0163*** (0.0015) |
| 行业 182 出口 | -02374* (0.1227) | -0.0874* (0.0470) |
| 行业 183 出口 | -0.0041 (0.0075) | -0.0073 (0.0102) |
| 行业 189 出口 | — | — |
| 行业 191 出口 | 0.0022 (0.0025) | -0.0003 (0.0032) |
| 行业 192 出口 | -0.0164*** (0.0036) | -0.0101*** (0.0024) |
| 行业 193 出口 | 0.0251* (0.0142) | 0.0132 (0.0088) |
| 行业 194 出口 | — | — |
| 行业 195 出口 | — | — |
| 控制变量 | 控制 | 控制 |

注：***、**和*分别表示在1%、5%和10%的水平上显著；括号内为标准误。

表4-5　电子行业子行业企业的出口对其进入率和退出率的影响

| 变量 | 进入率 | 退出率 |
| --- | --- | --- |
| 行业 390 出口 | 0.0004 (0.0107) | -0.0003 (0.0085) |
| 行业 391 出口 | 0.0264*** (0.0038) | -0.0343*** (0.0050) |
| 行业 392 出口 | -0.0092*** (0.0015) | -0.02347*** (0.0037) |
| 行业 393 出口 | -0.0145*** (0.0026) | -.0217*** (0.0038) |
| 行业 394 出口 | -0.0066*** (0.0023) | -0.0208*** (0.0072) |
| 行业 395 出口 | -0.0231*** (0.0032) | -0.0302*** (0.0042) |
| 行业 396 出口 | -0.0199 (0.0184) | -0.0195 (0.0181) |
| 行业 397 出口 | -0.0299*** (0.0044) | -0.0310*** (0.0045) |
| 行业 399 出口 | -0.0151*** (0.0046) | -0.0575*** (0.0177) |
| 行业 401 出口 | -0.0241*** (0.0035) | -0.0346*** (0.0050) |
| 行业 402 出口 | 0.0039 (0.0125) | 0.0029 (0.0072) |
| 行业 403 出口 | -0.0069* (0.0036) | -0.0225* (0.0117) |
| 行业 404 出口 | 0.1295*** (0.0109) | -0.0059* (0.0031) |
| 行业 405 出口 | -0.0156*** (0.0052) | -0.0178*** (0.0059) |
| 行业 406 出口 | -0.1721*** (0.0104) | -0.0704*** (0.0041) |
| 行业 407 出口 | 0.0444*** (0.0101) | 0.0025 (0.0047) |
| 行业 408 出口 | — | — |
| 行业 409 出口 | -0.1256*** (0.0329) | -0.0859*** (0.0208) |
| 控制变量 | 不控制 | 不控制 |

注：***和*分别表示在1%和10%的水平上显著；括号内为标准误。

鉴于某些子行业样本量过小,其回归结果我们无法得知。就现有回归结果可知,纺织行业中多数子行业企业的出口对其更替具有显著影响,但作用方向略有差异。其中毛纺织及染整精加工(代码172)和丝绢纺织及染整精加工(代码174)行业的企业出口对于其进入和退出行为具有正向的促进作用,即出口有利于该子行业的企业更替。与之不同的是,对于针织或钩针织及其制品(代码176)、针织机织服装(代码181)、鞋帽制造加工(代码182)以及皮鞋制品(代码192)行业来说,企业出口与其更替率呈现明显的负相关关系,即出口贸易在很大程度上抑制了企业的进入和退出行为。除此之外,棉纺织及印染精加工(代码171)、鞋帽制成品(代码183)行业的企业出口对其更替行为不存在明显作用。不难看出就企业更替而言,出口贸易对于中间品及材料加工企业的作用更加显著,而对于制成品企业的影响较小。

由于样本数据缺陷,本书仅对出口与电子行业企业的更替行为进行粗略分析。由回归表格可知,就电子行业而言,其他电气机械及器材制造(代码390)、非电力器具制造(代码396)和雷达及配套设备制造(代码402)行业内,企业的出口行为对其更替不存在显著影响。除此之外,其他相关子行业中企业的出口行为均与其自身的进入和退出行为间存在显著的负相关关系。即电子行业内部,各企业的出口贸易有利于其维持出口企业状态,抑制企业频繁进入与退出行为。可见,出口贸易对于电子行业全行业企业更替来说,普遍具有抑制作用。

由以上分析可知,出口对于企业更替具有一定的作用。而企业更替会促进企业"更新换代",对企业经济发展的作用不容小觑。对于以贸易出口为主的纺织业和电子产品业而言,其自身的成长自然与出口密切相关。针对出口对企业成长的影响,本书构建以下模型(4-2)来分析:

$$growth_{it} = \beta_0 + \beta_1 export_{it} + X_{it} + \varepsilon_{it} \qquad (4-2)$$

其中,$growth_{it}$ 为企业 $i$ 第 $t$ 年的成长率,$export_{it}$ 为企业 $i$ 第 $t$ 年的出口交货值,$X_{it}$ 为企业 $i$ 第 $t$ 年的主要控制变量,具体包括企业规模(size)、企业年龄(age)、企业是否国有的虚拟变量(soe)、资本密集度(kl)、劳动生产率(lp)和赫芬达尔指数(hhi)。$\beta_0$、$\beta_1$ 为待估系数，$\varepsilon_{it}$ 为残差项。依据模型及数据，依次对纺织业及电子产品行业的企业出口与企业成长率的关系进行估计，与之前研究类似，针对纺织及电子行业的成长率本书仍然从子行业进行分析，回归结果如表 4-6 和表 4-7 所示。

表 4-6　　出口对纺织业和电子业企业成长影响的研究

| 变量名 | 成长率 纺织业 | 成长率 电子业 |
|---|---|---|
| export | 0.3085*** (-0.0193) | 0.1582*** (0.0265) |
| size | 10739e-05** (-7.45E-06) | 0.0001*** (0.00002) |
| soe | 0.0664 (-0.0957) | 0.0481 (0.1429) |
| age | -0.0004 (-0.0025) | 0.0030 (0.0052) |
| lp | 0.1820*** (-0.0232) | 0.2187*** (0.0375) |
| kl | -0.0261 (-0.0233) | -0.0011 (0.0462) |
| hhi | -3.7800*** (-1.082) | 3.4354* (1.8097) |
| constant | -3.1540*** (-0.2030) | -1.5983*** (0.3221) |
| 样本量 | 14405 | 6431 |
| number of v | 3931 | 2093 |
| $R^2$ | 0.0440 | 0.0300 |

注：\*\*\*、\*\*和\*分别表示在1%、5%和10%的水平上显著；括号内为标准误。

表 4-7　　出口对纺织及电子行业子行业企业成长的影响

| 纺织行业 变量 | 成长率 | 电子行业 变量 | 成长率 |
|---|---|---|---|
| 行业 171 出口 | 0.0583 (0.0781) | 行业 390 出口 | — |
| 行业 172 出口 | 0.0769 (0.0718) | 行业 391 出口 | 0.2877* (0.1732) |
| 行业 173 出口 | 1.3893** (0.5614) | 行业 392 出口 | 0.4016*** (0.0963) |
| 行业 174 出口 | 0.3323** (0.1295) | 行业 393 出口 | -0.0995 (0.1398) |
| 行业 175 出口 | -0.0014 (0.1589) | 行业 394 出口 | 0.3573 (0.3899) |
| 行业 176 出口 | 0.4699*** (0.1040) | 行业 395 出口 | 0.2699 (0.2128) |
| 行业 177 出口 | 0.3931*** (0.1222) | 行业 396 出口 | 0.2304 (0.4784) |
| 行业 178 出口 | 0.0223 (0.1239) | 行业 397 出口 | 0.4227 (0.2660) |
| 行业 179 出口 | -0.1842 (0.1914) | 行业 399 出口 | 0.6088 (0.5775) |
| 行业 181 出口 | 0.3981*** (0.0361) | 行业 401 出口 | 0.1002 (0.1065) |

续表

| 纺织行业 | | 电子行业 | |
| --- | --- | --- | --- |
| 变量 | 成长率 | 变量 | 成长率 |
| 行业 182 出口 | 0.0454（0.1638） | 行业 402 出口 | 0.1025（0.1085） |
| 行业 183 出口 | −0.0284（0.2482） | 行业 403 出口 | 0.7762（0.9344） |
| 行业 189 出口 | 1.2004**（0.4474） | 行业 404 出口 | 0.3536***（0.1239） |
| 行业 191 出口 | 0.0474（0.1073） | 行业 405 出口 | 0.4522*（0.2539） |
| 行业 192 出口 | 0.4641***（0.0660） | 行业 406 出口 | 0.1730*（0.0822） |
| 行业 193 出口 | −0.0648（0.2336） | 行业 407 出口 | 0.2753**（0.1382） |
| 行业 194 出口 | 0.7775（0.4710） | 行业 408 出口 | — |
| 行业 195 出口 | 0.2983（0.2794） | 行业 409 出口 | 0.1363（0.3200） |
| 控制变量 | 控制 | 控制变量 | 控制 |

注：***、**和*分别表示在1%、5%和10%的水平上显著；括号内为标准误。

从回归结果来看，在纺织业行业中，除企业年龄及国有性质之外，企业出口、规模、资本密集度、劳动生产率和集中度均对企业的成长具有显著影响。其中出口与纺织企业的成长具有显著的正向相关关系。这可能是由于出口行为可以很大程度上扩大企业的市场范围，并让本企业更好地融入国际市场环境，学习并借鉴国外先进生产技术。在贸易活动中本着"干中学"的精神，出口可能一定程度上促进纺织企业模仿国外先进纺织技术进而使得本土企业不断壮大。此外，通过出口，本土企业也可以不断地嵌入国际环境，在技术进步的同时学习并吸收国外更为先进的经营管理理念，从企业内部提升整个纺织行业管理效率，推动企业更好地成长。同时，企业规模对于企业成长具有显著的正向影响。就纺织业而言，企业的规模越大，对其成长越有利。这说明我国纺织业企业的成长不具有"规模依赖"，并不遵循吉布拉特定律。除此之外，企业的劳动生产率对其成长也具有显著的促进作用，表明那些生产效率越高的企业越容易成长壮大。而资本密集度与企业成长具有显著的负相关关系。这也从侧面说明了在我国纺织业现阶段的发展中，技术支持还不足以作为中流砥柱。值得一提的是，年龄及国有性质与企业成长之间并没有显著相关关系。说明针对纺织行业，企业性质及在位时间对其发展作用并不明显，由于企业经济增长缓慢，以及国有垄断的低效率、缺乏竞争，企业年龄过大和国有性质会在一定程度上阻碍企业成长。

对于电子行业，回归结果与纺织业则不相同。该行业中出口、劳动生产率和行业集中度对企业成长具有显著作用。除此之外，其他因素对于该行业的企业成长并没有显著作用。与纺织业企业类似，出口对于电子行业企业的成长也具有显著的促进作用。但其积极作用明显弱于其对纺织行业企业成长的影响。这可能是因为电子行业中，企业主要以技术创新为发展动力，对于技术及专利的保护意识更强，因此，出口贸易中，本土企业较难模仿和借鉴国外先进技术。只能从管理经验方面加以学习，从而导致出口的学习效应减弱，一定程度上放缓了企业的发展脚步。至于劳动生产率对于该行业企业成长的正向作用是显而易见的。同样，与纺织业一致，国有性质及企业年龄由于其固有局限性对于电子行业的企业成长并不具有明显作用。与纺织业不同的是，企业规模在电子行业中与企业成长并不存在显著相关关系。但其对于企业发展仍具有较弱的促进作用，在一定程度上也佐证了在中国，企业成长并不一定都服从吉布拉特定律。

从回归结果可以看出，就纺织行业而言，在麻纺织及印染精加工（代码173）、丝绸纺织及染整精加工（代码174）、针织或钩针编织及其制成品（代码176）、家用纺织制成品（代码177）、针织和机织服装（代码181）、其他常用纺织制品（代码189）和皮鞋制品（代码192）行业内，企业的出口行为对其成长具有显著的促进作用。该行业的企业通过出口贸易可以较好地扩大市场范围，获得经济发展。不难发现，出口对其成长具有显著影响的企业多为相关纺织制成品企业，而对于相关中间制品加工企业的成长并不具有明显促进作用。对于电子产品行业，其中电机制造（代码391）、输配电及控制设备制造（代码392）、电子计算机（代码404）、电子器件（代码405）、电子元件制造（代码406）以及家用视听设备制造（代码407）行业内的企业出口行为与其成长具有显著的正相关关系。

（六）小结

已有研究表明，企业的出口行为对于企业的发展具有重要作用。

基于此，许多学者纷纷针对企业发展中的进入行为、退出行为以及生产率等问题进行研究，也由此为企业发展的动力给出了诸多解释和结论。就现有研究而言，大多数学者主要聚焦于企业生存成长以及生产率贡献因素等方面，鲜有以企业出口为主要切入点对其展开研究。结合中国工业企业数据库相应数据，本书旨在探讨纺织业与电子产品业内企业出口是否会影响其更替与成长。

研究发现，在纺织业行业内，出口对于企业的进入和退出行为均具有一定的抑制作用。表现为出口行为越积极，相关企业越不容易退出所在行业，外部企业也较难进入行业。这可能是因为，纺织业行业存在在位者优势，这种优势由于出口贸易可以很好地推进企业"干中学"的进程，为企业创造更多接触外界先进技术及管理经验的机会而进一步得以维持。电子行业与纺织业大致类似，出口与该行业内企业的更替行为也存在负相关关系。不同的是，就纺织行业而言，企业国有性质对于该行业企业的更替具有显著的负向作用。这可能是因为，我国纺织行业由于过度竞争，企业进入行为太过于频繁，影响了行业整体发展。而国有企业作为行业"领头羊"，在相关方面积极发挥带头作用，一定程度上对于企业进入进行规控的同时放宽退出，进而熨平行业波动。具体到子行业，本书发现就纺织行业而言，企业的出口行为与中间品加工企业的更替具有显著负相关关系，一定程度上有利于该类企业维持其市场地位，获得在位优势，对于制成品企业影响则不明显。而电子行业内，出口行为对于企业进入退出行为普遍具有抑制作用，与电子全行业的分析结果大体一致。

此外，有关企业成长方面的研究表明，出口对纺织业及电子行业的企业成长均具有显著的促进作用，说明出口有利于纺织和电子行业企业的发展。究其根源，本书认为，出口行为有利于扩大企业的市场范围，便于本土企业融入国际市场环境，学习并借鉴国外先进生产技术。此外，出口行为在一定程度上可能会促进企业模仿国外先进技术进而使企业不断壮大。不仅如此，通过出口，本土企业可以秉持"干中学"的精神，在技术进步的同时，学习并吸收国外更为先进的经营管理理念，提升行业管理效率，推动企业更好地成长。但比较而言，出口对于纺织行业企业成长的推动作用更强。这可能是因为,电子行业中,企业主推技术创新,对于技术及专利的保护意识更强。因此,出口贸易中,企业较难模仿和直接利用国外先进技术。更多只能从管理经验方面加以借鉴,从而导致出口的学习效应减弱,一定程度上放缓了企业的发展脚步。在行业异质性研究中,本书研究发现,出口行为对于纺织业行业中制成品企业的成长具有明显的促进作用,而对于中间品加工企业作用并不显著。而电子行业内,机电及计算机相关企业对于出口反应敏感,积极的出口行为更能有力地促进其成长。其背后的根源仍有待进一步的分析。

# 第五章　企业迁移

企业空间动态研究是从微观视角研究区域产业活动的空间分布及其变化，就是从企业进入、退出和迁移等空间动态出发，分析空间经济的结构及其变化（Van Dijk，1999）。企业进入和退出是企业空间动态研究的关键事件，通过研究企业更替、成长和衰退的进程来探讨产业的演化。与企业进入退出不同，企业迁移并非企业周期循环的一部分，从空间视角看，迁移意味着经济活动的再分配，企业的迁移能够带动资源的重新配置，推动区域内、区域间生产要素的自由流动，同时也促进了产业结构的调整。因此，企业迁移同样成为产业动态的重要环节。

企业迁移主要是指企业从一个地域向另一个地域转移，包括区域内迁移、跨区域迁移和国际迁移等迁移路径（Pellenbarg，2002；Mariotti，2002），迁移的方式一般分为整体迁移和部分迁移（魏后凯，2009）。整体迁移是指整个企业的所有生产经营活动从某个区域迁移到其他区域；部分迁移主要是指企业活动的一部分从某个区域迁移到其他区域，而其他活动仍保留在原来区域，如企业总部迁移、生产部门迁移等。按当前区位与目标区位的空间位置关系，分为区域内迁移、跨区域迁移和国际迁移；按迁移的驱动力分为行政驱动型迁移和市场驱动型迁移；按企业迁移的方向分为上行流、下行流和平行流迁移；按企业迁移的距离分为短距离迁移、长距离迁移和远距离迁移；按企业迁移的决定因素分为市场扩张型、成本推动型和产业升级型迁移（魏后凯，2009）。

# 第一节 企业迁移研究的理论基础与演变进程

## 一 企业迁移研究的理论基础

企业迁移的理论框架经历了从新古典区位理论、行为区位理论、制度理论到演化理论的演进过程（史进，2014）。

（一）新古典区位理论

新古典区位理论是建立在完全理性人和利润最大化等新古典经济理论假设下的区位理论，认为企业家是完全理性的，可以充分认识到自身的能力，能够掌握市场的全部信息，并且把利润最大化作为目标。新古典区位理论定义了企业盈利的空间范围，斯密（Smith，1966）提出"空间盈利边际"的概念。企业会在这个边际内部选择利润最大化的区位，企业最优区位在均衡情况下是固定的，因此不会存在企业迁移。而企业内部因素和外部环境的变化会导致"空间盈利边际"的调整，当企业不再位于"空间盈利边际"时，就从当前区位迁移到能够重新实现利润最大化的区位。基于新古典区位理论的企业迁移研究主要关注最优区位的选择以及外在因素对企业迁移决策的影响，而对影响企业迁移行为的内在因素缺乏深入的研究。

（二）行为区位理论

行为区位理论完善了新古典区位理论中不现实的假设，认为企业家是有限理性的，并且只能掌握市场的有限信息，企业迁移对于区位的选择并不总是最优的。行为区位理论强调了企业内部因素对于企业迁移决策的影响，普雷德（Pred，1967）引入了四个关键因素为行为区位理论构建一个行为矩阵，作为行为区位理论的重要分析框架，四个关键因素包括有限信息的作用、使用信息的能力、感知和心理地图以及不确定性。在行为矩阵中，企业从两个维度进行分类，即获得信息的能力和处理信息的能力。因此，企业获得的信息越丰富且使用信息的能力越高，其区位选择决策越接近于最优区位；而得到较少信息且使用信息的能力较低的企业,其区位选择决策就处于次优区位。海特(Hayter,1997)提出了企业迁移的五阶段决策过程:决定是否迁移、寻找备选区位、评估备选区位、选定新区位和评估新区位。行为区位理论侧重于研究企业内部因素对于企业迁移决策的影响,并没有考虑文化和社会环境对于企业迁移决策的影响。

(三)制度理论

制度理论对于新古典区位理论和行为区位理论的批评主要源于二者将企业的迁移决策置于静态的环境当中。在实际生活中,企业的经济活动会受到社会环境以及文化制度等因素的影响,因此企业的行为决策应当嵌入社会网络中,与社会环境、价值体系、文化关系以及政策相融合从而从动态的角度考虑企业的迁移行为。制度理论认为,市场本身的运作中,政府对于市场的干预等多方面因素对企业的迁移行为都起着关键作用。另外,在具体环境中,企业之间的联系同样可能对企业的迁移行为造成影响。佩伦伯格(Pellenbarg,2002)将企业的迁移行为作为企业与政府、工会以及供应商等其他机构在价格、工资、补贴、税收、基础设施等关键要素方面进行谈判的结果。也有学者从不同层面分析了制度对于企业迁移的影响,如社会嵌入性层面、制度环境层面、治理环境层面以及资源配置和就业层面(史进,2014)。

(四)演化理论

演化理论认为,影响企业迁移的因素包括路径依赖和空间锁定(Wissen,2005)。所谓路径依赖,源于经济地理学中的惯例概念,指企业家通常不愿意进入缺乏经验的新领域,如新产品、新技术、新市场或不愿意进行迁移。企业家更倾向于利用以前获得的知识、依赖已经建立的惯例和拥有的社会资源按照既定路径进行发展,即便新的市场或新的区位会为企业带来较高的收益或较好的发展前景,企业可能会因为潜在的风险不进行迁移,即空间锁定。这种空间锁定会导致企业次优行为的发生而致使企业错失发展机遇。但同时演化理论认为,一旦企业进行了迁移以后,企业的惯例会随着企业进入目标区位,对目标区位而言,惯例的迁入实现了惯例扩散,同时会形成新的惯例累积和循环过程(史进,2014)。

## 二　企业迁移研究的演变进程

（一）企业迁移理论研究的起源与发展

一般认为，企业迁移理论的研究始于20世纪50年代，美国学者麦克劳林（McLaughlin，1949）描述了中世纪美国制造业企业从东北部向东南部各州的迁移现象。第二次世界大战后，企业迁移的理论建设得到了快速发展，基于新古典经济学的新古典区位理论以理性人和完全市场信息为假设，认为企业家是以利润最大化为目标的经济人。20世纪50年代末期，行为区位理论开始出现，提出了对于理性经济人假设的反对，行为理论认为，企业家是在有限理性和有限能力的条件下，根据自身的感知能力来实行企业的迁移决策，以满意而非最优为目标（Pred，1967）。20世纪70年代石油危机以后，西方国家进入"滞胀"时期，传统产业开始衰退，而产生了一部分分工明确、灵活专业的新产业（Piore，1984）。同时发达国家的就业开始下降，知识经济逐渐体现，经济增长的内生动力由物质资本转变为人力资本（Griliches，1979）。制度理论正是在这种社会体系下应运而生，制度理论将企业的行为决策嵌入社会网络中，与社会环境、价值体系、文化关系以及政策相融合从而以动态的角度考虑企业的迁移行为。进入20世纪90年代，随着经济与政治方面全球化程度的不断加深，国际范围内的企业迁移也趋于频繁，发达国家的企业，一方面通过将生产部门迁往发展中国家，利用发展中国家在劳动力和资源方面的比较优势和政府优惠政策使企业节省成本从而获得更大利润；另一方面知识转化为创新继而进行商业化，企业迁移成为知识生产促进经济增长的关键环节（Audretsch，2006）。演化理论由此诞生，演化理论源于演化经济地理学，将创新作为经济活动演化的核心，将路径依赖和空间锁定作为影响企业进行迁移决策的重要影响因素（Wissen，2005）。从现有文献看，国外学者主要从企业迁移的内涵及类型、理论基础、影响因素、迁移绩效等多个方面进行研究，获得了较为丰富的研究成果。

（二）中国企业迁移研究的发展历程

国内对企业迁移的研究起步较晚，初期主要是对于国外文献的梳理与回顾，之后则集中在企业迁移的影响因素和决定动机上。魏后凯

(2009)将新中国成立以后的企业迁移分为了四个阶段,包括单一行政搬迁时期、境外迁入为主时期、内外资迁移并重时期和企业迁移加速时期。行政干预式的企业迁移不是重点关注的范围,企业以市场经济为内在驱动的自主迁移在 20 世纪 90 年代大量出现后逐渐进入国内学者的研究领域。由于全国层面上的企业迁移统计数据较少,国内的实证研究主要通过对迁移企业的案例进行分析或者采用理论分析框架的同时以问卷调查或访谈的数据作为支持,从而得到企业的迁移概况、产业特征和影响因素,并提出相应的政策建议。随着近年微观数据的逐步完善,其应用范围也逐渐扩大,国内部分学者利用微观数据、采用理论模型与实证检验相结合对企业迁移进行了进一步的研究。王思文和管新帅(2013)利用 1998—2007 年工业企业数据库实证检验了不同因素对企业迁移决策的影响程度。周正柱和孙明贵(2014)基于 26 个省份规模以上工业企业的面板数据考察了商务成本对企业迁移的影响。

(三)企业迁移决定因素研究的发展

关于企业迁移影响因素及动机的经验证据方面,从数据来源看,国内外学者通过对迁移企业的案例进行分析或者采用理论分析框架的同时以问卷调查或访谈的数据作为支持,研究企业内部因素和外部因素以及政策制度等对于企业迁移的影响。部分学者利用微观企业数据库研究不同因素对于迁移行为的影响。Pen(2000)基于 1100 份企业问卷调查和 50 个企业访谈研究了荷兰企业的迁移决策过程及其影响因素,发现企业迁移决策是企业内部因素和外部因素共同作用的结果。国内学者陈建军(2002)基于问卷调查形式以浙江省 105 家规模以上企业为样本指出企业内在发展的需要是企业迁移的主要原因。王思文和管新帅(2013)利用工业企业数据库实证检验了不同因素对企业迁移决策的影响程度,小企业具有较高的迁移倾向,企业年龄较大和较小的企业相对中间企业具有较高的迁移倾向,企业处于较好的市场基础设施条件下迁移动机较低。杨菊萍和贾生华(2011)利用 2000—2009 年中国重要报纸全文数据库中涉及 116 次企业迁移的相关报道识别促使企业迁移的各种动因,结果表明政策动因最为重要,其次是战略动因和经济动因。

从研究方法看，应用计量方法研究企业迁移的影响因素成为主流，Van Dijk 与佩伦伯格（2000）使用有序 Logit 模型和 Probit 模型对荷兰企业进行研究，采用调查问卷所得的数据指出企业迁移决策主要由企业的内部因素（经济部门、企业规模）决定。布劳沃等（Brouwer et al.，2004）利用 Logit 模型对 21 个国家的企业迁移样本进行研究，分析了企业年龄、企业规模、市场规模以及区位因素对于企业迁移决策的影响。Baudewyns（2000）利用比利时企业迁移的研究样本，使用条件 Logit 模型发现完善的基础设施是驱动企业迁移的关键因素。

从研究结论看，对于企业迁移的影响因素和动机，国内外学者从不同角度进行了论证，研究结论呈现出一定的差异，科恩（Cohen，2005）则强调了企业的外部因素对于迁移决策的影响，如政府决策、区域经济结构和技术进步等。而 Lee（2008）则发现美国州政府的经济发展政策对制造业企业迁移的影响很弱。刘力（2008）认为，生产成本和产业转移政策是影响企业迁移的重要原因。魏后凯（2009）指出了影响企业迁移的外部因素包括迁移目标当地的资源、产业升级以及政府政策的引导等。库尔（Cull et al.，2005）对中国 18 个城市约 2400 家制造业企业的调查显示企业倾向于选择合约履行过程中产生冲突时解决机制较优的城市作为迁移目标。Van Dijk 与佩伦伯格（2000）认为，企业的内部因素影响企业的迁移决策。王思文和管新帅（2013）则利用微观数据库强调了企业内部因素是影响企业迁移的主因。

（四）企业迁移绩效研究的发展

关于企业迁移绩效的评价方面，现有文献对企业迁移的研究主要集中在企业迁移的影响因素和决定动机上，一般以迁移企业的案例进行分析或者采用理论分析框架的同时以问卷调查或访谈的数据作为支持进行研究。部分学者利用微观企业数据库对企业迁移决定因素进行研究，但缺乏对于企业迁移行为的效应方面的相关研究。

由于企业迁移会导致企业的地理位置和企业在产业组织结构中地位的变化，从而对企业的绩效产生重要影响（王业强，2007）。地理位置由企业所在的区位决定，组织地位由企业所处的社会网络所决定，引入地理位置变化和组织地位变化后，即可以从空间角度考虑二者对于企业绩效的重要作用。企业迁移对企业绩效的效应表现出双重性，其一是由地理位置变化直接对企业绩效形成的效应；其二是由地理位置的变化引起组织地位的变化，继而形成对企业绩效的影响。Tirtiroglu 和 Bhabra（2004）认为，目标区位的区位特征会直接影响企业迁移的绩效，而且迁移的距离对企业绩效有着显著影响。而格雷格里和隆巴德（Gregory and Lombard，2005）则持相反观点，认为区位特征和迁移的距离对企业的绩效没有显著影响。Bhabra、Lel 和 Tirtiroglu（2002）通过微观数据对上市企业迁移后股票价格的实证分析，指出迁移动机是迁移绩效的最重要的决定因素。

### 三 企业迁移研究存在的问题

研究企业迁移面对的一个基本问题是缺乏高质量的数据。一方面，实时更新的企业注册数据难以获得，比如企业的合并与拆分作为企业迁移的关键活动，其数据通常难以统计，即便存在也由于数据的不可靠性而难以用于实践。另一方面，对于企业而言，关于企业注册登记的概念仍不够明确，首先，考虑当一家公司发生迁移同时又更改了名字，通常会认为该公司停业的同时另一家新公司在其他地方成立。实际上该公司虽然变更了名字但是保留了法律身份，因此同样属于企业迁移的范畴。其次，考虑当一家公司更换了法人代表，以更广的业务范围在目标区位进行扩张，或者是法人代表不变而企业名字发生变更，这两种情况是否属于企业迁移的范围也无明确定论。最后，考虑当一个企业把部分产品的生产线转移到其他区位的分厂，此种情况是否属于企业的迁移或者是新企业的成立难的界定。因此，法人主体、企业厂址、企业产品或者企业家本身均可能成为企业变化登记的事实依据。显然，这个问题的存在会直接影响到企业迁移的研究，公司可以是法律的存在，也可以是实体的存在，或者是贸易活动又或者是企业家本身的存在。由于数据问题，特别是官方登记数据的不可靠性和数据筛选的微小偏差导致的不准确性，学者们对于企业迁移的研究通常以面板数据来代替整体数据，面板数据在准确度、可信度和可控程度方面具有明显优势。除数据问题以外，企业本身作为研究实体,其分公司或分厂、业务部门、决策部门也应当包含在内,作为企业迁移的考虑范畴。

关于企业迁移的实证研究方面,一般国内外学者会采用将各种因素加入特定的计量模型来解释企业迁移的过程,用一系列独立变量直接来解释新企业的建立或者现有企业的再选址,通过计量模型的回归系数解释不同影响因素的影响程度。事实上,这种单一层次的模型未必能够真实地反映企业的迁移动态。因此企业迁移应当使用新的工具建立起企业内部因素与外部环境的联系,采用多层次、多阶段的建模方法对企业迁移的决策过程实现较为现实的表述,多阶段模型可以用于研究企业每个阶段的迁移决策,而多层次模型则可以研究能够协调不同组织层次的影响因素在不同层次上对企业迁移所发挥的作用,这些影响因素包括企业家、企业、产业、区域、国家和全球等不同组织层级的因素,从而得到影响因素对企业决策的影响方式和影响程度(史进,2014)。

## 第二节 企业迁移的影响因素与现有研究模型

### 一 企业迁移的影响因素

(一)基于区位理论下的影响因素

基于不同理论基础对企业迁移影响因素的研究其侧重点存在一定差异,新古典区位理论强调外部因素对迁移决策的影响。外部因素通常包括企业所处区位和目标区位的市场规模、土地价格、原材料、交通情况、地区经济条件、当地技术水平、劳动力成本以及政府产业政策等。麦克劳林(1949)在《产业为什么向南转移》一书中描述了美国制造业由美国东北部地区迁往东南部地区的现象,他认为迁移的原因是由于东南部地区具有低劳动力成本的优势以及较为宽松的贸易限制,也即外部因素的影响。佩伦伯格(2002)提出,区域政策可能会影响企业的迁移决策。加伍德(Garwood,1953)认为,市场情况和原材料是影响企业迁移的真正原因。莫勒（Molle，1977）对1970年离开荷兰阿姆斯特丹的106家迁移企业进行了研究，发现60%是因为没有足够发展空间而迁移，14%是因为交通拥挤而迁移。

行为区位理论强调了企业内部因素对于企业迁移决策的影响，内部因素主要包括企业的组织结构、知识产权、企业规模、企业年龄、企业的财务状况、管理者的决策行为以及企业的战略意图等。汤罗（Townroe，1972）认为，内部因素如企业扩张是影响企业迁移决策的主要原因。布劳沃等（2004）利用Logit模型对21个国家的企业迁移行为进行研究，指出企业的迁移动机随着企业的规模而减弱，随着企业的年龄而减弱。规模较大的企业具有较高的沉没成本，而年龄较大的企业则更深地融入当地的空间环境中。

（二）基于制度理论下的影响因素

制度理论则加入了政策因素对企业迁移的影响，强调区域政策如补贴政策对于企业迁移的影响。奥托纳（Ortona，1983）认为，是土地政策影响了企业的迁移。基布尔（Keeble，1976）也得到了区域政策影响了英国的产业转移的结论。最后，区位因素也是影响企业迁移的原因之一，所谓区位因素，是指企业所在区位与目标区位的条件与特征以及不同区位形成的区域一体化。一般认为区域一体化也是影响企业迁移的因素之一。

（三）其他影响因素

Eenennaam和Brouthers（1996）以及伯迈斯特（Burmester，2006）将影响企业迁移的因素或者企业迁移的动因分为政策因素、经济因素、战略因素和情感因素四个方面来考虑。

杨菊萍（2011）对四种因素进行了系统梳理，政策因素包括环境管理、行政效率、基础设施、城市发展、信贷支持、土地优惠政策以及税收优惠政策。环境管理是指政府从公共服务的角度制定有害物质的排放标准，通过优化收费水平从而提高污染企业的生产成本以实现良好的自然环境，当企业无法承受高昂的污染成本时，环境管制政策就实现了驱使企业迁往郊区或欠发达地区的目的。行政效率是指政府机关在公共行政管理工作方面的办事效率，对于企业的行政手续，政府机关的工作效率可能会影响企业的迁移意愿，具体来说，政府的工作效率越高，企业迁移的可能性就越低；相反，政府的工作效率越低，企业迁移的可能性就越高。基础设施则强调了政府的公共服务角色，政府对于基础设施的投入会形成一定程度的产业集聚，因此会促进相关产业的企业为追求公用基础设施而跟随迁入目标区位。城市发展包括了城市的规划、产业布局以及城市化进程，如城市的规模扩大、产业结构的优化等。信贷支持则是考虑了企业的迁移成本问题，企业在实行迁移决策时往往会形成一次性的沉没成本，包括运输成本、迁移期间的运营损失以及原有区位老员工不愿搬迁造成的人才流失，因此目标区位的政府可以加大对于迁移企业的补偿，通过放松信贷条件来解决迁移企业的资金衔接问题从而吸引更多的企业迁入。对于土地优惠政策及税收优惠政策而言，当地政府相关政策的发布越多，越能吸引企业的迁入。

经济因素方面的研究成果较为丰富，也是学者们较为集中的研究领域，一般通过多个方面来刻画，包括原材料、劳动力成本、人力成本、土地价格、租金、信息与技术、交通与物流成本、产业配套、产业集群、市场前景、市场开放程度以及区域经济水平。

战略因素包括企业规模扩张或产能的提升、新市场的开拓、企业家对目标区位的积极预期以及对当前区位的消极预期、业务调整、企业运营能力、提升知名度及企业形象以及组织结构变更，其中业务调整包括引入新的生产线、优化生产布局及更新技术设备，组织结构变更则包括企业的收购、重组与兼并等。

情感因素包括企业家对乡土的留恋、企业家的冒险精神、个人的成就感、对目标区位的文化偏好、对目标区位奢华建筑及办公环境的向往以及员工能够追随企业搬迁的可能性。

**二 不同维度下的研究模型**

（一）横向分析模型

所谓横向分析模型，即基于推力—拉力—阻力因素的模型，该模型主要用于对企业的影响因素进行描述性研究。推力因素是指驱动企业迁出当前区位的因素；拉力因素是指吸引企业迁入目标区位的因素；阻力因素是指阻碍企业迁出当前区位的因素。这三种因素相互作用，影响着企业的迁移决策。通常来讲，企业在当前区位没有扩张的可能性或缺少发展的空间会成为迁移决策的推力因素，而企业在目标区位存在扩张的可能性或有发展的空间则会成为迁移决策的拉力因素。因此，同一因素在实际情况中往往对当前区位是推力因素则对目标区位是拉力因素（周正柱，2012）。员工能够追随企业搬迁的可能性会成为企业迁移决策的阻力因素，特别是专业化的劳动力，如果员工不愿意随着企业搬迁，企业需要在目标区位重新雇用和培训新员工，因此会增加企业的迁移成本，这种阻力因素会促使企业考虑迁移决策时，采用尽量缩短当前区位与目标区位距离的方式来获得原有员工的支持来为企业工作从而实现企业迁移成本的降低（王业强，2007）。

横向分析模型只给出了企业迁移的表面解释，较少涉及更为深层次的原因，另外该模型中推力与拉力因素存在概念表述不清的问题，即二者之间没有显著差异，因此在实证研究中应用并不广泛。

（二）纵向分析模型

所谓纵向分析模型，即基于内部—外部—区位因素的模型，该模型应用广泛，为大多数国内外学者所接受。新古典区位理论、行为区位理论及制度理论采用的就是纵向分析模型。内部因素主要包括企业的组织结构、知识产权、企业规模、企业年龄、企业的财务状况以及管理者的决策行为等。外部因素通常包括企业所处区位和目标区位的市场规模、土地价格、原材料、交通情况、地区经济条件、当地技术水平、劳动力成本以及政府产业政策等。区位因素是指区位的相对与绝对特征，包括区位间的距离、企业可扩张的空间规模以及区位间形成的区域一体化。对于企业迁移决策影响因素的分析，学者们一般采用计量模型分析各因素对企业迁移的影响程度。Van Dijk 与佩伦伯格（2000）使用有序 Logit 模型和 Probit 模型对荷兰企业进行研究，采用调查问卷所得的数据指出企业迁移决策主要由企业的内部因素（经济部门、企业规模）决定。布劳沃等（2004）利用 Logit 模型对 21 个国家的企业迁移样本进行研究，分析了企业年龄、企业规模、市场规模以及区位因素对于企业迁移决策的影响。Baudewyns（2000）利用比利时企业迁移的研究样本，使用条件 Logit 模型发现完善的基础设施是驱动企业迁移的关键因素。王思文和管新帅（2013）使用 Probit 模型检验了不同因素对企业迁移决策的影响程度。李彦军（2015）运用 Logit 计量模型强调了政策因素对资源型企业迁移决策的影响。

## 第三节 企业迁移的基本事实

企业迁移主要是指企业从一个地域向另一个地域转移，包括区域内迁移、跨区域迁移和国际迁移等迁移路径（Pellenbarg，2002；Mariotti，2002），本书对于企业迁移的实证研究主要是指企业的跨区域迁移，不考虑市区内和市内区县间的区域内迁移以及跨国公司的国际投资活动，基于行政级别对工业企业数据库中的跨区域迁移企业进行识别。迁移的方式一般分为整体迁移和部分迁移（魏后凯，2009）。整体迁移是指整个企业的所有生产经营活动从某个区域迁移到其他区域；而部分迁移主要是指企业活动的一部分从某个区域迁移到其他区域，而其他活动仍保留在原来区域，如企业总部迁移、生产部门迁移等，实证部分只对整体迁移的企业进行研究。

企业迁移的理论框架经历了从新古典区位理论、行为区位理论、制度理论到演化理论的演进过程（史进，2014）。新古典区位理论认为，企业迁移的目的是利润最大化，强调了企业对最优区位的选择，虽然制度理论强调了制度因素对于企业迁移的影响，不过企业始终以追逐利润为目的，经济因素依旧占有主要地位，而行为区位理论强调内部因素（企业规模、企业年龄等）占主导地位。现有文献对于企业迁移绩效的评价相对较少，Bhabra、Lel 和 Tirtiroglu（2002）利用微观数据对企业迁移后股票价格进行了实证分析，指出迁移的动机是迁移效果的最重要的决定因素，本书实证分析中，运用中国工业企业数据库尝试从宏观角度解释企业迁移的动机，并对企业迁移前后的绩效差异进行考察。在进行相关数据处理之后，得到迁移企业包含 1998—2007 年统一口径年销售收入 500 万元以上的数据样本企业 304 家、

1847个样本观测值。利用DOP法对迁移企业进行生产率分解，发现企业在迁移前的生产率变化主要源于企业自身成长，而在迁移后生产率变化主要源于资源配置效率的提高，我们认为，追求企业间资源配置效率的提高是推动企业实施迁移决策的主要原因。为考察企业迁移前后的差异，对企业迁移建立准自然实验，应用PSM—DID方法分析企业迁移行为的净效应，结果显示，企业的迁移行为并没有实现生产率和利润率的显著提高。

由于国内区域发展失衡，随着中国城市化水平的提高，大城市的数量在不断增加，而大城市给企业带来的资源也更加丰富，企业更倾向于迁往大城市发展。本书利用工业企业数据库发现大多数迁移企业的迁移方向为由低到高，即由小城市迁往大城市或由低行政级别城市迁往高行政级别城市，通过生产率分解发现造成这种现象的主要原因是企业在追求资源配置效率而集中于大城市或高行政级别城市。对于企业的迁移行为并未实现生产率和利润率的提高，即企业迁移的净效应为负，原因或许并不单一，企业迁移以后需要适应新的市场环境或产业政策。因此，企业迁移对于企业自身的增长作用可能需要随着时间的推移而逐渐显现。

## 一　数据来源及处理

使用的数据库是国家统计局建立的《中国工业企业数据库》，样本期间为1998—2007年。该数据库主要来自样本企业提交给当地统计局的季报和年报汇总。该数据库的全称为"全部国有及规模以上非国有工业企业数据库"，其样本范围为全部国有工业企业以及规模以上非国有工业企业，其统计单位为企业法人。这里的工业统计口径包括"国民经济行业分类"中的采掘业、制造业以及电力、燃气及水的生产和供应业三个门类，主要是制造业（占90%以上）。"规模以上"要求企业每年的主营业务收入在500万元以上，2011年该标准改为2000万元及以上。该数据库作为一个由中国国家统计局收集的数据库，它的优点是样本大、指标多、时间长。但同时存在样本错配、指标缺失、指标异常、样本选择和测度误差和变量定义模糊等诸多问题（聂辉华，2012）。布兰特等（2012）对该数据库做了详细的整理，他们的研究也成为处理该数据库的代表性成果，本书处理面板的基本思路是结合布兰特（2012）和杨汝岱（2015）的处理方法，并以此为基础计算全要素生产率（TFP）。

本部分主要探讨基于城市行政级别的企业迁移的动机及其迁移前后绩效的变化，故分析样本为1998—2007年十年期间发生迁移的全部国有及规模以上非国有企业。处理面板的基本思路是结合布兰特（2012）和杨汝岱（2015）的处理方法，第一步，通过法人代码进行匹配；第二步，通过企业名称进行匹配；第三步，通过地址代码和电话号码进行匹配；第四步，通过法人代表名称、行业代码和成立年份进行匹配。匹配的原则是每一步一定存在可以唯一表示某个企业的标识。经过匹配后1998—2007年中国工业企业数据库共包括50多万家企业200多万个观测值。文献中将迁移的方式分为整体迁移和部分迁移，部分迁移包括建立分厂、迁移总部及研发部门等（魏后凯，2009），也有研究将转包合同作为迁移方式（Bianchi and Mariotti，2003）。由于企业扩张发生的部分迁移以及转包合同等迁移方式本身情况复杂，而工业企业数据库用于区分迁移方式的变量局限性较大，不能明确定位以部分迁移等方式进行迁移的企业，因此本书只对整体迁移的企业进行研究。

### 二 企业迁移的类型及标准划分

文献中关于企业迁移类型的划分通常从不同层面出发。按迁移的方式分为整体迁移和部分迁移；按当前区位与目标区位的空间位置关系，分为区域内迁移、跨区域迁移和国际迁移；按迁移的驱动力分为行政驱动型迁移和市场驱动型迁移；按企业迁移的方向分为上行流、下行流和平行流迁移；按企业迁移的距离分为短距离迁移、长距离迁移和远距离迁移；按企业迁移的决定因素分为市场扩张型、成本推动型和产业升级型迁移（魏后凯，2009）。

实证部分只考虑企业跨区域的整体迁移，对于迁移标准的划分，首先直接对数据库进行处理，筛选十年间进行了迁移的企业，本书考虑基于行政级别层面的企业迁移，对中国城市的研究范围为地级市，对行政级别的划分按照级别的大小分为四种，即正部级、副部级、正厅级与副厅级及以下城市。正部级城市包括北京、天津、上海和重庆四个直辖市；副部级城市包括深圳、厦门、青岛、大连、宁波五个计划单列市和哈尔滨、长春、沈阳、济南、南京、杭州、西安、武汉、成都、广州十个省会城市；正厅级城市包括除上述十个省会城市以外的其他所有省会城市；副厅级及以下城市包括除上述三个级别以外的所有地级市。

为考察企业选择迁往较高行政级别城市的动机及影响，因而筛选迁移企业只考虑跨级别迁移，不考虑市区内和市内区县间的区域内迁移以及跨国公司的国际投资活动，通过企业在不同年份登记的地级市区域代码以及通过对全国287个地级市进行行政级别划分来确认企业是否进行了迁移。本书不考虑市区内或市内县区之间的迁移。具体处理思路如下：首先对行政级别做分类变量赋值，正部级为1，副部级为2，正厅级为3，副厅级为4；然后对样本期间内每个企业相应的分类变量做算术平均处理，其值为小数时就可以认为该企业在样本期间内发生了跨级别迁移。

### 三 迁移企业的基本情况

经过上述处理之后，得到637家企业。对于在样本期间进行了多次迁移的企业，这里认为属于异常样本，经过剔除之后剩余551家企业，其中458家企业由低级别向高级别迁移，占83.12%，93家企业由高级别向低级别迁移，占16.88%。

从迁移企业的规模来看，按照我国在2003年制定的《大中小型企业划分办法》，将工业企业数据库规模以上企业划分为大中小型三种规模的企业，并且采用从业人数和资产总额两种指标作为划分标准，从业人数大于2000人且资产总额在4亿元以上的为大型企业，从业人数在300—2000人且资产总额在4000万—4亿元的为中型企业，其余的为小型企业。在458家由低到高迁移的企业中，包括7家大型企业，110家中型企业，341家小型企业，分别占1.53%、24.02%和74.45%；在93家由高向低迁移的企业中，包括8家大型企业，32家中型企业，53家小型企业，分别占8.60%、34.41%和56.99%。总体来看，迁移企业中大型企业占2.72%，中型企业占

25.77%，小型企业占71.51%。另外，对工业企业数据库全部企业进行规模划分，得到大、中、小型企业比例为0.95%、10.55%和88.50%，由此可见，迁移企业中大型和中型企业所占比例均高于全国相应比例，而小型企业所占比例低于全国比例，之所以出现这种情况，有可能是因为大型和中型企业能够承受更高的迁移成本，又或者是大型和中型企业更倾向于响应国家的相关政策。

从企业的登记注册类型看，将迁移企业划分为国有企业和非国有企业两种，国有企业包括登记注册类型为110、141、143、151的企业，其余均为非国有企业。458家由低到高级别迁移的企业包括159家国有企业和299家非国有企业，分别占34.72%和65.28%；93家由高到低级别迁移的企业包括23家国有企业和70家非国有企业，分别占24.73%和75.27%。如表5-1所示。

表5-1　　　　　　　　迁移企业规模及注册类型

| 由低到高迁移企业 | 总企业数 | 企业规模 ||| 企业注册类型 ||
|---|---|---|---|---|---|---|
| | | 大型企业 | 中型企业 | 小型企业 | 国有企业 | 非国有企业 |
| 企业数（家） | 458 | 7 | 110 | 341 | 159 | 299 |
| 占比（%） | 100 | 1.53 | 24.02 | 74.45 | 34.72 | 65.28 |
| 由高到低迁移企业 | 总企业数 | 大型企业 | 中型企业 | 小型企业 | 国有企业 | 非国有企业 |
| 企业数（家） | 93 | 8 | 32 | 53 | 23 | 70 |
| 占比（%） | 100 | 8.60 | 34.41 | 56.99 | 24.73 | 75.27 |

从行业角度来看，纺织、服装皮革、食品饮料加工、家具、橡胶塑料、木制品、纸制品、冶炼产品等中低端产业的企业更多地进行整体迁移，其比重约占迁移企业的67%。如表5-2所示。

表5-2　　　　　　　　迁移企业行业分布

| 行业 | 企业数 | 行业 | 企业数 |
|---|---|---|---|
| 采矿业 | 7 | 非金属矿物制品业 | 13 |
| 农副食品加工业 | 30 | 黑色金属冶炼和压延加工业 | 46 |
| 食品制造业 | 37 | 纺织服装、服务业 | 20 |

续表

| 行业 | 企业数 | 行业 | 企业数 |
| --- | --- | --- | --- |
| 酒、饮料和精制茶制造业 | 18 | 有色金属冶炼和压延加工业 | 18 |
| 烟草制品业 | 2 | 金属制品业 | 19 |
| 纺织业 | 18 | 通用设备制造业 | 23 |
| 皮革、毛皮、羽毛及其制品和制鞋业 | 15 | 专用设备制造业 | 20 |
| 木材加工和木、竹、藤、棕、草制品业 | 13 | 汽车制造业 | 29 |
| 家具制造业 | 4 | 铁路、船舶、航空航天和其他运输设备制造业 | 8 |
| 造纸和纸制品业 | 15 | 计算机、通信和其他电子设备制造业 | 22 |
| 印刷和记录媒介复制业 | 21 | 仪器仪表制造业 | 21 |
| 石油加工、炼焦和核燃料加工业 | 6 | 其他制造业 | 9 |
| 医药制造业 | 29 | 废弃资源综合利用业 | 11 |
| 橡胶和塑料制品业 | 22 | 金属制品、机械和设备修理业 | 10 |
| 电力、热力生产和供应业 | 2 | 化学制品与化学纤维制造业 | 43 |

这里再次对匹配后的数据库进行重新处理，目的在于筛选出合理的样本进行全要素生产率（TFP）的测算，针对工业企业数据库指标异常的问题，参考现有文献（聂辉华等，2012；Cai 和 Liu，2009），剔除工业总产值、中间投入、固定资产合计、固定资产净值、工业增加值等变量缺失、为负值、为零值的样本，剔除总资产小于固定资产净值的样本，剔除从业人数缺失和小于 0 的样本，剔除主营业务收入小于 500 万元的样本。本书研究的是制造业样本（国民经济行业分类 13—43 类），行业层面考虑两位数行业分类，按照两位数行业分类，矿产、石油等行业不适用于现有方法对 TFP 的分析，由于自然资源在生产过程中具有重要作用，这些行业的生产函数不能简单假设为 C—D 生产函数（杨汝岱，2015），因此剔除矿产、石油等资源性行业和水电煤气生产供应等行业，只对 30 个制造业行业企业样本进行讨论

(不含大类 38)。经过上述处理后得到 30 个（二位数）行业制造业企业的有效观测值约 187.89 万个。相应地经过处理后得到迁移企业的有效数据样本共 304 家企业、1847 个样本观测值。

## 第四节 实证专题：工业企业迁移的驱动机制与效果

### 一 企业迁移的动机——基于生产率分解的解释

（一）全要素生产率测算及生产率分解的方法

1. 测算全要素生产率变量的选取

（1）工业增加值。采用以 1998 年为 1 的各地区工业品出厂价格指数平减的工业增加值作为各个企业实际的工业增加值。数据库没有报告 2001 年与 2004 年的工业增加值，对于工业增加值缺失值的处理，参照刘小玄和李双杰（2008）提出的处理方法，即工业增加值 = 产品销售额 – 期初存货 + 期末存货 – 中间投入 + 增值税。

（2）企业的资本存量。采用永续盘存法计算的企业的资本存量作为 OP 法所用的实际资本存量，即实际投入生产的固定资本存量 $K_{it}$：

$$K_{it} = K_{it-1} + I_{it} - D_{it}$$

其中，各项处理方法如下：依据工业企业数据库提供的各个企业 1998 年的固定资产净值作为企业的初始资本存量；依据数据库中各企业各个年份的固定资产原值年平均额，采用相邻两年固定资产原值年平均额的差值计算得到每个企业各个年份的名义投资额，再利用以 1998 年为 1 的各地区固定资产投资价格指数对名义投资额进行折算得到实际值；折旧额则采用了工业企业数据库中的各个企业的当年折旧额，按照各地区固定资产投资价格指数折算成 1998 年的实际值。通过以上处理方法可以得到方程中各项指标，从而得到每个企业在各年份的实际资本存量。

（3）劳动投入。将各个企业年平均就业人数作为企业的劳动投入。

(4) 中间投入。采用以1998年为1的各地区工业品出厂价格指数进行平减的中间投入作为各个企业的实际中间投入。

2. 全要素生产率的测算

考虑内生性和选择性偏差问题,本书采用奥利和帕克斯(1996)发展起来的半参数方法计算全要素生产率(TFP),该方法以投资作为TFP的代理变量,从而克服OLS估计的不一致问题。我们假定企业生产函数形式为C—D生产函数:

$$Y_{it} = A_{it} K_{it}^{\alpha} L_{it}^{\beta}$$

其中,$Y_{it}$、$K_{it}$、$L_{it}$分别表示企业$i$在$t$年的产出、资本和劳动,$A_{it}$表示企业层面的全要素生产率(TFP),$\alpha$和$\beta$分别表示资本和劳动的产出弹性,为估计全要素生产率(TFP),对C—D生产函数两边取对数:

$$\ln Y_{it} = a_{it} + \alpha \ln K_{it} + \beta \ln L_{it}$$

其中,$a_{it}$是$A_{it}$的对数。

3. 生产率分解的方法

本书采用戴纳米克·奥利—帕克斯(Dynamic Olley – Pakes,DOP)方法对于生产率进行分解,将迁移企业的生产率变化的来源分解为企业自身成长、资源配置效率提高、进入效应和退出效应四个部分。首先是对于企业进入和退出状态的定义,考虑进入退出企业中存在暂时性的离开而低估存活企业同时高估进入和退出企业,这种定义改善了对于存活企业的低估,使得对于进入退出企业的界定更为准确,本书采用这种定义。其次要对样本企业进行分组,分为进入企业(E)、退出企业(X)与存活企业(S)。当t-k期未出现,t期出现且在[t-k, t]期成立的企业标记为进入企业。t-k期出现,在(t-k,t)期及样本末期均未出现的企业标记为退出企业。存活企业的界定分为三种情况:t-k期出现,t期未出现,此后再次出现的企业标记为存活企业;t-k期之前成立,t-k期未出现,t期出现的企业标记为存活企业;t-k期和t期均出现的企业标记为存活企业。DOP分解中组内效应的贡献直接由存活企业(未加权)平均技术进步来衡量,组间效应由存活企业间资源配置效率变化(即奥利—帕克斯协方差项变化）来刻画，企业进入效应采用观测末期存活企业加总生产率为参照系，企业退出效应采用样本初期存活企业加总生产率为参照系。

以下简述生产率分解方法的研究论述。

假定初始年份和结束年份的生产率结构方程，其中，初始年份的全要素生产率（TFP）包含存活企业和退出企业的生产率，结束年份的全要素生产率（TFP）包含存活企业和进入企业的生产率，如下式所示：

$$\Phi_1 = s_{S1}\Phi_{S1} + s_{X1}\Phi_{X1} = \Phi_{S1} + s_{X1}(\Phi_{X1} - \Phi_{S1}) \tag{5-1}$$

$$\Phi_2 = s_{S2}\Phi_{S2} + s_{E2}\Phi_{E2} = \Phi_{S2} + s_{E2}(\Phi_{E2} - \Phi_{S2}) \tag{5-2}$$

其中，$\Phi_{it}$为初始或结束时期各类企业根据销售额加权后的加总生产率水平，$s_{it}$为初始或结束时期各类企业的市场份额，$i = S、E、X$，$t = 1、2$。

上式只是给出了初始和结束年份的全要素生产率（TFP），二者相减即为全要素生产率（TFP）的总变化，经过变换即可得到各因素对于全要素生产率（TFP）变化的贡献分式，如下式所示：

$$\begin{aligned}\Delta\Phi &= (\Phi_{S2} - \Phi_{S1}) + s_{E2}(\Phi_{E2} - \Phi_{S2}) + s_{X1}(\Phi_{S1} - \Phi_{X1}) \\ &= \Delta\bar{\varphi}_S + \Delta\text{cov}_S + s_{E2}(\Phi_{E2} - \Phi_{S2}) + s_{X1}(\Phi_{S1} - \Phi_{X1})\end{aligned} \tag{5-3}$$

其中，$\Delta\bar{\varphi}_S = \bar{\varphi}_{S2} - \bar{\varphi}_{S1}$即为存活企业结束年份与初始年份全要素生产率算术平均的差，代表企业的自身成长效应，$\Delta\text{cov}_S$为存活企业结束年份与初始年份协方差的差，代表企业之间的资源配置效率，$s_{E2}(\Phi_{E2} - \Phi_{S2})$代表企业的进入效应，$s_{X1}(\Phi_{S1} - \Phi_{X1})$代表企业的退出效应。

（二）迁移企业的生产率变化分析

通过前文的方法与数据，我们分别得到1998—2007年全国的全要素生产率（TFP）以及迁移企业的全要素生产率，本书企业平均TFP全部采用加权平均法所得，权重为企业销售额。结果如表5-3所示，从总体水平来看，加权平均计算的迁移企业的lnTFP从1998年的1.018上升到2007年的1.364，低于全国1998年的1.166到2007年的1.471，迁移企业TFP平均增速为3.84%，在个别年份为负，整体略高于全国 TFP 平均增速,综合来看处于上升趋势。同时可以看到迁移企业的生产率水平相对全国平均水平而言并无明显提升,本书将通过生产率分解和 PSM—DID 方法进一步说明企业迁移的动机以及迁移决策对企业的影响。

表 5 - 3　　　　1998—2007 年迁移企业生产率变化

| 年份 | 全国 lnTFP | 全国 TFP 增速 (%) | 迁移企业 lnTFP | 迁移企业 TFP 增速 (%) |
| --- | --- | --- | --- | --- |
| 1998 | 1.166 |  | 1.018 |  |
| 1999 | 1.189 | 2.32 | 1.052 | 3.36 |
| 2000 | 1.229 | 3.93 | 1.107 | 5.53 |
| 2001 | 1.273 | 4.41 | 1.131 | 2.32 |
| 2002 | 1.309 | 3.62 | 1.194 | 6.38 |
| 2003 | 1.349 | 4.04 | 1.184 | -1.03 |
| 2004 | 1.369 | 1.97 | 1.221 | 3.68 |
| 2005 | 1.407 | 3.76 | 1.306 | 8.52 |
| 2006 | 1.441 | 3.47 | 1.346 | 3.99 |
| 2007 | 1.471 | 2.99 | 1.364 | 1.84 |
| 平均 |  | 3.39 |  | 3.84 |

资料来源:笔者计算整理。

(三) 迁移企业的资源配置效率变化分析

企业迁移的动机种类繁多,一般将迁移的动机分为内部因素(企业规模、企业年龄、业务调整、组织结构变更等)和外部因素(城市发展、交通与基础设施、优惠政策等)。杨菊萍(2011)利用内容分析法对企业迁移进行了动因识别,包括政策动因、经济动因、战略动因与情感动因。由于工业企业数据库的局限性,很多细分的企业动机无法进行实证考察。本书从生产率分解的角度出发,从整体上把握企业迁移的动机,试图分析企业迁移的动机是否源于对于资源配置效率的追求,而对具体细分的企业动机不做解释。

基于上述讨论,首先采用 DOP 法对 1998—2007 年中国工业企业整体的 TFP 增长来源进行分解,TFP 采用 OP 法估计,加权权重为企业销售额。TFP 增长来源于四个部分：存活企业的自身成长（技术进步）、存活企业的资源配置效率、企业进入和企业退出。如表 5-4 所示，OP 法分解结果显示，中国工业企业整体效率提升的主要来源为企业自身成长，贡献份额为 63.74%，而资源配置效应贡献份额为 30.18%，企业的净进入效应贡献份额为 6.08%。对迁移企业整体的 TFP 增长来源进行分解。结果显示，企业自身成长仍旧是迁移企业整体效率提升的主要来源，贡献份额为 71.06%，资源配置效应贡献份额为 34.07%，这里可以看到，迁移企业由于样本选择问题的存在，组内效应和组间效应均高于全国水平的生产率分解结果。而迁移企业的净进入效应为负，贡献份额为 -5.14%。

**表 5-4　　全国企业与迁移企业 TFP 增长率分解结果**

| | | 总变化 | 组内效应 | 组间效应 | 进入效应 | 退出效应 | 净进入效应 |
|---|---|---|---|---|---|---|---|
| 全国企业 | 水平值 | 1.175 | 0.749 | 0.355 | -0.044 | 0.115 | 0.071 |
| | 份额 | 100 | 63.74 | 30.18 | -3.71 | 9.79 | 6.08 |
| 迁移企业 | 水平值 | 1.273 | 0.905 | 0.434 | 0.072 | -0.137 | -0.065 |
| | 份额 | 100 | 71.06 | 34.07 | 5.64 | -10.78 | -5.14 |

资料来源：笔者计算整理。

为进一步分析企业迁移的动机，对企业迁移前后的 TFP 增长来源进行分解（见表 5-5）。OP 法分解结果显示，企业自身成长是迁移企业在迁移之前 TFP 增长的主要来源，贡献份额为 77.26%；企业资源配置效率提高对迁移企业 TFP 增长具有负效应，绝对值大小占迁移企业 TFP 增长的 3.45%；企业进入的值为正，其值占迁移企业 TFP 增长的 37.19%，代表高生产率企业的进入；企业退出对迁移企业 TFP 增长同样具有负效应，绝对值大小占迁移企业 TFP 增长的 11.00%。由于样本选择问题的存在，可以认为能够进行迁移决策的企业生产率相对较高。退出效应为负可以解释为这些生产率相对较高的企业退出市场对 TFP 增长存在负效应。

当企业发生迁移以后，企业自身成长对企业迁移后 TFP 增长的贡献份额为47.89%,显著低于迁移前企业自身成长的贡献;企业资源配置效应对迁移后TFP增长的贡献份额大幅上涨,占41.99%,表明在企业实行了迁移决策以后,资源配置效率的提高更大程度上推动了企业的成长;净进入效应贡献份额为10.12%。此外,退出效应为正,代表迁移以后的企业随着年份的推移,相对生产率较低的企业退出市场。

总体来看,企业迁移前,企业自身成长对TFP增长占绝对优势;而在企业迁移后,企业自身成长显著低于迁移前企业自身成长的贡献,而资源配置效率的提高占比大幅提升,仅仅略低于企业自身的绝对技术进步。生产率分解的结果显示,如果从整体上来看企业迁移的动机,企业选择迁往更高行政级别的城市并非是为了企业自身的绝对技术进步,更多的是追求企业间资源配置效率的提高。另外,无论企业迁移前后,进入退出效应均占比较低,因此企业TFP增长的来源主要是企业自身成长和资源配置效率的提高。

表5-5 企业迁移前后TFP增长率分解结果

| | | 总变化 | 组内效应 | 组间效应 | 进入效应 | 退出效应 | 净进入效应 |
|---|---|---|---|---|---|---|---|
| 迁移前 | 水平值 | 1.247 | 0.963 | -0.043 | 0.464 | -0.137 | 0.327 |
| | 份额 | 100 | 77.26 | -3.45 | 37.19 | -11.00 | 26.19 |
| 迁移后 | 水平值 | 1.209 | 0.579 | 0.508 | 0.072 | 0.051 | 0.123 |
| | 份额 | 100 | 47.89 | 41.99 | 5.94 | 4.18 | 10.12 |

资料来源:笔者计算整理。

进一步看,根据上述分析,企业在迁移前后的资源配置效率存在显著的差异,但生产率分解的结果只能够说明生产率增长的来源进而得到企业迁移的动机,而生产率增长本身是否仅仅由迁移行为决定还不得而知,究竟企业的迁移行为是否真正促进了企业生产率的增长还有待考察。接下来,本书尝试通过双重差分倾向得分匹配法(Difference in Differences - Propensity Score Matching, PSM—DID)得到迁移行为本身对企业的净效应。

## 二 企业迁移的净效应——基于 PSM—DID 模型的估计

本书采用了双重差分法（DID）与倾向得分匹配法（PSM）相结合的计量方法，将迁移企业作为实验组，在除迁移企业以外的所有样本中匹配对照组，目的在于捕捉实验组和对照组在企业迁移前后的相对差异，这种相对差异即为企业迁移的实际效果。应用 DID 的前提条件是实验组和对照组必须满足平行趋势假设，即迁移企业如果没有采取迁移决策时与未迁移企业的变动趋势随时间变化并不存在系统性差异。而通过赫克曼（Heckman）等提出的 PSM—DID 方法就可以使 DID 方法满足平行趋势假设。PSM 方法通过控制适当的协变量在未迁移企业中为实验组匹配对照组以保证两类企业除了在是否迁移这一项指标存在差异以外，在其他各项指标上尽可能保持一致，然后当通过 Logit 回归模型估计企业实行迁移决策的概率时就可以保证实验组和对照组实行迁移决策的概率相近以便能够相互比较。这样，PSM—DID 方法就解决了 DID 方法中实验组和对照组在受到迁移行为影响前不完全满足平行趋势假设所带来的问题。PSM—DID 方法不仅解决了样本匹配问题，还克服了企业迁移决策中人为因素所带来的"选择性偏差"。

### （一）基于 PSM 模型的样本匹配

为了能够运用倾向得分匹配法（PSM）得到合理的对照组，我们首先关注影响企业迁移决策的因素，并将其作为匹配的协变量。海特（1997）对企业迁移理论研究进行梳理，通常将影响企业迁移的因素分为内部因素和外部因素，而不同流派对于研究影响企业迁移的因素侧重点也不尽相同。本书选取企业规模、企业年龄、企业所有制类型、企业所在地城市规模以及行业集中度作为 PSM 方法匹配对照组的协变量，如表 5-6 所示。另外，我们分别以企业的全要素生产率（TFP）和销售利润率作为反映企业绩效的指标。

以协变量为基础计算实验组和除实验组外所有样本中（非实验组）每个企业的倾向得分。采用 Logistic 二元回归计算协变量的回归系数：

$$Y_i = \alpha_1 x_{i1} + \alpha_2 x_{i2} + \cdots + \alpha_d x_{id} + \varepsilon_i$$

其中，$Y_i$ 为处理变量，实验组的企业该值为 1，非实验组的企业该值为 0；$x_i$ 即为影响企业迁移的协变量；$\alpha_i$ 为相应的回归系数。

表 5-6　　　　　　　　　　　变量描述

| 结果变量 | |
| --- | --- |
| 全要素生产率 | 通过 OP 法计算所得全要素生产率，使用时取对数 |
| 销售利润率 | 利润总额/销售收入总额 × 100% |
| 协变量 | 定义 |
| 企业规模 | 用资产总额表示，使用时将其对数化 |
| 企业年龄 | 用企业所在年份减去企业开业年份所得 |
| 企业所有制 | 哑变量，国有企业为 1，非国有企业为 0 |
| 城市规模 | 使用企业所在城市的人口数量作为城市规模指标 |
| 行业集中度 | 使用四位数行业的赫芬达尔指数表示 |

根据上述公式所得的回归系数，通过下述公式计算企业的倾向得分：

$$PS_i = \alpha_1 x_{i1} + \alpha_2 x_{i2} + \cdots + \alpha_d x_{id}$$

其中，$PS_i$ 为企业 $i$ 的倾向得分。

本书采用无放回一对一近邻匹配，得到各个企业的倾向值之后，利用倾向值在非实验组中匹配到了与实验组相似的对照组，共计 304 家企业、1847 个观测值并且与实验组中的观测值一一对应。接下来，进行平衡性检验，目的在于考察实验组和对照组的分布是否具有系统性的差异。换句话说，如果已经匹配的样本在不同协变量之间没有存在显著差异，那么此时对照组与实验组在所控制的协变量条件下符合共同趋势假设，其中的企业具有大致相同的进行迁移的可能性，即可作为后文 DID 方法的研究样本。

使用全要素生产率（TFP）和销售利润率指标分别进行平衡性检验以后，发现匹配的所有协变量在两组企业之间的偏差程度都大幅降低，已匹配的样本 P 值变大，说明实验组和对照组的协变量在分布上是一致的，证明我们的匹配过程是有效的，从统计意义上可以认为，两组企业是一致的。

## （二）基于 DID 模型的迁移行为净效应

企业迁移在全国的地级市中表现出差异化特征，为我们提供了一个准自然实验，本书采用双重差分法（DID）来估计迁移行为对企业绩效的净效应，DID 在实验组和对照组处于相同的趋势下，有效去除不可观测因素的影响。与上文相同，这里绩效指标采用 TFP 和销售利润率。

DID 方法的回归模型设定如下：

$$Y_{it} = \beta_0 + \beta_1 treated_{it} + \beta_2 t_{it} + \beta_3 t \times treated + \mu_{it}$$

其中，被解释变量 $Y$ 具体指标包括 $\ln TFP$ 和销售利润率。$treated$ 为分组虚拟变量，如果企业进行了迁移，则为实验组，$treated = 1$；否则为对照组，$treated = 0$。$t$ 为时间虚拟变量，迁移当年及以后的年份 $t = 1$，其他年份 $t = 0$。$\mu$ 为随机误差项。对于实施迁移决策的企业（$treated = 1$），在迁移前后的绩效变化情况分别是 $\beta_0 + \beta_1$ 和 $\beta_0 + \beta_1 + \beta_2 + \beta_3$，发生迁移的企业在迁移前后绩效的变化程度是 $\phi_1 = \beta_2 + \beta_3$，其中包括迁移行为以及其他因素的影响。类似地，对于其他企业（$treated = 0$），迁移前后的绩效变化情况分别是 $\beta_0$ 和 $\beta_0 + \beta_2$，也就是说，没有发生迁移的企业在迁移前后（与实验组相对应的时间，并非实际迁移）绩效的变化程度是 $\phi_2 = \beta_2$，这样就排除了迁移行为对于企业绩效的影响。因此用实验组在迁移前后绩效的变化程度 $\phi_1$ 减去对照组在迁移前后绩效的变化程度 $\phi_2$ 就可以得到企业迁移行为对迁移企业绩效的净效应，$\beta_3$ 为企业的迁移行为对于被解释变量 $Y_{it}$ 的净效应。表 5 - 7 列出了 DID 模型中各个参数的含义。

表 5 - 7　　　　　　　DID 模型中各个参数的含义

|  | 企业迁移前（t = 0） | 企业迁移后（t = 1） | 差异 |
| --- | --- | --- | --- |
| 迁移企业（实验组 treated = 1） | $\beta_0 + \beta_1$ | $\beta_0 + \beta_1 + \beta_2 + \beta_3$ | $\phi_1 = \beta_2 + \beta_3$ |
| 其他企业（对照组 treated = 0） | $\beta_0$ | $\beta_0 + \beta_2$ | $\phi_2 = \beta_2$ |
| DID |  |  | $\Delta\phi = \beta_3$ |

我们首先构建了混合面板数据模型和固定效应模型来实证分析企业迁移行为对于企业绩效的影响，模型的变量设置均为时间虚拟变量 t，分组虚拟变量 treated，以及二者的交叉项 t×treated，所用数据均为经过 PSM 后的样本。混合面板数据模型为模型 1，固定效应模型为模型 2。

如表 5-8 所示，当以 lnTFP 作为被解释变量时，模型 1 的估计结果显示 DID 变量（t×treated）未通过显著性检验，而基于固定效应的模型 2 的估计结果则显示，DID 变量通过了 1% 的显著性水平检验，企业的迁移行为使 TFP 降低了 11.4%。固定效应通过一阶差分法消除变量的时间变化因素，由于企业迁移的虚拟变量具有时间不变性，因此无法得到回归结果，在使用 Stata 作固定效应分析时，分组虚拟变量（treated）会被删去，但是并不会影响估计结果的有效性。当以销售利润率作为被解释变量时，DID 变量仍然通过了显著性检验，企业的迁移行为从平均意义上使利润率降低了 7 个百分点左右。

表 5-8　　　　　　　　企业迁移的平均处理效应

| 变量 | lnTFP | | 销售利润率 | |
|---|---|---|---|---|
| | 模型 1 | 模型 2 | 模型 1 | 模型 2 |
| t×treated | -0.0343 | -0.1140*** | -0.0698* | -0.0720** |
| | (0.0420) | (0.0401) | (0.0417) | (0.0340) |
| treated | -0.1021** | | 0.0451 | |
| | (0.0402) | | (0.0478) | |
| t | 0.0994*** | 0.2183*** | 0.0346*** | 0.0364*** |
| | (0.0280) | (0.0352) | (0.0112) | (0.0117) |
| 常数项 | 0.9044*** | 0.8149*** | -0.0109 | 0.0152 |
| | (0.0211) | (0.0137) | (0.0097) | (0.0118) |
| 样本数 | 3694 | 3694 | 3694 | 3694 |

注：括号内为标准误；***、**和*分别表示 $P<0.01$、$P<0.05$ 和 $P<0.1$。
资料来源：笔者计算整理。

可以发现，无论以 lnTFP 作为被解释变量还是以销售利润率作为被解释变量，我们重点关注的 DID 变量（$t \times treated$）的回归系数均显著为负，这表明企业的迁移行为对于企业的绩效具有负的净效应，而迁移企业在样本期间生产率是绝对增长的。也就是说，迁移企业生产率的提高并非由迁移行为所致，而是由迁移行为以外的其他因素所决定的。我们认为，企业实行迁移决策的动机源于对资源配置效率的追求，资源配置效率的提高作为其经验证据。但迁移行为本身并没有促进迁移企业生产率的增长，之所以出现这种情况，可能是因为企业迁移对于企业自身的增长作用需要随着时间推移而逐渐显现，而在样本期内企业由于需要适应新的市场环境或产业政策，又或者需要进行自身战略的调整或市场扩张导致并没有显示出企业迁移的正向作用。

### 三 结论

本部分应用 1998—2007 年中国工业企业数据库对企业迁移的现象、动机以及迁移后的影响进行了研究，企业迁移的考虑基于行政级别层面的跨区域企业迁移，首先描述了迁移企业的整体的基本情况，然后选取从较低行政级别迁往较高行政级别的研究样本，目的在于考察迁移方向为从低到高的企业进行迁移的动机以及企业迁往高行政级别城市后的变化。在进行相关数据处理之后，得到 1998—2007 年年销售收入 500 万元以上的企业样本 304 家、1847 个样本观测值进行实证分析，数据样本涵盖国民经济行业分类 13—43（不包括 38）共 30 个行业。

与现有的企业迁移研究不同，本书对于企业迁移影响因素及动机的考察不考虑各种细分种类，而是从整体把握企业迁移动机的角度出发，利用 DOP 法对全要素生产率进行分解，从生产率分解角度考察并解释了企业迁移的动机，并采用双重差分倾向得分匹配法（PSM—DID 方法）对企业迁移是否推动了企业自身生产率及利润率的提高进行了验证。研究结果表明，企业迁移从整体上来看，其动机源于对高行政级别城市资源配置效率的追求，迁移后企业的资源配置效率显著高于迁移前的资源配置效率。而 PSM—DID 结果显示，企业迁移的净效应表现出显著的负效应，但迁移企业在样本期间的生产率是绝对增长的，这表明迁移企业生产率的提高是由迁移行为以外的其他因素所决定的。而对于迁移企业在迁移前后推动生产率提高的具体因素不做考察。

## 第五节　企业迁移研究未来的发展趋势

关于企业迁移的研究仍有许多值得拓展的空间。从目前企业迁移理论的发展趋势来看，单一的理论框架已经不足以解释企业迁移的影响因素或动因以及迁移效应，在新古典区位理论基础上融合行为区位理论和制度理论的方法逐渐成为主流。研究方法也从描述性统计分析向实证检验过渡。然而，目前国内学者对于企业迁移的研究仍主要集中在企业迁移的影响因素和动机以及企业迁移的实证分析上，关于企业迁移对企业绩效影响的研究尚不够深入，特别是缺乏以微观数据库为支撑的相关研究。后续研究可以从以下角度予以考虑：（1）企业迁移会导致巨大的一次性沉没成本，考察沉没成本对于企业绩效的影响；（2）考察目标区位的市场环境、产业政策及城市特征，检验企业绩效与企业迁移距离远近的关系；（3）企业绩效本身会受到企业迁移动机的影响，基于不同企业迁移动机的企业绩效表现不同，通过对迁移动机的分类考察绩效差异也应当予以关注；（4）结合企业的异质性，对不同性质企业的绩效表现进行考察。

此外，根据研究结果，企业迁移的动机在于追求资源配置效率的提高，而在样本期内迁移行为本身并没有促进迁移企业生产率的增长，可能是因为企业迁移对于企业自身的增长作用需要随着时间推移而逐渐显现。从演化理论角度出发，可以考虑企业在迁往新的发展区域即进入目标区位的社会网络后，通过融入当地的社会和文化环境，与当地政府、企业及其他机构形成网络联系并整合原来区位的各种资源来实现迁移后的企业成长，包括迁移如何影响企业的绩效也应当成为今后的关注重点。

中国的企业迁移研究仍处于初步阶段，系统地研究企业迁移现象有助于国家与政府对于区域政策和产业转移政策的制定，有助于区域间产业结构的调整，也有助于区域经济的协调发展。

# 第四部分 产业时间动态

# 第六章 企业生存

在产业动态演进研究中,对于企业进入过程进行探讨自然会出现的一个问题是企业进入后会发生什么。事实上,研究企业进入后的表现与进入过程本身同等重要,因为它能进一步揭示出对企业优胜劣汰的市场选择过程(Audretsch and Mata,1995)。在研究中,通常从三个方面来衡量企业进入后的表现,分别为企业进入后的生存可能性、随时间的成长以及经济绩效表现。其中,企业生存和成长两个指标是常用的衡量指标(Wagner,1994;Agarwal and Audretsch,2001),这是因为,产业动态理论自然存在的潜在假设就是认为那些在进入后得到利润的新企业会决定仍停留在产业中,而那些没得到的会退出。这两个指标在分析当中易于观测,但是,也存在着不能区分企业在经济方面成功与否,只能间接测量绩效的问题。对此,也有少部分研究从经济层面来分析企业进入后的表现(例如,Reid and Smith,2000;Gelderen et al.,2000;Harada,2003)。然而,可能由于在获得充分的关于新企业财务绩效的信息和数据方面存在着困难,所以,这些研究都倾向于使用小样本。并且在这些研究中无论是构建的新进入企业经济绩效指标体系,还是纳入分析的决定因素都不相同,从而也没有得到较为一致的结论。因此,从企业生存和成长方面来探讨企业进入后的表现仍是研究的主流。

## 第一节 企业生存的两条研究路径

### 一 企业生存的"随机性"研究路径

在分析当中,自博亚恩·乔瓦诺维克(Boyan Jovanovic,1982)

第一次通过构建噪声选择模型来提出关于新企业进入后演进的理论之后，企业进入后表现的研究沿用企业规模分布分析框架，从"确定性"和"随机性"两个方法路径上探讨这一问题（Audretsch et al.，1999）。其中，"确定性"方法学派倾向于沿着特定历史因果作用链，从企业行为和可观测的产业特征来解释企业成长和集中过程（Marris and Mueller，1980）。而"随机性"学派主张在企业初始条件如盈利能力、规模和市场份额等相同的条件下探讨企业或产业动态演进问题，并且认为，如果依赖于不同投资组合而获得成功的可能性是随机分布的，那么可以推测未来不同企业的利润率、规模、市场份额以及成长将仅仅因为变化而产生差异。

在"随机性"方法中，乔瓦诺维克所提出的基于噪声选择模型的被动学习理论最具代表性和开创性。该理论显著特征是在企业进入前对于其进入后的表现没有预期，这表明生存可能性在企业间是随机分布的，进而企业进入后的成长率也应当是随机分布的，且独立于企业和产业特征。这种企业进入的被动学习方式与市场对企业的自然选择过程相联系，那些经历市场严苛考验被证明有能力的企业存活下来，而处于劣势的企业被淘汰。由此可见，不同创业者间具有相当大的差异，企业之所以决定进入可能仅仅是抱着"试着看"的赌徒心态，因而进入错误很容易发生，并且提前退出是很常见的现象。在埃里克森和帕克恩模型中，企业在诞生时的相对效率水平并不重要，关键在于企业进入后需要通过主动学习不断获得能力的进步。也就是说，企业的学习过程是处于不断演进变化之中的，这样一来，进入企业就有机会降低与在位企业间的差距，从而提高成功的可能性。这种企业进入后的主动学习以演进的方式进行，并且多发生在退出较为随机，或者企业成功并非基于初始效率条件的产业当中。

综上所述，一方面，无论是被动学习还是主动学习模型，所具有的共同特点都体现在创业者的能力和信念的异质性上，并且都以循序渐进的方式作出决策。因此，无论是由于进入错误或学习失败，还是由于错误的差异化策略，新企业都可能理性地选择在其生命周期的早期阶段就退出。另一方面，随着研究的深入，学者们逐渐认识到企业进入后表现的主要研究问题并不是对每个市场当中所发生的演进现象做普适性的特征描述，而事实上，在不同市场当中有一系列不同的演进方式，从而难以一般化（Sutton，1995）。由此，"确定性"方法兴盛起来，并指出企业进入后表现在企业间并非是随机的；相反会受到来自特定产业或企业特征的塑造（Dixit，1989；Hopenhayan，1992；Santarelli，1998）。

## 二 企业生存的"确定性"研究路径

在"确定性"方法中，多数研究使用实证计量方法研究企业特征、产业特征甚至宏观经济条件因素对企业进入后表现的影响。在企业特征因素中，实证研究发现的第一个典型结果是多数进入企业生存率都很低，仅有30%—50%的新企业能够存活下来，并且即使是成功地进入企业也需要许多年的时间来达到与在位企业规模相当的水平。另一个典型结果是新企业的规模和年龄与其生存和成长密切相关。一些研究发现企业规模与生存之间具有正相关关系，而与进入后的成长之间呈负向关系。而企业年龄效应与干中学决定企业生存的观点相一致，有些研究得出企业年龄与生存单调正相关，但也有些研究认为，企业年龄对生存的作用是非单调性的。其他企业特征因素还有创业者的人力资本状况、融资约束、技术创新能力等。

在产业特征因素中，沉没成本、规模经济和创新活动等都对企业生存可能性和成长率有显著影响。在宏观经济条件因素中，部分研究注意到总体经济波动和新企业进入后表现之间的关系，并认为在经济下行阶段，新企业退出风险也会增大。其他研究还探讨了诸如地理因素、企业所有权结构、创新体制等对企业进入后表现的影响。具体研究结果将在随后章节做进一步展开和梳理。

总之，虽然对企业进入后表现的研究可以划分为"随机性"和"确定性"两条研究路径，但是，它们之间并非"泾渭分明"。"随机性"学派的研究者并不认为企业成长完全是一个随机现象；相类似地，持"确定性"研究观点的学者也指出不排除在某些情况下，企业的成长也具有偶然性质。事实上，在每个产业当中都包括一组相互竞争的产品或企业，它们既展现出一定程度的策略依赖，也表现出在次级市场上的相互独立（Sutton，1995）。

## 第二节　企业生存的影响因素

### 一　影响企业生存的企业特征因素

对企业生存可能产生影响的企业特征因素可以归纳为以下三类：

第一类是企业群体统计特征，包括企业规模、企业成长和企业年龄三个描述企业基本特征的因素。实证研究所得到的稳健结论之一就是多数新进入企业以小规模起步，并以小规模终结。这揭示出随着产业动态演进，企业规模和企业生存之间密切的作用关系。多数研究发现新企业在进入时通常会选择低于最小有效规模的次优规模进入，这就造成新企业相对在位企业的成本劣势。因此，如果新企业提高初始规模水平，以接近或达到最小有效规模的水平进入，那么会显著提高生存可能性。而在企业年龄方面，实证研究证据表明企业年龄对生存的影响既会出现单调递减的状况（Mata and Portugal，1994；Audretsch and Mahmood，1995），也存在非单调的倒"U"形关系（Agarwal et al.，2002；Cefis and Marsili，2005）。企业成长在产业动态演进中的作用较为特殊。有学者认为，企业成长对于那些占有市场利基的小型企业的生存来说并不重要，因为它们无须快速成长以达到与在位企业相竞争的水平（Caves and Porter，1977）。也有学者认为，在给定企业当前规模条件下，企业的生存将会因为企业是选择成长还是选择衰退而产生极大差异（Agarwal，1997），在一定程度上可以认为企业成长在塑造企业生存状况方面起到重要作用（Cefis and Marsili，2005）。因此，企业成长与企业生存的关系还需进一步验证。

第二类是反映企业经营绩效状况的因素。这些因素在实证研究中通常使用企业财务指标计算获得，例如，企业的营业盈余率、价值增加值率、工资率、负债能力、劳动率和生产率等。这些指标的选取与资源基础观有很大的联系。按照这一观点，企业是具有异质性的，每一个企业都是独特的有形和无形资源的集合。企业能力的获得是其策略选择和资源投入的结果,这最终决定着企业经营绩效和生存状况(Esteve – Perez and Manez – Castillejo,2008)。

第三类涉及企业类型、所有权结构以及所处地理位置等因素。对于企业类型有些研究探讨了独创新企业与分支新企业生存的差异,并得出以母公司分支形式进入的企业生存状况更好。另外新企业还可按照是以单一产品还是多元产品进入来分类。通常来讲,多元化的新企业能有更好的生存表现。在企业所有权结构方面,外资企业相比本土企业面临更低的退出风险。而近期的研究更多地考察企业所处的地理位置对企业生存的影响。这是因为,多数政策都具有地域性质,如果地域因素被证实对企业生存会产生系统性的影响,那么可以精心地制定地区产业发展政策来推动有利于企业生存的地域特征要素发挥作用,以提高新企业的存活率。

## 二 影响企业生存的产业特征因素

决定企业生存状况的产业特征因素与进入障碍因素有着很大的重叠。在这些因素当中,首先,要关注的是反映产业规模经济程度的最小有效规模。研究通常得出企业进入具有较低最小有效规模的产业会获得更高的生存机会。这是因为,多数新企业都以次优规模进入,最小有效规模越小,新企业越容易达到具有竞争力的规模水平。但是,这种效应会在高技术产业中出现例外。其次,一些基本的产业特征如产业规模、产业成长、进入率和市场集中度等都会对进入企业的生存产生影响,并且这些因素的作用效果也会因为产业类型而发生变化。再次,也有部分研究将企业生存放到产业生命周期当中进行观察。通常研究都会得到企业在处于成长阶段的产业当中生存期望更高。但是,当产业步入成熟阶段,它们的退出风险也随着增高。最后,其他影响企业生存的因素还有产业资本强度、企业密度、需求波动等。

除上述决定企业生存的企业和产业特征因素之外,宏观经济波动同样影响企业生存,差别可能在于宏观经济因素对所有产业当中的企业会造成较为普遍的影响。研究发现,新企业的退出风险会随着失业率的增长而提高,就业率通常用作反映经济周期的指标(Audretsch and Mahmood,1995;Boeri and Bellmann,1995)。这也意味着新企业更可能在宏观经济下行时而遭受失败。

总之，企业生存作为产业动态的重要环节在过去的十几年里受到极大的关注，学者们选取来自不同国家的不同产业进行实证分析，从中也总结得到一些影响企业生存的典型因素。随着整个宏观经济环境的不断变化，以及新技术的推陈出新，对企业生存状况进行动态追踪一定会得到更丰富的研究结论，从而对产业动态有更深入的认识。

## 第三节 企业生存状态的测算及描述

本节以战略性新兴产业企业生存研究为例，分别就企业生存信息的采集与数据构建，企业生存状态的统计描述方法进行详细介绍。

### 一 企业生存信息的采集与数据构建

制造、航空航天及其他专用设备制造、合成材料制造等150个战略性新兴产业企业生存的研究数据样本来源于中国工业企业数据库，并确定事件观测期为1999—2009年。为了得到事件史分析所需的数据样本，首先要对中国工业企业数据库进行一系列的筛选和调整。

首先，从数据库中筛选出与战略性新兴产业相关的企业样本。依照《战略性新兴产业分类（2012）》（试行）对中国工业企业数据库当中的四位行业代码进行近似匹配，从中筛选出如生物生化制品相关行业。然后，以数据表中的"开工时间（年）"为筛选对象，选择筛选条件为开工时间在1990—2009年的企业。该步骤在工业企业数据库中1999—2009年的数据表中重复进行。接下来，按照《战略性新兴产业分类（2012）》（试行）中所列出的各行业"产品名称"对中国工业企业数据库中的"主要产品1"进行对比筛选，最终确定出中国工业企业数据库中与战略性产业相关的企业样本。这些样本企业中的绝大多数都是中小企业。

其次，事件史分析数据结构构建。事件史数据至少包括两方面的信息：一是观测个体在研究过程中开始的时间；二是需要提供事件发生的信息。为了达到这两点要求，本书设定发生"事件"为样本企业在观察期内退出战略性新兴产业,并定义"企业生存时间"为某一企业从进入战略性新兴产业到退出该产业所经历的时间。在这期间没有间隔并认为退出的企业不会再在观测期内进入该产业,即假定没有重复事件发生。企业生存时间以年数为单位进行计量。同时,本书限定企业生存的研究观测期为1999—2009年。在这一观测期间内有的企业删失,还有的企业发生事件,即退出了该产业。

最后,删失数据的处理及发生"退出"事件的确定。本书研究存在两种删失情况:一是在2009年观测期结束时,还有观测个体未发生事件;二是在观测期间,观测个体丢失。而确定观测个体是否发生退出事件是本书研究的关键。对此,我们对初步确定出来的进入观测期的企业进行了逐个跟踪研究。如果在观测期内中国工业企业数据库对某个企业有连续的记录,则认为在这期间该企业未发生事件,则将状态变量赋值为"0",记录下生存时间;如果在观测期内企业仅在中国工业企业数据库当中连续地出现了若干年,则认为企业出现了删失情况。对于这些企业,我们按照企业在数据库当中登记的工商登记注册号和归属地等信息在"全国信用信息公示系统"中进行企业注册信息查询。如果显示企业"已注销",则认为企业退出该产业,并将状态变量赋值为"1",记录下企业退出的时间点及生存时间;如果查询显示企业仍"开业",则确定该企业是从数据库中丢失,将企业状态变量赋值为"0",记录下企业删失的时间点及生存时间。但是,并不是所有的企业都能查找到企业注册信息,为此本书只能通过互联网对各个企业的公开信息进行搜索,如果企业仍发布招聘信息或企业网站仍正常运行,则认为该企业还在经营,从而认为企业是从数据库记录中删失。对于那些无法查证生存状态信息的企业进行删除。经过对各个企业生存状况信息的跟踪收集,本书最终获得4780家企业样本。

表6-1　　　　　　　　各年份企业进入退出状况

| | 1990—1998年 | 1999年 | 2000年 | 2001年 | 2002年 | 2003年 | 2004年 | 2005年 | 2006年 | 2007年 | 2008年 | 2009年 | 合计 |
|---|---|---|---|---|---|---|---|---|---|---|---|---|---|
| 新进入企业数 | 1412 | 240 | 213 | 322 | 207 | 262 | 555 | 320 | 304 | 427 | 491 | 27 | 4780 |
| 退出企业数 | 1001 | 87 | 41 | 84 | 32 | 21 | 83 | 44 | 31 | 9 | 0 | 0 | 1433 |

## 二 企业生存状态的统计描述方法

事件史分析中通常使用生存函数（生存率）或危险函数（危险率）来描述观测个体生存时间的分布特征（陈勇兵、李燕、周世民，2012）。而生命表方法、乘积限（Kaplan – Meier，KM）估计法等生存函数、危险函数的非参数估计方法不需要依赖任何假设，特别适合探索性分析。本书构建了战略性新兴产业企业退出的生存函数，估计企业生存持续时间的分布特征。令 $T$ 表示观测企业在战略性新兴产业当中的生存时间，取值为 $t = 1, 2, 3, \cdots, 10, 11$；$\delta$ 表示 0，1 随机变量，如果企业在观测期内发生了事件，则 $\delta = 1$；如果在研究观测期结束，生存时间是删失的，则 $\delta = 0$。相应的生存函数表示企业 $i$ 在战略性新兴产业当中生存持续时间超过 $t$ 年的概率，即：

$$S_i(t) = \Pr(T \geq t) = P \tag{6-1}$$

按照 KM 估计方法，构建初始区间，区间的起始时间为 $\gamma_0 = 0$，将本书的 11 个时间点从小到大排列：

$$\gamma_1 < \gamma_2 < \cdots < \gamma_{11}$$

令 $G_l$ 表示在时间 $\gamma_l$ 发生事件的观测对象数量，$l = 1, 2, \cdots, 11$；$Q_l$ 表示在区间 $[\gamma_{l-1}, \gamma_l]$ 结束的删失观测对象数目；$N_l$ 表示在时间 $\gamma_l$ 风险集中观测对象的数目。由 KM 估计法给出的生存函数的非参数估计表示为：

$$\hat{S}(t) = \prod_{l:\gamma_l < t} \left(1 - \frac{G_l}{N_l}\right) \tag{6-2}$$

基于 KM 估计方法，本书使用软件 Stata 12.0 对战略性新兴产业当中企业的生存函数做了总体估计和分研发行为变量的分层估计。

企业总体生存函数的 KM 估计结果如表 6-2 所示。按照成立年份企业群体被划分为成立时间在 1999 年之前的企业和成立时间在 1999 年之后的企业两个大组。成立时间在 1999 年之前的总共有 1406 家企业进入观测。在 11 年的观测期间内，企业总体生存率随时间而下降。经过前 3 期，企业的生存率下降到 48.52%，说明大约有一半的企业退出了战略性新兴产业。到第 7 期，企业群体的生存率又进一步下降到 25.47%，仅有约 1/4 的企业还能维持生存。随后几期的企业生存率保持平稳,基本维持在20%左右。总体来看,成立时间较早的战略性新兴产业的企业生存率,在观测期内下降得还是比较迅速的,从观测期初的76.03%下降到观测期末的21.73%。但是,生存率整体变动呈现出前半期加速下降,后半期减速趋稳的特征。在观测期内成立的企业共有3374家,企业整体生存率高于早期成立的企业。在成立一年后就退出的企业仅为13家,随后退出企业数量呈现出先递增后递减的变动特点。经过4期的观测,企业生存率仍为79.08%,到了第8期也仅下降了10个百分点,随后生存率稳定在64.1%。由此可见,在观测期内成立的企业生存率虽然在下降,但是,下降的速度和幅度都较小,整体表现出较好的生存状况。两组企业群体对比来看,早期企业群体的生存率低于后期企业群体是必然的,新成立的企业快速补充和替代不能跟随产业发展步伐的落后企业是战略性新兴产业早期发展的阶段性特征。

表6-2　　　　　　　　观测企业生存函数 KM 估计

| 时间 | 起始企业总数 | 退出企业数 | 净删失企业数 | 生存函数 | 标准差 | 95%的置信区间 ||
|---|---|---|---|---|---|---|---|
| 成立时间在1999年之前的企业 ||||||||
| 1 | 1406 | 337 | 54 | 0.7603 | 0.0114 | 0.7371 | 0.7818 |
| 2 | 1015 | 256 | 43 | 0.5685 | 0.0134 | 0.5418 | 0.5944 |
| 3 | 716 | 105 | 16 | 0.4852 | 0.0137 | 0.4581 | 0.5117 |
| 4 | 595 | 109 | 26 | 0.3963 | 0.0136 | 0.3696 | 0.4228 |
| 5 | 460 | 116 | 32 | 0.2964 | 0.0129 | 0.2712 | 0.3219 |
| 6 | 312 | 27 | 15 | 0.2707 | 0.0127 | 0.2461 | 0.2959 |
| 7 | 270 | 16 | 17 | 0.2547 | 0.0126 | 0.2303 | 0.2796 |
| 8 | 237 | 6 | 16 | 0.2482 | 0.0125 | 0.224 | 0.2731 |
| 9 | 215 | 23 | 38 | 0.2217 | 0.0124 | 0.1979 | 0.2463 |
| 10 | 154 | 3 | 42 | 0.2173 | 0.0124 | 0.1936 | 0.242 |
| 11 | 109 | 0 | 109 | 0.2173 | 0.0124 | 0.1936 | 0.242 |

续表

| 时间 | 起始企业总数 | 退出企业数 | 净删失企业数 | 生存函数 | 标准差 | 95%的置信区间 | |
|---|---|---|---|---|---|---|---|
| 成立时间在1999年之后的企业 ||||||||
| 1 | 3374 | 13 | 915 | 0.9961 | 0.0011 | 0.9934 | 0.9978 |
| 2 | 2446 | 151 | 738 | 0.9347 | 0.0049 | 0.9242 | 0.9437 |
| 3 | 1557 | 129 | 434 | 0.8572 | 0.008 | 0.8408 | 0.872 |
| 4 | 994 | 77 | 261 | 0.7908 | 0.0103 | 0.7697 | 0.8102 |
| 5 | 656 | 36 | 219 | 0.7474 | 0.012 | 0.7229 | 0.7701 |
| 6 | 401 | 13 | 176 | 0.7232 | 0.0134 | 0.6959 | 0.7484 |
| 7 | 212 | 9 | 76 | 0.6925 | 0.0163 | 0.6593 | 0.7231 |
| 8 | 127 | 2 | 41 | 0.6816 | 0.0177 | 0.6454 | 0.7149 |
| 9 | 84 | 5 | 52 | 0.6410 | 0.0242 | 0.5913 | 0.6863 |
| 10 | 27 | 0 | 15 | 0.6410 | 0.0242 | 0.5913 | 0.6863 |
| 11 | 12 | 0 | 12 | 0.6410 | 0.0242 | 0.5913 | 0.6863 |

从总体企业生存 KM 估计图来看（见图 6-1），早期企业生存率随观测时间递减的趋势比后期企业更为明显。在早期企业的 KM 生存曲线图中，在第 5 期之前企业生存率下降得较快，第 5 期之后的图像较为平缓，企业生存率下降速度略微降低。而后期企业的 KM 生存曲线图整体呈现出平稳下降的趋势。总体而言，两条 KM 生存曲线图形态一致，它们之间的差距是企业年龄。

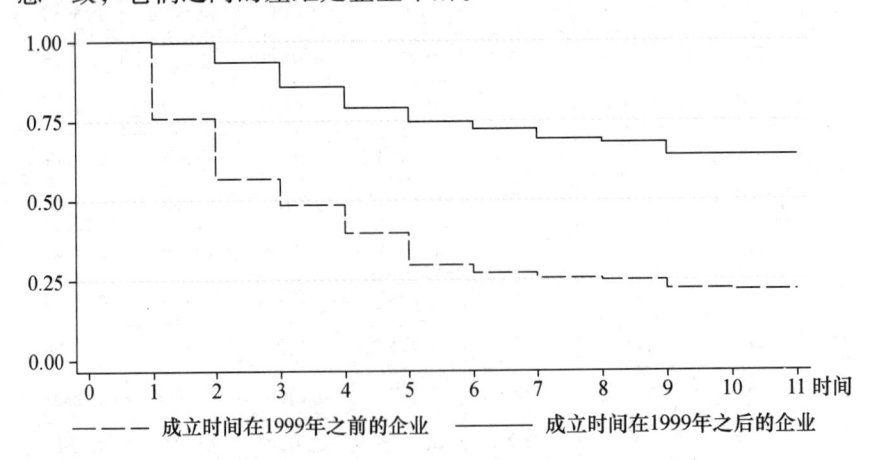

图 6-1 总体 KM 估计

## 第四节 实证专题：基于事件史分析的新兴产业企业生存研究

通过对战略性新兴产业企业生存持续时间的分布和生存函数的KM估计，可以对企业的生存状况有一个初步的、探索性的认识和了解。然而，本书更关注于"退出"事件的发生会受到什么样的企业内外部因素影响。为此，基于对企业生存研究的总结，本节确定出影响企业生存的关键内外部因素，并运用事件史分析方法构建对企业生存进行动态追踪的纵贯数据，定量分析战略性新兴产业企业生存状况。

### 一 企业生存影响因素的确定

企业生存受到一系列因素的影响。根据之前所做的理论回顾和实证研究总结，这些因素大体上可划分为与企业特征相关的内部因素和与企业经营环境相关的外部因素。内部因素又可以进一步分为企业自身性质因素和代表企业经营绩效的因素。

与企业自身性质相关的因素主要是指企业规模、企业成长和企业年龄，这三个变量通常也作为控制变量出现。本书选择企业进入后的规模而非企业初始规模，这是因为，有研究（Mata, Portugal and Guimaraes, 1995）指出，比起进入时期的初始规模，企业进入后的规模是一个更好的企业失败预测变量。企业规模用企业在各年员工数的对数来衡量，可以预计企业规模与持续生存之间存在着正相关关系。企业成长不但与企业生存一样能够反映企业进入后的表现，而且企业成长也关系到企业生存的可能性。按照之前的研究（Mata, Portugal et al., 1995），在给定企业当前规模的条件下，以小规模进入的企业为了获得更好的生存机会可能选择快速成长。因此，预计企业成长会提高企业生存可能性。在本书中，企业成长是由企业员工数对数差计算得到。而对"进入缺陷"假设进行实证检验的研究发现企业退出风险随着企业年龄增长而单调下降（Freeman, Carroll et al., 1983; Brüderl, Preisendörfer et al., 1992），但是，也有研究发现，企业退出风险与年龄之间存在着倒"U"形关系,并证明了"进入缺陷"假设是成立的(Brüderl and Preisendörfer,1990;Bayus and Agarwal,2007)。为了检验在战略性新兴产业当中,企业年龄与企业生存之间的关系,本书也设定企业年龄变量和企业年龄的平方变量。企业年龄以年数为单位,从企业成立年份开始计算直至相应的各观测期。此外,企业规模、成长和年龄三个变量之间具有密切联系,并且企业规模—年龄、规模—成长、成长—年龄对不同产业、不同企业的影响具有差异(Hannan et al.,1988;Disney et al.,2003;López – García and Puente,2006),因此本书也引入这三个变量之间的交互项来分析它们对企业生存的作用。

与企业经营绩效相关的因素包括资本—劳动率、营业盈余率、价值增加值率、工资率以及反映偿债能力的指标等。资本—劳动率代表了生产效率,提高生产效率会给企业带来更高的生存期望。该指标由固定资产除以企业员工数计算得到。营业盈余率反映企业经营绩效水平,该指标由营业盈余除以总资产获得,其中营业盈余等于营业利润加生产补贴再减去支付的工资和福利计算而来。可以预计企业营业盈余率的提高会给企业带来更好的生存期望。价值增加值率用销售总额减去采购成本再除以销售总额计算得到。在控制了企业营业盈余率的情况下,该指标对企业生存的影响不确定,需要进行验证。而由总工资除以运营成本计算得到的工资率预计会提高企业退出风险,这是因为,较高的工资成本是企业生存的一个负担。除企业经营绩效水平和运营成本高低对企业生存具有影响外,在企业生存的早期阶段,其财务结构也决定着企业生存期望(López – García and Puente,2006)。根据指标数据的可获得性,本书设定长期负债与总负债之比和实收资本对数两个指标来反映企业的财务结构和偿债能力。除此之外,在企业生存的 KM 估计中,已经指出企业所有权性质和企业规模的差异会造成企业群体间生存率的不同,对此在企业生存风险的因素分析当中也引入相应的企业所有权性质虚拟变量和企业规模虚拟变量。变量分类标准与 KM 估计中的相同,差别在于企业所有权性质中以其他类型企业作为参照组,而在企业规模中以大型企业作为参照组。还有研究

(Lewis and Richardson，2001）指出，企业的全球化是提高效率的重要途径。一系列的全球化进程，例如出口活动、外商直接投资和外包等会加速企业结构和企业间相互关系的有效重组，从而提高企业绩效（Kimura and Fujii，2003）。因此，本书也引入企业出口活动虚拟变量。只要在观测期内报告"出口交货值"的企业，本书认为，该企业具有出口活动，设为1，其他设为0。

与产业性质相关的企业生存影响因素包括反映产业规模经济程度的最小有效规模和资本强度，表示产业发展前景的产业成长和产业规模以及体现产业市场结构的市场集中度。其中，最小有效规模应当对企业退出风险产生正向影响，因为很少有企业以少于最小有效规模水平的产量进行生产经营（Audretsch，1991）。在本书中，最小有效规模是各个产业员工数均值。资本强度展现了产业的规模经济程度（Acs and Audretsch，1990；Evans and Siegfried，1992）。无论企业选择任何大小的初始规模，产业资本强度的提高也将增大企业的相对成本劣势，从而使新进入企业面临更高的退出风险（Audretsch and Mahmood，1995）。因此，可以预计产业资本强度与企业退出风险呈正相关关系。然而，也有研究（Agarwal and Gort，2002）发现，产业的资本强度也代表了退出障碍，并与企业退出风险呈负相关关系。由此可见，各个研究得出的资本强度对企业生存的影响结论并不一致，需要进一步验证。因此，本书仍延续之前的研究使用各产业总资本除以员工总数来计算产业资本强度。产业成长由各产业员工总数自然对数差计算而来。可以预测，如果产业成长，那么企业的潜在成长空间也提高，这可能会降低企业退出风险。产业规模是各产业销售额总和，预计对企业生存产生与产业成长相似的作用。最后，市场集中度反映了产业的竞争程度。较高的市场集中度既为企业提供了以次级规模进入并在利基市场当中生存的机会，也提高了在位企业对新进入企业进行并购的可能性（López – García and Puente，2006）。在本书中，市场集中度是由各产业当中销售额排名前十的企业销售额总和除以产业总销售额计算得到的。

总之，本书对于企业生存影响因素的选择是基于之前相关的实证分析，而非来自周密的理论模型推导。由于企业微观行为的复杂性，当前研究并不能清晰表达变量间的因果关系，例如，尽管难以构建一个联立方程，或在微观数据集中寻找到合适的工具变量，但是一些解释变量确实与其他变量之间存在因果关系（Kimura and Fujii, 2003）。从这一方面来看，本书与多数企业生存研究一样，是探索性的初步估计，试图通过多种模型形式的构建、对关键变量的控制来寻找到企业内外因素与企业生存之间的统计联系。

## 二　企业生存研究的考克斯风险模型方法

尽管生存分析起源于医学研究领域，但是这一分析方法在经济学、工程学和社会学当中得到越来越多的运用（Hosmer and Lemeshow, 2011）。生存分析方法既能够控制观测事件的发生，也能控制事件发生的时机。因此，这一方法可以同时考虑企业退出风险随时间的演化及其决定因素（Esteve et al., 2004）。相比传统的横截面分析方法如 Logit 模型和 Probit 模型仅能检验在观测期内事件发生的无条件平均可能性。生存分析方法更适用于解决具有右删失问题的数据，并能更为容易地处理时变变量。这些优势决定了该方法在企业生存研究中的广泛应用，特别是考克斯（Cox）风险模型成为构建企业生存计量模型的基础。

在考克斯风险模型中，风险函数 $h(t)$ 给出的是观测个体已生存时间 $t$ 后，单位时间发生事件的瞬时可能性。在本书的研究过程中，风险函数是在某一年企业退出的可能性。风险函数的基本形式如下：

$$h(t) = \lim_{\Delta t \to 0} \frac{P(t \leq T \leq t + \Delta t \mid T \geq t)}{\Delta t} = \lim_{\Delta t \to 0} \frac{1}{\Delta t} P \quad (6-3)$$

如果以 $H(t)$ 表示累积风险函数，那么风险函数与生存函数 $S(t)$ 存在着 $1 - H(t) = S(t)$ 的关系。在本书研究中我们使用考克斯风险模型，这是因为考克斯风险模型是最为简单和稳健的回归模型，它不需要对事件发生分布的性质和形状做任何假设。如果 $h_0(t)$ 表示基准风险函数，则模型基本形式为：

$$h(t, X) = h_0(t) e^{[\beta_1 X_1 + \beta_2 X_2 + \cdots + \beta_p X_p]} = h_0(t) e^{\sum_{i=1}^{P} \beta_i X_i} \quad (6-4)$$

将式(6-4)两边取对数，可得如下表达式：

$$\log h(t, X) = \log h_0(t) + [\beta_1 X_1 + \beta_2 X_2 + \cdots + \beta_p X_p] \quad (6-5)$$

其中，$X = (X_1, X_2, \cdots, X_p)$ 是协变量的集合，并通过考克斯风险模型的偏最大似然估计来得到系数 $\beta_1$、$\beta_2$、$\cdots$、$\beta_p$ 的具体取值，从而确定这些协变量对企业退出风险的影响。

（一）模型设定及比例风险假设检验

对战略性新兴产业企业生存进行研究，本书设定如下几个主要的考克斯风险模型：

第一，企业自身性质因素对企业风险影响的考克斯模型：

$$\log h(t_{ij}) = \log h_0(t_j) + \beta_1 FS_{ij} + \beta_2 FG_{ij} + \beta_3 FA_{ij} \quad (6-6)$$

第二，包括企业自身性质及其交互项与企业决定因素的企业生存风险考克斯模型：

$$\begin{aligned}\log h(t_{ij}) = & \log h_0(t_j) + \alpha_1 FS_{ij} + \alpha_2 FG_{ij} + \alpha_3 FA_{ij} + \alpha_4 FA_{ij}^2 + \alpha_5 FS_{ij} \times \\ & FG_{ij} + \alpha_6 FG_{ij} \times FA_{ij} + \alpha_7 FS_{ij} \times FA_{ij} + \alpha_8 CLR_{ij} + \alpha_9 OSR_{ij} + \\ & \alpha_{10} VAR_{ij} + \alpha_{11} WAR_{ij} + \alpha_{12} DEL_{ij} + \alpha_{13} PAC_{ij} + \alpha_{14} STA_{ij} + \\ & \alpha_{15} PRI_{ij} + \alpha_{16} FOR_{ij} + \alpha_{17} SMS_{ij} + \alpha_{18} MID_{ij} + \alpha_{19} EXP_{ij}\end{aligned}$$

$$(6-7)$$

第三，包括企业自身性质与产业决定因素的企业生存风险考克斯模型：

$$\begin{aligned}\log h(t_{ij}) = & \log h_0(t_j) + \gamma_1 FS_{ij} + \gamma_2 FG_{ij} + \gamma_3 FA_{ij} + \gamma_4 MES_{ij} + \gamma_5 CAI_{ij} + \\ & \gamma_6 ING_{ij} + \gamma_7 INS_{ij} + \gamma_8 CON_{ij}\end{aligned} \quad (6-8)$$

第四，包括企业自身性质变量、企业决定因素和产业决定因素的企业生存风险考克斯模型：

$$\begin{aligned}\log h(t_{ij}) = & \log h_0(t_j) + \delta_1 FS_{ij} + \delta_2 FG_{ij} + \delta_3 FA_{ij} + \delta_4 CLR_{ij} + \delta_5 OSR_{ij} + \\ & \delta_6 VAR_{ij} + \delta_7 WAR_{ij} + \delta_8 DEL_{ij} + \delta_9 PAC_{ij} + \delta_{10} MES_{ij} + \delta_{11} CAI_{ij} + \\ & \delta_{12} ING_{ij} + \delta_{13} INS_{ij} + \delta_{14} CON_{ij}\end{aligned}$$

$$(6-9)$$

在对考克斯风险模型进行偏最大似然估计时，有两点需要注意：一是对打结事件的处理；二是要满足比例风险假设。考克斯风险模型的估计与精确的事件时间无关，仅与事件发生的次序有关。因此如果在同一时间，有两个或多个观测个体发生事件，即出现"打结"，我们不能断定哪个观测个体首先发生事件，其结果是不可能精确地辨别发生事件时刻的风险集构成。而如果比例风险假设不能得到满足，则应用考克斯比例风险模型是不恰当的。本书研究过程中，我们使用精确离散法来处理打结事件。该方法基于时间 $t_i$ 风险集的构成近似地估计在该时间事件发生的概率，而不考虑同时发生事件的可能顺序。多数研究认为精确离散法是处理打结事件最优的方法之一。而为了验证考克斯比例风险模型的适用条件，本书首先对变量进行比例风险检验。检验结果表明一半以上的变量不符合比例风险假设，特别是产业特征变量，对此需要使用扩展的考克斯模型。又因为这些协变量中有多数随着产业或时间变化而变化，因此需要建立具有时变变量的考克斯风险模型。而对该模型构建和处理的关键在于使用计数过程方法建立人年数据集。这样每个观测对象都包含三条信息：一是观测对象进入风险期的时间；二是时变变量的值发生变化的时间；三是观测事件发生的时间。利用这些信息记录构建人年数据集，就可以使用软件对其进行处理。本书在数据整理中就采用了人年数据结构，并使用软件 Stata 12.0 来对各个模型进行估计。

（二）实证分析结果

表 6-3 呈现了对战略性新兴产业总体，企业生存影响因素的考克斯风险模型估计结果。以计量模型（6-6）到模型（6-9）为基础，本书报告了 10 种模型形式的估计结果，并且这些估计结果均是变量估计系数值，描述的是预测变量变化一个单位对 Log 风险的影响。而每个系数的反对数值，即 $e^{(\text{coefficient})}$ 是风险比率，描述的是预测变量变化一个单位对风险的影响。

表 6-3 企业自身因素对生存影响的回归结果

| | 变量 | 模型一 | 模型二 | 模型三 | 模型四 | 模型五 |
|---|---|---|---|---|---|---|
| 企业自身性质变量 | 企业规模 | -0.2542*** (0.0236) | -0.2664*** (0.0237) | -0.2583*** (0.0238) | -0.2551*** (0.0237) | -0.1720*** (0.0422) |
| | 企业成长 | -0.0256 (0.0477) | 0.0037 (0.0486) | 0.2417* (0.1373) | -0.1304 (0.0919) | -0.0136 (0.0479) |
| | 企业年龄 | -0.0446*** (0.0077) | 0.3399*** (0.0318) | -0.0438*** (0.0077) | -0.0442*** (0.0077) | 0.0124 (0.0254) |

续表

| | 变量 | 模型一 | 模型二 | 模型三 | 模型四 | 模型五 |
|---|---|---|---|---|---|---|
| 企业自身性质变量 | 企业年龄的平方 | | -0.0257***<br>(0.0021) | | | |
| | 企业规模×企业成长 | | | -0.0693**<br>(0.0326) | | |
| | 企业成长×企业年龄 | | | | 0.0142<br>(0.0108) | |
| | 企业规模×企业年龄 | | | | | -0.0126**<br>(0.0054) |
| 观测值 | | 15410 | 15410 | 15410 | 15410 | 15410 |
| loglikelihood | | -12738.8 | -12648.5 | -12736.3 | -12738 | -12736.1 |
| 卡方值 | | 176.9 | 357.5 | 182 | 178.6 | 182.4 |

模型一到模型五主要探讨企业自身性质变量对企业生存风险的影响。首先，在模型一当中仅包括企业规模、企业成长和企业年龄三个变量。从估计结果来看，虽然企业成长变量的回归结果不显著，但是，这三个变量的回归系数均为负数。这一结果与产业动态学习模型（Jovanovic，1982；Ericson and Pakes，1995）所做的预测相一致，那些规模更大的、年龄更高的企业有较低的风险率。造成该结果的一个可能原因是组织生态学所提出的"小企业缺陷"，这与上文提到的"进入缺陷"相类似①，是指年轻小型企业面临更高的退出风险。本书的研究结果表明，这种效应在战略性新兴产业当中同样存在。在该产业中，虽然小企业可能拥有新技术，但是相比大型企业，它们面临着更大的融资困难，并且在培训员工、理顺组织角色、适应新环境等方面也投入巨大。在模型二中添加了企业年龄的平方项，估计得出企业年龄的系数显著为正，而企业年龄平方的系数显著为负。之前很多

---

① 与"进入缺陷"、"小企业缺陷"相关的研究还有 Brüderl 和 Schussler（1990）以及列文索尔和菲希曼（Levinthal and Fichman，1991）提出的"青春期缺陷"，以及巴伦等（Barron et al.，1994）研究中的"衰老缺陷"。

研究表明企业年龄对退出有负向的影响。一个企业在市场当中的时间越长，其所积累的经验也越多。而本书得出的结论却表明在特定时期随着企业年龄的增长增加了企业退出风险，但是度过这一时期，企业的退出风险转而不随年龄增大。在模型三、模型四和模型五当中分别引入了企业规模、企业成长和企业年龄的交互项。经分析，企业规模和企业成长以及企业规模和企业年龄的交互作用能显著降低企业退出风险，而企业成长和企业年龄的交互作用并不显著。细分来看，企业成长变量及其与年龄的交互项对企业退出风险的作用都不显著，而企业规模、企业年龄两个变量无论是以独立形式还是交互形式都显著作用于企业退出风险。这一方面说明企业成长在产业动态演进中作用表现得较为特殊，需要进一步深入分析；另一方面也表明在战略性新兴产业中随着企业规模和年龄增长，企业退出风险下降的总体趋势不变。

表6-4　战略性新兴产业总体企业生存的考克斯风险模型回归结果

| | 变量 | 模型六 | 模型七 | 模型八 | 模型九 | 模型十 |
|---|---|---|---|---|---|---|
| 企业自身性质变量 | 企业规模 | -0.1870***<br>(0.0380) | -0.2227***<br>(0.0610) | -0.2324***<br>(0.0242) | -0.1608**<br>(0.0530) | -0.1337***<br>(0.0295) |
| | 企业成长 | -0.1379**<br>(0.0572) | 0.2631<br>(0.2179) | 0.0043<br>(0.0489) | 0.0607<br>(0.1776) | -0.1764**<br>(0.0573) |
| | 企业年龄 | -0.0429***<br>(0.0086) | 0.3161***<br>(0.0453) | -0.0553***<br>(0.0079) | 0.3685***<br>(0.0450) | -0.0272***<br>(0.0081) |
| | 企业年龄的平方 | | -0.0242***<br>(0.0022) | | -0.0243***<br>(0.0022) | |
| | 企业规模×企业成长 | | -0.0704*<br>(0.0439) | | -0.0539<br>(0.0335) | |
| | 企业成长×企业年龄 | | -0.0117<br>(0.0181) | | 0.0252*<br>(0.0145) | |
| | 企业规模×企业年龄 | | 0.0009<br>(0.0076) | | -0.0139*<br>(0.0075) | |

续表

|  | 变量 | 模型六 | 模型七 | 模型八 | 模型九 | 模型十 |
|---|---|---|---|---|---|---|
| 企业层面决定因素 | 资本—劳动率 | -0.0026**<br>(0.0009) | -0.0024**<br>(0.0008) |  |  | -0.0023**<br>(0.0009) |
|  | 营业盈余率 | -0.0428<br>(0.0355) | -0.0508<br>(0.0373) |  |  | -0.1188***<br>(0.0337) |
|  | 价值增加值率 | -0.0001<br>(0.0059) | -0.0004<br>(0.0057) |  |  | -0.0009<br>(0.0047) |
|  | 工资率 | 0.0272<br>(0.0230) | 0.0335<br>(0.0235) |  |  | 0.0326*<br>(0.0195) |
|  | 负债能力 | 0.5022***<br>(0.1384) | 0.4806***<br>(0.1401) |  |  | 0.3296**<br>(0.1393) |
|  | 实收资本 | -0.1964***<br>(0.0198) | -0.1913***<br>(0.0198) |  |  | -0.1525***<br>(0.0192) |
|  | 出口（参照组：无出口企业） | -0.0110<br>(0.0704) | -0.0147<br>(0.0705) |  |  |  |
|  | 国有企业（参照组：其他类型） | 0.4535***<br>(0.1008) | 0.4023***<br>(0.1013) |  |  |  |
|  | 私营企业（参照组：其他类型） | -0.6661***<br>(0.0762) | -0.6236***<br>(0.0764) |  |  |  |
|  | 外资企业（参照组：其他类型） | 0.0393<br>(0.0728) | 0.0797<br>(0.0723) |  |  |  |
|  | 小型企业（参照组：大型企业） | -0.1713<br>(0.2078) | -0.2787<br>(0.2116) |  |  |  |
|  | 中型企业（参照组：大型企业） | 0.0321<br>(0.1889) | -0.0049<br>(0.1905) |  |  |  |
| 产业层面决定因素 | 最小有效规模 |  |  | -0.0004<br>(0.0005) | -0.0010**<br>(0.0005) | -0.0012**<br>(0.0005) |
|  | 资本强度 |  |  | -0.0004**<br>(0.0002) | -0.0005**<br>(0.0002) | -0.0003<br>(0.0002) |
|  | 产业成长 |  |  | -0.6395***<br>(0.0974) | -0.5409***<br>(0.1000) | -0.8057***<br>(0.1000) |

续表

| 变量 | | 模型六 | 模型七 | 模型八 | 模型九 | 模型十 |
|---|---|---|---|---|---|---|
| 产业层面决定因素 | 产业规模 | | | -0.1572*** | -0.1083** | -0.1286** |
| | | | | (0.0462) | (0.0460) | (0.0477) |
| | 市场集中度 | | | 0.3160 | 0.6214** | 1.1086** |
| | | | | (0.3315) | (0.3335) | (0.3502) |
| 观测值 | | 14489 | 14489 | 15410 | 15410 | 14489 |
| loglikelihood | | -11611.7 | -11532.8 | -12652.3 | -12566.9 | -11586.1 |
| 卡方值 | | 452.2 | 610.0 | 350.0 | 520.8 | 503.4 |

注：括号当中的是标准误；*** 表示 $p<0.001$，** 表示 $p<0.01$，* 表示 $p<0.05$。

表 6-4 中，模型六在控制了企业规模、企业成长和企业年龄的条件下，加入了反映企业经营绩效、出口活动、企业产权性质和规模分组的企业特征变量。模型七在模型六的基础上又引入了企业规模、企业成长和企业年龄的交互项。回归结果表明，从企业自身性质变量来看，企业规模和企业年龄对企业风险的作用没有发生改变。在模型六中企业成长的系数显著为负，而在模型七中该系数是正向不显著的。在交互项中，除了企业规模和企业成长的交互作用显著为负，其余的也不显著。

从企业经营状况的变量来看，除营业盈余率、价值增加值率和工资率不显著外，资本—劳动率、负债能力和实收资本三个变量的系数显著。在这些变量对企业退出风险的影响方面，资本—劳动率的提高所代表的效率提高能够显著降低企业风险。企业营业盈余率和价值增加值率两个变量的系数尽管不显著，但是，它们对企业生存的作用方向符合预期，也能够降低企业退出风险。企业工资率的回归结果表明工资率的提高增加了企业经营成本，从而加大了企业退出风险，虽然这一结果也不显著。

在企业的财务结构特征中，实证结果表明企业长期负债占总负债中的比例越高，企业退出的风险显著增大。相比其他研究（López-García and Puente，2007）也得出企业负债状况与生存之间存在非线性的关系。如果企业负债低，那么提高负债会降低企业退出风险。但是超过特定点时，企业负债对生存的影响将会反转。而本书的研究结论只表明负债与生存之间具有显著的单调正向关系。此外，反映企业资金实力的实收资本变量能显著降低企业退出风险，这说明充足的资金是企业获得持续生存的重要保障。同时相比总资本，用实收资本来作为反映企业财务状况的指标具有显著优势。这源于实收资本当中不包括负债和净利润，从而降低了这些因素对企业风险估计产生的影响（Honjo，2000）。

相比国内市场，在国际市场上的竞争更为残酷。因此，有出口活动的企业相比不出口的企业有更高的效率和生存可能性（Bernard et al.，2000；Melitz，2003；Esteve et al.，2004）。本书设定出口活动虚拟变量，在模型六和模型七中分析得出相比没有出口活动的企业，进行出口的企业降低了退出风险，但是这一结果不显著。

从企业产权性质来看，相比其他类型的企业，国有企业的退出风险显著提高，私营企业的退出风险显著降低，而外资企业的风险提高不显著。这与多数研究所得到的结论不同。一般认为国有企业在投融资、税费、技术支持等方面比私营企业享有优势。然而，本书得出在战略性新兴产业当中国有企业相比其他类型企业反而有更高的退出风险，私营企业相比其他类型企业却具有更低的退出风险。此外，对外资企业的估计结果不显著，这意味着普遍认为的外资企业行为受到的约束少的观点在统计上不支持。这一结论与 Kimura 和 Fujii（2003）对日本企业所做研究得出的结果相一致。

从企业规模分组上看，相较 KM 分析结果得出三种类型的企业生存率存在着显著差异，而在风险率的估计中相比大型企业，小型企业风险低，中型企业不确定，并且这些结果在模型六和模型七当中都不显著。

模型八和模型九当中，在控制企业规模、成长和年龄及其交互项的条件下，分析了产业特征因素对企业生存的影响。研究结果表明，产业最小有效规模的提高能降低企业退出风险，但是，该估计系数极小，说明这一效应对企业风险的影响很微弱，几乎可以忽略。多数研究表明，企业进入具有更低最小有效规模的产业中可获得更大的生存机会。然而，本书研究得出最小有效规模和企业生存之间是微弱的相反关系，这反映出在战略性新兴产业中规模经济效应并没有阻碍企业进入，并且企业生存状况受到该效应的影响也较小。出现该结果可能是因为在战略性新兴产业发展早期存在着多条技术路线，有不同的利基市场。这些利基市场成为企业生存的"庇护所"，提高企业生存可能性。此外，通常认为，产业资本强度越高，企业的成本劣势相对越大，生存可能性越低。但是对于资本强度对企业生存的实证分析并没有得到一致的研究结论。本书研究得出产业资本强度对企业生存的影响与最小有效规模相类似，呈相反关系但很微弱。总之，从这两个变量中所得的结果验证了 Audretsch 和 Mahmood（1991，1994）所指出的规模效应在高技术产业不明显的结论。

一般来说，在处于成长阶段的产业当中，企业持续生存可能性更高。本书对产业成长与企业生存的关系分析证实了这一点。但是，也有研究指出，在产业成长阶段进入的企业，随着产业步入成熟阶段，企业退出风险增大，并且在产业成长阶段后期进入的企业生存机会更小（Disney et al., 2003; Cefis and Marsili, 2005; Agarwal et al., 2002）。战略性新兴产业处于快速成长阶段，企业生存状况随产业动态演进特点还未充分显现，因此需要对产业发展和企业生存进行持续跟踪观测，以收集更多的实证证据。产业规模对企业生存的影响也同样符合预期，产业规模的增大提高了企业生存空间，带来更低的退出风险。在市场结构方面，尽管市场集中度对企业生存的影响并未得到一致的研究结论（Mata and Portugal, 1994, 2002; López and Puente, 2007; Strotmann, 2006），但是，本书的实证结果表明，在战略性新兴产业当中，随着市场集中度的提高增加了企业间市场势力的差距，"强者更强，弱者更弱"从而加大了企业退出风险。

模型十相较于模型八和模型九，加入了企业特征影响因素，研究结果并没有发生很大变化。通过模型间的横向比较可以看出，企业规模和企业年龄会显著降低企业退出风险。企业成长在呈现显著的模型中会降低企业退出风险，但整体显著性不高。从这三个变量之间的交互项来看,变量间的交互作用对企业生存影响不是很显著,仅在极个别的模型中企业规模与企业年龄,企业规模与企业成长相互作用降低企业退出风险。但总的来说,企业规模、成长和年龄之间存在着密切关联。在企业特征因素中,反映企业经营状况的资本—劳动率、营业盈余率的提高会显著降低退出风险,工资率的提高却会增加退出风险,而价值增加值率变量在各模型中均不显著。此外,回归结果表明,负债能力提高反而增加企业退出风险,但实收资本的提高会降低企业风险。在产业特征因素层面,除了资本强度变量之外的其他各变量对企业生存的影响均显著,且在各模型中所得结论一致。

综上所述,企业生存作为产业动态的核心,它受到来自企业内外部多种因素的显著影响。尽管作为探索性的研究不能具体分清变量间对企业生存作用的相对重要程度,但是,这些结论也从侧面反映出了企业在进入后表现中的复杂性和动态性。企业生存研究为我们跟踪观测企业生存、成长活动提供了方法途径,也为揭示特定产业动态演进规律指明了方向。

# 第七章 企业成长

　　企业成长的相关研究正在以极快的速度增长，在很多领域有相关的出版物，比如，经济类学科、管理类学科、社会学科和企业家精神学科，甚至包括统计物理学和心理学。在一般的认知中，企业成长指的是企业各方面的成长，包括企业规模的扩大，企业生产效率的提升，甚至包含企业社会地位的上升，但是，具体到经济学研究中，企业成长主要表现为企业规模的扩大，具体是指企业雇员或销售额的增长。在企业成长的实证中，使用较多的是企业的雇员人数。

　　对于企业成长的实证讨论在过去的几十年获得巨大的成就，取得这些成就的原因在于以下几个方面：

　　第一，记录经济现象的数据库在数据细节、样本范围和可达性上变得更加完善，并且在不断增加。信息科技的发展发挥了不可替代的作用，很多的国家也有统计局承担的对于商业企业和机构的数据搜寻工作，并且通过追踪企业的变化来建立企业的纵向数据集，最后将这些数据提供给科研人员。企业则被要求提供企业生产和经营的详细数据，例如，很多企业被要求提供描述不仅包括总体还包括分厂的产品生产和商业路径的金融报告，甚至对于"软变量"，比如，企业发展精神的统计变量在统计分析中都是常见的。而这些变量可以根据问卷的形式获得。

　　第二，经济分析技术的发展与数据的可达性的同步发展支持了实证的发展。现代经济分析技术使得可以处理很多复杂的数据内生性问题和样本选择偏差。大量的诺贝尔奖被授予相关的计量经济学家也说明了这个领域的进步，经济学家也可以通过不断提高的实证方法去验证精心设计的假设，从而产生了推翻很多传统的结论。

第三，不断提高的计算机计算水平使数据库可以和计量方法相匹配，例如，Bootstrap 方法（自助法）要求极高的计算能力，而该方法的运用就要归功于计算机的发展。综上，对于企业成长理论和经验研究的发展与很多方面密切相关，以上只是列出了三点。在之后的论述中，我们也会提到相关的影响因素。

当前的很多分析缺少对于实证结果的理论分析，这将是本章分析的重点，结合当前的实证结果，本章试图分析整体的方法和结论，并通过最后一节的实证专题，来完善企业成长的相关研究。

## 第一节　企业成长问题的来源及理论基础

### 一　企业成长问题的来源

从企业产生之时，企业成长问题便成为企业家和学者们关注的问题，而基于历史的观点来解读企业成长的过程对于理解企业成长是非常重要的。在过去，较大的企业规模往往是企业安全的前提条件，企业也竭尽全力去增大企业规模来确保未来不会被击垮。原因在于：第一，大企业的优势可以通过金融市场的反馈进一步增强。大企业有更好的基础使得可以在经济环境不好的情况下继续生存。第二，大企业的生产多样化将分散企业经营风险。比如在 20 世纪初的时候，福特的大批量生产的技术是非常流行的，在那段时期，企业的成长主要表现为经济规模的增大和单位成本的下降。当企业不断扩张的时候，人们开始质疑这种生产单一商品作为当时标准的商业模式的正确性。然而，在分散化的组织形式的环境下进行多样化的商业活动实现了传奇式的成功，其他的企业尤其是科技型行业为了寻找机会来创新或是利用产品市场的规模经济和范围经济，开始扩大产品市场的多样性（Chandler，1992）。

另外，大企业往往作为企业愿望达成的标志，也是企业发展的最终阶段。现代的商业环境与之前的在很多方面存在差异，相对于之前对于规模和范围的要求，现代的商业模式更注重灵活性和精益生产。

有证据显示，企业的等级之间更加阿谀奉承，CEO的控制范围变得更大，中间阶层变得更加分散，权力集中在少数人手中，分区的管理者获得更大的权力，有更大的机会去接近CEO（Rajan and Wulf, 2006）。

早期对于企业规模和成长的理论专注于比较静态的框架，但这种比较静态的方法并不能处理企业成长动态的过程。企业被假设存在最优的规模，而企业成长的目的便是达到这种最优规模。这样，企业的成长理论就被认为是最优规模理论的附带物。但是，在最近的几十年，对于企业行为理论的不满意越来越大，这种对于企业最优规模的观点也遭到了人们的拒绝。对这种传统的、静态的、经济理论的与日俱增的不满意反而促进了新的企业成长理论的发展，在经济剧烈变化的现状中，这种强调不确定性、变化和有限理性的理论变得越来越受欢迎。在产业经济学中，这种理论将企业的规模作为中心变量（Marris, 1999）。不确定性和有限理性是对于企业成长分析的重要基础，原因在于企业成长不可避免地涉及企业扩张到新的领域。不确定性在动态的市场条件下被不断放大，表现为科技的创新和市场竞争。另外，这种理论认为企业本身就在改变，表现为以不可预测的方式成长。路径依赖也是企业成长的重要方式。企业可以看作是一系列功能的组合，企业专注于他们可以做的而不能随意地改变，企业在过去做的工作决定了企业将来的工作，所以，企业的成长很大方面取决于近期从事的生产活动，企业的竞争力很大程度上在于企业长期积累下的企业资源和生产能力。这种过程的本质在于限制了企业快速改变适应不断变化环境的能力。另外，企业间异质性的存在也是我们必须意识到的，包括生产效率水平、收益能力或是大量的其他关键因素。

有一种代表性企业的观点则会忽视企业异质性的存在，对此，我们必须十分小心。尽管代表性企业的观点在理论论述中被认可，但是，在经验研究中的使用仍采用具有细微差别的形式。经验研究中代表性企业的假设可以在传统的回归分析中发现，即总计的点估计与平均企业的平均影响效应是一致的。但这种方法并不适合于讨论创新和企业成长之间的关系。例如，创新型企业有较大的异质性，少部分企业做得很好，而大部分企业创新并未产生实质性的影响。可以看到，企业成长率分布的伞形结构说明平均的企业成长其实很小，我们认为，平均的企业成长的决定因素很少，因为这种成长太小了，以至于任何的因素都会对成长产生影响；相反，一系列的极端成长的企业解释了行业动荡和资源重新配置，这也驱动了行业的动态变化。

本书认可演化经济学来分析企业成长的观点，表现为以下几点：第一，这种观点明确地认可了企业异质性。我们一直认为企业的特征存在很大的不同，同时由于市场选择的原因，排名靠后的企业会被市场淘汰，在生存企业中将会保留下一种显著的异质性，如生产率或是生产方式。演化经济学的重要性在于最近的研究表明市场选择的作用实际上是非常微弱的。第二，演化经济学基于温特（1964）所说的动态，这种动态的观点与企业成长的动态不谋而合。第三，演化经济学在一定程度上强调创新现象，这是其他的观点所没有的，企业水平的创新活动在最近的几十年增加巨大，我们需要相应的理论框架。第四，毫无疑问，不确定性是现代经济学的基本特征，它也是企业成长的定义特征，企业成长本质上来说就是冒险进入不熟悉的领域。基于演化经济学来分析企业成长的最终动机在于这种观点或多或少地与经验分析相一致。从经验研究得来的规律之一便是吉布拉特法则给出了对于行业和企业变化的更好的描述。尽管吉布拉特法则一直被批评缺少理论基础，其实，将演化经济学视为它的理论基础也并不牵强。主要是基于三个理由：第一，该法则强调企业异质性来自促进企业成长的冲击不同；第二，该法则强调的随机性正好与现代不确定性经济观点相一致；第三，该法则与演化理论的路径依赖观点相一致，表现为企业的规模被认为是先前的成长冲击的累积效应。

演化理论对于企业成长的解释程度是有限的，但是，它提供了经验研究需要的理论基础。在波动起伏不定的经济环境下，不确定性和企业异质性的普及向我们证明经济形势并不是坐在摇椅上想出来的，而是通过经验分析来理解企业的成长过程。这就需要使用相关的数据来进行研究。

## 二 企业成长的理论基础

关于企业成长的研究可以分为早期的理论研究阶段和近期的实证研究阶段。在理论研究阶段，包括五种讨论企业成长的观点即新古典的最优规模理论、彭罗斯（Penrose，1959）的企业成长理论、马里斯（Marris，1964）的企业管理理论、演化经济学理论和社会学的种群生态方法。新古典理论中最典型的是科斯（Coase，1937）的交易成本理论和卢卡斯（1978）的企业成长模型。科斯（1937）的交易成本理论指出，企业为了降低交易成本而成长。卢卡斯则指出，企业家才能的正态分布决定了企业规模的正态分布。尽管缺乏实证支持，但是，这些观点得到了广泛的关注。彭罗斯的企业成长理论主要是提出了成长经济和特定资源基础的观点。指出了企业成长的动力来源于管理者的学习效应，同时提出了著名的"彭罗斯效应"即成长较快的企业将会面临较高的运营成本从而制约了企业的成长。马里斯的企业管理理论指出，企业规模是管理者的效用函数的重要影响因素。对于某些企业，企业规模的扩大和利润的提高是一致的，但是对于另外一些企业管理者必须在利润最大化和成长最大化之间做出选择（Mueller，1969）。演化经济学理论是基于动态的观点来研究选择机制对于企业成长的影响。模型指出，企业通过他们的创新发现来获得竞争优势从而获得利润促进企业成长（Downie，1958）。种群生态观点关于企业（组织）成长的基本理论是某些具有丰富资源的小市场将会在很大程度上促进企业（组织）的成长（Hannan and Freeman，1977）。大量的关于企业成长的理论观点被提出，但是，必须指出企业成长是一种复杂而且具有特异性的现象，关于企业成长的理论还未形成统一的观点，下面对这些理论观点进行具体的阐述。

### （一）新古典的最优规模理论

尽管新古典包含大量的文献，但对于企业成长理论来说，主要是指新古典的最优企业规模理论（Viner，1932）。企业最优规模是企业利润最大化的生产水平。在这种情况下，企业的规模经济与企业的协调成本相抵消，从而使企业无利可图，即达到了最优的规模。一旦企业达到了最优的规模，企业便不会再成长。

这里，必须要提到科斯（1937）的交易成本理论。简单的表述就是企业的最优规模取决于企业机制和市场价格机制之间优势的权衡。如果交易成本相对较高，企业会发现向上下游的扩张是有价值的。这样产品链就可以在企业内部通过协作的方式运作。如果交易成本较低，那最优的企业规模将会变小，因为此时企业可以在市场机制下以较低的交易成本联系供应商与消费者。影响企业扩张的主要是交易的频率、不确定性、资产的特殊性和投机的可能性。我们可以发现对于交易成本的研究文献主要关注于企业的纵向合并（Kay, 2000）。交易成本理论用来解释不同国家之间的差异也是非常有效的（You, 1995）。这样，交易成本经济学对于其他方面的企业成长的解释是存在局限的。

最优规模的另一种表述是卢卡斯（1978）提出的用管理者才能的对数正态分布来解释企业规模的对数正态分布。这些管理者的才能对于企业规模来说是至关重要的，大企业之所以是大企业主要在于它的管理者是有才能的，能够成功地处理复杂的企业运行问题。另外，小企业之所以规模较小，主要是其管理者没有能力去经营企业。尽管大企业的领导者很愿意去接受这种理论，但是该模型也受到质疑，主要在于大企业的领导者很可能并不是有能力者。但是，卢卡斯（1978）的企业规模分布理论确实是非常有影响力的。

尽管并没有大量的实证研究去支持企业最优规模的观点，但是这种观点曾经受到了很大的关注。细分行业的最优规模与企业的最优规模存在不一致性，甚至细分企业的最优规模与时间序列的企业成长模式也是不一致的。相反，吉布拉特的随机波动模型得到了大量的实证验证。

（二）彭罗斯的企业成长理论

彭罗斯（1959）的开创性书籍中包含几点对于企业成长的重要贡献。首先我们将说明她的成长的规模经济观点，然后再论述相关的企业资源基础观。彭罗斯的企业动态观点认为，企业成长来源于企业"干中学"的内生动力。当管理者习惯于他们的任务时，他们的行为逐渐惯例化，他们会变得更有生产率。因此，当管理者变得有经验之后，他们的行政任务便需要更少的精力。最终，管理资源可以被释放出来，多余的企业家才能可以用来寻找创造更多的企业成长机会，企业将会有强烈的动机谋求发展壮大。新的管理者花费时间和精力去整合企业内新的管理资源，一旦这样做，他们将可以执行管理任务，也锻炼了管理者自身，这样，为了从未使用的资源中创造更多的价值，企业将会成长，同时也会创造更多的价值。在任何时期的成长都会被可用的管理资源所限制，管理者如果花费大量的时间去扩张企业而不是经营企业，会造成较高的经营成本，最终也就会达到最优企业规模。尽管暂时的规模经济会给企业一个扩张的动机，但是快速成长的企业将会比成长慢的企业有更高的运营成本。这种观点称为"彭罗斯效应"。

对于企业成长的"彭罗斯效应"的另一个关键观点，认为企业由资源的特殊配置构成。如果这些资源是有价值的、稀有的、不能模仿的和不能替代的，那这些资源将会在确保企业的竞争优势上发挥重要作用。这种资源的例子就是企业的品牌、科技、技术工人和有效率的生产等。此外，非金钱动机如名望、社会地位和权力也与企业规模有关。结果，企业规模和企业的财务表现成为管理效用函数的重要影响因素。对于一些企业，尤其是一些年轻企业，它们的成长最大化的追求与利润最大化的追求是一致的，所以，管理者并不存在股东利益和个人收益之间的矛盾；对于另一些企业来说，股东的利益最大化和个人的利益最大化存在冲突，根据管理理论，效用最大化的管理者被假定服从最大化股东的收益，否则会面临被解雇或被接替。

### （三）马里斯与管理主义理论

马里斯的管理理论的基础是假设管理者的效用取决于企业规模。表现为管理者的报酬、奖金和额外的津贴随着企业规模的扩大而增长，另外，非物质的动机激励如威望、晋升的可能性、社会地位和权力也与企业规模有较大的联系。也就是说，企业规模和企业财务表现是企业管理效用函数的重要影响因素。对于一些小企业而言，企业成长的最大化往往对应着企业的收益最大化，在这种情况下，企业管理者的个人目标与企业股东的目标之间并不存在矛盾。在其他情况下，企业的管理者必须在实现企业成长最大化和企业利润最大化之间进行选择。根据管理理论，效用最大化的管理者若在股东利润最大化的前提下追求企业规模最大化，就可以最大限度地避免被解雇或是被新的管理者接管。

在马里斯提出的管理模型中，假设企业通过多样性成长。模型提出企业利润和企业成长之间呈现二次关系。在某个特定的企业成长水平上，额外的多样性会降低企业的利润率，因为企业的管理者的精力受限，并不能集中精力于现有的产品和新产品的发展。管理理论也可以拓展至企业兼并的案例中，兼并可以使得企业相对于内部成长更快地成长，所以，管理者很认同这种成长方式。检验管理理论是很困难的，原因在于理论模型假设企业成长与企业利润率之间呈现非线性的驼峰关系，过快的成长将会使得企业的利润率下降，但是，一个基本的预测是，经理人控制的企业成长率是高于所有者控制的企业成长率，同时，收益率是更低的。

另外的研究主要来自金融文献，通过评估多元化企业的表现来研究管理假设。这是一个非常有意义的研究管理主义的方式，因为之前模型中的企业成长仅仅通过企业多样化。理论预测是高水平的多样性会干扰企业的表现。

（四）演化经济学和适者成长理论

现代的经济越来越表现出激烈竞争和快速的科技改变的特征，结果，相对于古典的均衡和静态的观点，竞争优势的动态理论可以更好地理解产业组织经济。演化经济理论可以显著地影响产业组织理论，原因在于它提出了动态的观点。理论基础在于熊彼特的"创造性破坏"的观点，提出了多样性创造和选择解释了经济的动态发展。阿尔钦安（Alchian，1950）选择的演化机制说明了企业的成长路径，指出适合的企业生存，不适应市场的企业失去市场份额。纳尔逊和温特（1982）提出了微观基础的模拟模型。在该模型中，企业通过创新发现或是模仿行业最好的技术来降低成本。获得更高收益的企业将获得成长的机会，否则企业将会失去市场份额。

企业和行业的演化在"复制动态学"机制作用下进行，这时企业成长将会以更为宽泛的方法估算。这种机制可以用费希尔（Fisher）的基础等式表示：

$$\delta x_i = \alpha x_i (F_i - \overline{F})$$

其中，$\delta$ 代表变量间无限小的间隔（$t$，$t + \delta t$），$x_i$ 代表企业 $i$ 的市场份额，$F_i$ 代表企业的适应性水平，以相关企业的财务表现或是相关的生产率来表示，$\overline{F}$ 表示所有企业的平均水平，$\overline{F} = \sum x_i F_i$，$\alpha$ 代表参数。可以看出适应性高于平均值的企业获得越来越大的市场份额。

但是，这种机制并不是很有实用性，原因在于该机制暗含着精准选择的压力，财务压力使得无效率的企业退出，经济系统调整使得资源在企业之间有效率地分配。然而，这些假设并不符合实证检验的结果。第一，企业并不全都存在成长的倾向，一些高收益的企业可能对商业机会并不感兴趣。弗里兰（Freeland，2001）讨论了 GM 公司的股东抵制企业投资其他具有风险的商业机会。在这种情况下，企业的收益率与成长率呈现负向的关系。第二，高收益可能是企业通过限制生产，从而获得更好的单位价格。在这种情况下，产品缺乏需求弹性的企业将会获得较高的收益。第三，如果一个企业获得了一个利基市场，尽管存在较高的利润率，可能并没有扩张的机会。第四，企业较高的收益率可能来自通过降低企业规模获得的生产率。因此，我们并不能认为企业的利润率与企业规模之间存在正向的关系。也就是说，这种关系可能是一个实证问题。

如果表现好的企业有较高的企业成长率，那么，选择的过程将会使得资源在企业之间有效率地分配，资源将会分配给能更好地利用它们的企业。然而，因为"适者生存"并没有在实证中得到广泛的验证，所以市场并不能完成它的市场生产潜力。

（五）种群生态学理论

种群生态学观点来自社会学，主要的贡献者是汉南和弗里曼（Hannan and Freeman，1977）。基础的理论是所有企业生存在一个特定大小的市场。如果市场中只有一个企业，这个企业将会拥有充分的资源进行成长，但是，随着市场中企业数量的增加，市场的资源使用达到极限时，市场中企业之间的竞争将会阻碍企业的成长。企业成长与企业竞争之间的关系称为"密度依赖"。种群生态理论将企业成长理论放置在企业在利基市场中成长的背景下，并未考虑企业异质性的影响。企业的异质性并不是不考虑；相反，应该得到重视，种群生态学家趋向于解释种群中企业的共同特征，而不是特殊特征。但是，基于行业宽泛的特征的企业成长理论存在固有的局限性，主要在于在相同行业中，企业成长可能存在较大差异。

对于种群生态学研究的文献主要使用的是历史数据。主要研究企业数量特征和环境对于企业出生和消亡所表现出来的企业特征的影响。然而，被迫去解释同行业中企业成长率的差异。

### 三 小企业与大企业的关系

在企业成长的研究中，大企业与小企业的关系受到了较多的关注。小企业的成长通常被认为是政策干预的目标，原因在于小企业由于其自身的动态性和创新性，在创造新的就业机会上具有重要的作用。与此相反的是，大企业的成长通常被认为是一个坏的信号，随之而来的是，对于市场势力、不正当竞争、商业帝国的质疑，而本书认为，好的企业应该被鼓励，坏的企业都应该被淘汰，而并不是由企业的大小来决定的，关于好坏企业的定义将在后文讨论。关于小企业的重要性论述最有代表性的是伯奇（Birch，1987）提出的观点，他认为，美国1968—1976年大部分的新的就业岗位的增加来源于20人及以下的小企业。伯奇将高速成长的小企业创造大量就业岗位的现象称为"瞪羚"。但是，伯奇的观点遭到了很多学者的批判，其中最为著名的是戴维斯（Davis，1996），他指出了伯奇分析中的很多统计学问题，从而使得该问题的正确性取决于所采用的统计方法。

本书认为，单纯地将小企业视为新增就业岗位的来源是太过简单的。事实上，只有很少部分的小企业具有创新性，它们创造新的就业岗位的能力也是有限的，而且，有些小企业所创造的新的就业岗位会经常性地消失。因此小企业的进入甚至可以描述为高进入率、高退出率和高资源浪费率。对于大企业，一方面，大企业可以拥有大量的就业岗位，而且是相对稳定的；另一方面，大企业进入新的市场，可以增加多样性，确保市场的竞争性。小企业和大企业在很多方面具有不同的特点，最为明显的是二者的增长模式是完全不同的。首先，考虑到生产科技和组织结构，小企业具有更高的灵活性和反应度。它们可以从有效的信息流动、快速的决策和更接近消费者中获益（You，1995）。这样一来，小企业可能在服务较小市场中的特殊商品中具有优势，而大企业则更适应标准的大市场。相对于大企业，小企业往往具有较低的资本密集度、更高的劳动密集度，考虑到这些因素，小企业尤其是发展中国家的小企业的生产率普遍较低，主要原因在于这些小企业或是刚成立的企业倾向于制定相对于市场更低的价格（Foster et al.，2008）。在发达国家，创业型企业经常被认为是科技创新的先行者，往往将新的产品和新的科技引入市场（Acs and Audretsch，1990）。帕维特（Pavitt et al.，1987）研究发现，小企业的创新成果占有很大的市场份额，但却有较小的研发成本。Acs 和 Audretsch（1990）通过对美国企业数据的分析也肯定了小企业较强的研发能力。更为特殊的是，小企业在初创时期的创新对于高度创新和技术密集型行业有着重要的作用（You，1995）。甚至在发达国家，大量的企业家并非是真正意识上的创业者，他们并未给市场带来创新的产品和市场改革动力。事实上，很多进入企业的生产率甚至不如在位企业。在很多情况下，尤其是对于发展中国家，微小企业存在的原因在于它能够为创业者提供生活来源，很多案例表明，创业是创业者的最后一个选择而不是第一次机会（Beck et al.，2005）。在印度，很多接受过高等教育的人会选择找工作，而较低教育水平的人由于缺乏工作机会因而会选择创业（Nafziger and Terrell，1996）。其次，大企业与小企业面临不同的竞争压力。根据彭罗斯（1959）的研究，小企业可以在不存在大企业的市场之间的间隙获得生存并成长。这样小企业就可以避免与大企业的直接竞争。这并不是说这些小企业可以完全免予竞争，然而，事实上，对于小企业的研究发现，竞争的压力正是抑制小企业成长的主要因素（Robson and Bennet，2000）。小企业与大企业在财务结构上存在很大差别。一般来说，小企业财务结构并不确定，仅会制定短期的财务规划。休斯（Hughes，1997）分析了英国的制造业企业财务数据，发现小企业的长期贷款仅占全部贷款的20.5%，而大企业却占61.75%。而对于短期贷款，小企业却超过大企业。小企业主要依赖于银行的贷款，而大企业却可以通过发行股票来获得资金。但当经济形势出现下滑时，银行会迅速地缩减对于小企业的贷款。另一个不同是大企业倾向于支付更高的工资。布朗和梅多夫（Brown and Medoff, 1989）分析了美国的就业数据发现，企业的就业规模与工人的工资呈现正向的关系。关于该现象的解释可以是大企业往往雇用高质量的工人，因此也就需要支付更高的工资，提供更好的工作条件。

马歇尔曾经有一段描述森林里小树的成长历程的短文，非常适合用来与小企业的成长相对比。森林里的小树为了获取足够的阳光必须努力地向上生长，但是众多的小树中只有很少一部分能够一直生长直到超过其他成年的大树，冲到森林的顶端，但即使是对于这些树而言，尽管获得了足够的阳光，可是随着年龄的增长，也会慢慢衰老，最后可能被别的枝繁叶茂的小树取代。事实上，并不是所有的小树都会成长，很多的小企业似乎并不想要成长，我们下文将从三个方面阐述小企业成长的重要因素，包括生存抗争、成长需求、成长组织中的结构性改变。小企业的成长是一种非常复杂的现象。不考虑行业而言，企业的进入率是非常高的，很多企业在随后的几年都会相继退出，但是，企业的退出并不代表失败（Headd, 2003; Harada, 2007）。毫无疑问，新进入企业的生存率是非常低的。关于企业进入的早期研究来自美国学者菲洛普斯和柯克霍夫（Phillops and Kirchhoff, 1989），他们观察发现，美国小企业连续六年的平均生存率是39.8%，同时，这些小企业的成长会对他们的生存产生重要的影响。例如，新进入小企业如果六年中没有增加一个员工的话，企业生存下去的可能性只有26%，而企业若增加一个或以上员工的话，企业生存下去的概率变为65%以上，企业若有快速的增长状态，生存下去的概率超过77.5%。总之，新进入企业如果有可观察到的成长，会比那些没有成长迹象的企业有超过两倍的生存机会。同时，不可否认的是，新进入企业的初始规模会对企业的生存产生影响。

对于生存企业的随后研究倾向于证明这些早期的发现。例如，黑德和柯克霍夫（Headd and Kirchhoff，2007）使用美国的小企业数据研究发现新进入企业的生存率在50%左右。巴特乐斯曼等（Bartelsman et al.，2005）使用7个OECD国家的新进入企业的表现，发现20%—40%的新进入企业会在进入后的前两年里退出，仅40%—50%的企业将生存超过7年。

## 第二节 企业成长的测量与基本事实

### 一 企业成长的测量

企业成长被认为是一个过程，而成长的结果是规模变大，基于这种认识，往往应用人员规模或经济规模来对企业成长进行衡量，包括就业人员、销售额、企业价值增加值等。在很多情况下，不同指标衡量的企业成长最终得出的结论是趋于一致的（Coad，2009）。但是，不同的指标也有不同的特点。就业人员衡量的企业成长是最常用的，这也是政策决策者们关注的变量，但是，此变量的缺点在于有些企业的真实成长可能与就业人员测算的企业成长有较大差异，比如企业的就业人员增加，但是，企业的真实价值并未增加，此时，企业的价值增加便成为衡量企业成长的较好的指标，然而，现实研究中较少用到，原因就在于企业价值增加在实践中较难衡量，误差较大，出于稳健性考虑，本书选用企业就业人员和销售额两个指标作为企业成长的衡量指标。

研究企业成长的经典模型是吉布拉特模型，该模型认为，企业成长是一个随机过程，进而导致企业企业规模分布收敛于对数正态分布（Gibrat，1931），其模型构建如下：

$$Size_{i,t} = (1 + \varepsilon_{i,t}) Size_{i,t-1} \tag{7-1}$$

其中，$Size_{i,t}$表示企业$i$在时期$t$的规模；$\varepsilon_{i,t}$表示企业成长的随机扰动，服从正态分布。$Size_{i,t-1}$表示企业$i$在时期$t-1$的规模。该式表明企业成长是随机因素决定的。由此式我们可以得到由企业初始规模推导出的企业规模，如式（7-2）所示：

$$Size_{i,t} = Size_{i,0}(1+\varepsilon_{i,1})(1+\varepsilon_{i,2})(1+\varepsilon_{i,3})\cdots(1+\varepsilon_{i,t}) \quad (7-2)$$

对式（7-2）取对数，可得：

$$\ln(Size_{i,t}) = \ln(Size_{i,0}) + \sum_{k=1}^{t}\varepsilon_{i,k} \quad (7-3)$$

因为模型假定 $\varepsilon_{i,t}$ 是服从正态分布，所以，当 $t\rightarrow\infty$，企业初期的规模的对数 $\ln(Size_{i,0})$ 相对于企业的现有规模的对数 $\ln(Size_{i,t})$ 是非常小的，可以忽略，因此，企业的规模分布是对数正态的。

由以上吉布拉特模型，我们可以得到企业成长的测算方程，其后有关企业成长率的计算都是基于此模型展开的。

$$Growth_{i,t} = \ln(Size_{i,t}) - \ln(Size_{i,t-1}) \quad (7-4)$$

**二　企业成长的基本事实**

本部分基于中国工业企业数据库的数据，试图分析中国工业企业的成长现状。

（一）整体状况

从就业人员衡量的企业成长来看，2001—2009 年中国工业企业的成长的平均值为 -0.56%，呈现了一个长期递减的趋势，其中 2001—2005 年企业的平均增长为正值，2006 年及之后呈现平均负增长状态，尤其是进入 2007 年以来，企业的平均成长下降加剧。由于衡量指标的不同，可以发现，销售额衡量的企业成长在 2001—2009 年的平均值为 7.58%。2000—2005 年呈现一个递增的状态，从 2006 年开始呈现负增长的状态。结合以就业人员衡量的企业成长，可见企业在 2001—2005 年的效率在增加，而在 2006 年及以后出现了就业和销售额的双下降，也就是说，企业出现效率下降，这与邵宜航（2013）关于资源配置扭曲的测算结果是一致的。作者对中国工业企业的资源配置状况进行了再测算，指出中国工业企业资源配置状况在 1998—2007 年呈现先改善后恶化的态势，尤其是 2005 年之后资源配置扭曲程度呈现恶化趋势。

（二）不同所有制下的企业成长

图 7-1 和图 7-2 给出了 2001—2009 年的不同所有制企业的企业成长状况。从就业人员衡量的企业成长进行分析，整体来看，总体

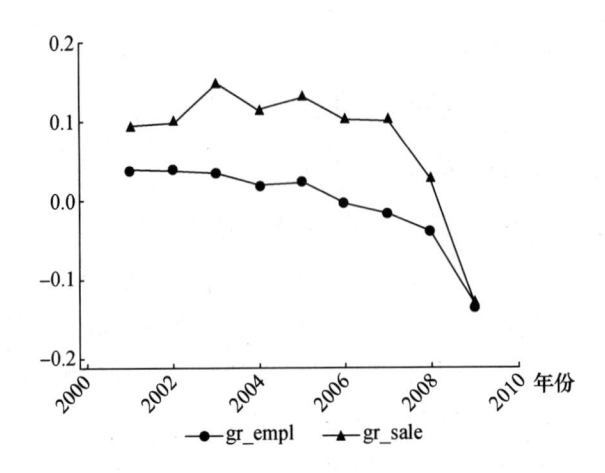

**图 7-1 中国工业企业整体成长率时序**

资料来源：笔者计算整理。

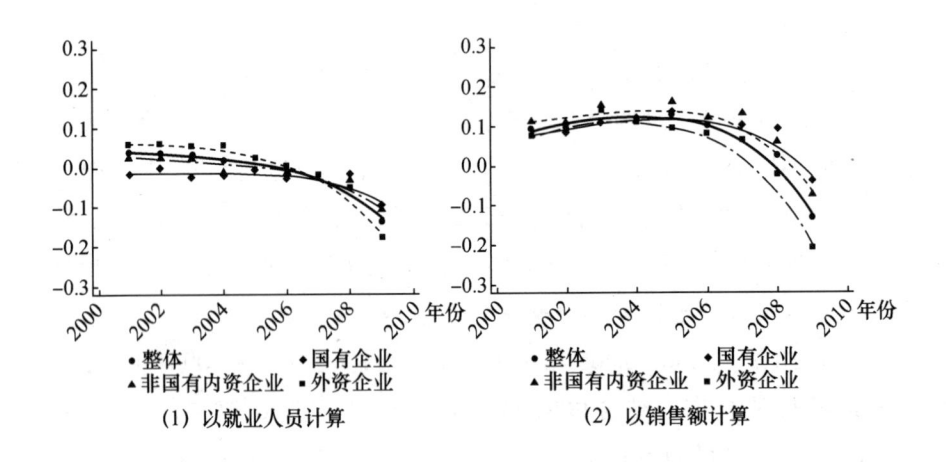

(1) 以就业人员计算

(2) 以销售额计算

**图 7-2 不同所有制企业成长率情况**

资料来源：笔者计算整理。

平均的企业成长率为 -0.56%，可见，中国工业企业总体的就业人数呈现下滑的趋势，这可能是源于第三产业发展吸引了大量的劳动力的结果。从变化趋势上可以看出不同所有制企业的企业成长变化与整体的变化是一致的，但是也呈现出不同的特征。国有企业、非国有内资企业和外资企业的平均企业成长率分别为 -2.55%、-0.93% 和

0.18%，可见，国有企业的负成长尤为严重，这与中国国有企业的产权改革和生产率的提高中大量劳动力的流失有很强的联系。外资企业则表现出较大的变化趋势，尤其是以 2006 年为分水岭，之前的平均成长率为 4.37%，明显地呈现规模递增，而进入 2006 年之后一直到 2009 年企业平均的成长率为 -0.82%，呈现出规模递减的趋势，这可能是受到国内外经济环境的影响，也说明了外资企业对经济环境的敏感性。从销售额衡量的企业成长来看，总体平均的企业成长率为 7.58%，其中国有企业、非国有内资企业和外资企业的平均的企业成长率分别为 8.77%、9.98% 和 4.80%。由此可见，企业销售额呈增长的状态，这也与现实经济状况是相符的。对比两种衡量指标可以发现，就业人员的减少和销售额的增长意味着中国工业企业个体工人素质的提高和整体效率的提升。从变化趋势上分析，我们可以发现，相对于外资企业较强的敏感性，国有企业则表现得较为稳定，这与中国国有企业的特定的社会责任和与政府的密切关系有着直接或间接的联系。同时，可以观察到以销售额衡量的企业成长变化较以就业人员衡量的企业成长更加剧烈，这与指标的特点有关系，相对于销售额，就业人员的变动相对较小，这也是与现实经济相符的，我们重点关注的是二者的相对变化，所以可以忽略由于指标的选取不同而造成的差异。

（三）不同行业的企业成长情况

从就业人员衡量的企业成长来看，整体上采选业［包括有色金属矿采选业（09）、其他矿采选业（11）、石油和天然气开采业（07）］、食品制造业（14）、水的生产和供应业（46）明显比其他行业的企业成长较快，成长率分别 13.06%、5.57%、3.52%、1.62% 和 1.28%。而工艺品及其制造业（42）、化学纤维制造业（28）、废弃资源和废旧材料回收加工业（43）、非金属矿采选业（10）和有色金属冶炼及压延加工业（33）则呈现出规模不断减少的趋势，成长率分别为 -2.7%、-3.19%、-3.29%、-3.31% 和 -4.87%。而其他的行业则呈现比较稳定的成长状态。从销售额衡量的企业成长来看，整体上采选业［包括其他采选业（11）、黑色金属矿采选业（08）、煤炭开采和洗选业（06）、石油和天然气开采业（07）]、石油加工、炼焦及核燃料加工业（25）的排名比较靠前，成长率分别为36.53%、18.53%、17.73%、15.81%和11.48%。而化学纤维制造业（28）、皮革、毛皮、羽毛（绒）及其制造业（19）、烟草制造业（16）、废弃资源和废旧材料回收加工业（43）和有色金属矿采选业（09）则呈现出较小的成长率，分别为3.71%、3.60%、3.56%、-2.77%和-7.64%。对比两种指标衡量的企业成长可以发现，有些行业尤其是劳动密集型行业，企业虽表现出较高的就业增长率，但是，企业销售额却增加得较少，如有色金属矿采选业（09）和文体教育用品制造业等，而有些行业则表现出就业人员和销售额的双重较快增长，主要集中在采选业包括其他矿采选业（11）、石油和天然气开采业（07）等。

（四）地区比较

中国工业企业成长不仅在行业间存在显著的差异，也存在较大的地区差异。工业企业成长分布呈现集中态势，同时工业的劳动力流动和产业转移具有显著特征。

从劳动力流动的角度看，工业就业人口正逐步向中西部转移，本书认为，主要原因在于西部大开发战略提出以来出现的普遍的劳动人口的回迁。从就业人员衡量的企业成长来看，2001—2009年，东部、中部、东北部和西部地区整体平均的企业成长率分别为-0.5%、-0.7%、-1.2%和-0.3%。从省份来看排名最高的五个省份是青海、河南、海南、四川和福建，最低的五个省份是内蒙古、吉林、陕西、西藏和安徽。尽管东部、中部、东北部和西部的平均企业成长为负值，但是，从省份来看，中部和西部地区的企业成长明显较快，接纳了大量的转移劳动力。

从产业转移的角度看，工业由东部沿海地区向周边和西部扩散，从销售额衡量的企业成长来看，与就业衡量的企业成长类似，但成长率较高的区域出现东移的现象，这主要是由于东部沿海的企业一般生产效率较高，相对于中西部的劳动密集型企业，这些企业销售额增长快但劳动力增加少。2001—2009年，东部、中部、东北部和西部地区整体平均的企业成长率分别为 40.1%、12.1%、9.0% 和 9.9%。排名最高的五个省份是河南、江西、河北、宁夏和山东，排名最低的五个省份是上海、广东、安徽、云南和海南。可见，东部地区的产业转移带动了周边地区的企业成长，企业的销售额呈现很强的递增趋势。

# 第三节 企业成长的影响因素及有关模型

## 一 企业成长的影响因素

之前的理论研究提出了企业的各项经营指标对于企业成长的影响，比如，企业利润率和企业生产效率等，同时很多学者根据经验，将二者与企业成长的关系视为正向关系，但是，实证工作发现了不同甚至相反的结论，本节就针对当今对于影响企业成长的若干因素进行了理论和实证讨论，试图发现其中的规律。为了更好地把握企业成长领域的发展，我们需要把现在的实证工作做一下分类整理，同时给出这些实证结果内在的连续理论结构。

（一）企业规模

企业规模，研究企业规模对企业成长的影响的文献一般将企业分为大企业和小企业。伯奇（1987）测算了 1968—1976 年企业新增就业人员的数量发现，美国在这段时间的新增就业主要来源于 20 人及以下的微型企业，虽然后来的研究指出了该研究的局限性，但是也可以说明小微型企业成长的特点。科德（Coad，2009）指出，将小微企业视为新增就业的主要来源是过度简化的，原因在于小微企业创新的有限性和工作的不稳定性。而大型企业的就业是非常稳定的，这也有利于市场的稳定。为了与企业成长的测算方法形成对应，企业规模的测算采用两种方式：以销售额和就业人员衡量。使用不同的数据库研究发现企业成长与企业规模呈现负向的关系（Bottazzi et al.，2001；De Fabritiis et al.，2003；Matia et al.，2004；Bottazzi and Secchi，2006；Bottazzi et al.，2008），但是，Bottazzi 等（2007）使用意大利的制造业企业数据库却未发现二者之间存在显著的关系。可见，企业规模对于企业成长的作用有分歧,本节最后也可以说明相对于规模较小的企业,规模较大的中国企业具有更大可能的成长性,这也证实了吉布拉特法则在中国是不适用的。

(二) 企业规模分布

企业规模分布,对于行业结构和动态的研究的合适起点就是企业规模分布的研究,事实上,它也是研究企业规模和成长的基础。著名的吉布拉特法则就是罗伯特在思考企业规模分布的时候发现的,该模型也是研究企业成长最有影响力的模型。企业规模分布的研究也是理论和实证研究者的重要关注领域。

企业规模分布右偏性对于研究行业结构是一个很好的切入点。吉布拉特(1931)研究了法国企业就业人员的数据,发现企业规模分布呈现出对数正态分布的特征。为了更好地说明规模分布的厚尾分布,之后的学者使用了帕累托分布来研究大企业的分布。这两种分布形式均存在不同的特点,对于不同的数据也得出不同的结论。同时也存在其他的规模分布形式,如 Bottazzi 和 Secchi(2005)研究了全球制药行业的企业规模分布,发现呈现双峰性,这主要是由于行业领导者企业与小企业之间巨大的差距。

不同的规模分布形式,会体现出企业成长的不同范式。典型的就是对于企业成长率分布的研究,调查发现,企业规模分布与企业成长率分布呈现较为稳定的关系,二者存在较强的相关性。

(三) 企业年龄

企业年龄与企业规模有较大的相似性,在某些情况下,二者可以进行替换使用。根据日常观察,企业年龄越大,企业将具有惰性,缺乏寻找新的商业机会的企业家精神,同时可能由于过于保守从而与实际中的社会发展相脱节,对于企业管理者而言,工作惯性使得企业缺少改变,企业也不愿意承担改变的风险甚至会抵制改变。但是,年龄较大的企业具有较多的经验,在要素市场也有较高的信誉。然而,研究中往往发现年龄与企业成长之间呈现负向的关系。

早期的研究来自法国的经济学家 Fizaine(1968),她使用法国的企业数据发现企业年龄对企业成长有负向的作用,企业成长率随着企业年龄的增加而递减。同时，她提出了对于吉布拉特法则，使用企业年龄作为企业成长的主要影响因素比企业规模更适合。邓尼等（1989）研究了美国企业的数据发现企业年龄与企业规模之间呈现一种负向的关系，但是企业年龄对企业成长负向的作用会有一个年限限制，当超过这个限制时，这种关系会呈现一种正向的作用（Bigsten and Gebreeyesus，2007），此发现得到了大量的经济学者使用不同地区和行业数据的证实。

（四）企业利润率

有关利润率对企业成长的影响的观点主要来源于三个比较有影响力的观点：进化理论（Alchian，1950）、新古典的投资 q 理论（Chirinko，1993；Schiantarelli，1996）和不完美资本市场理论（Fazzari et al.，1988）。其中，进化理论是来源于熊彼特的"创新破坏"，阿尔钦安（1950）认为，选择的进化机制使经济保持进步，由此更适应的企业将生存下来，而其他的企业将会退出市场。演化理论由于提出了动态的观点而得到了广泛的关注（Code，2007）。新古典的投资 q 理论是关于企业投资决定的模型，其中，q = 企业股票市场价值/企业重置成本。Chinrinko（1993）认为，假定企业是有着理性的预期，在寻求最大化股东收益的模型中，q 应该是对投资最好的预测值。但是，由于没有考虑时间因素的影响，在实际测度中往往会产生不真实的结果（Barnett and Sakellaris，1998）。由于 q 理论并不理想的表现，Fazzari 等（1988）引入现金流来对投资进行预测，发现是显著的。但是，现金流和投资（企业成长）的显著性关系却是一个"坏消息"，原因在于现金流的敏感性往往是金融管制的信号，因此，不完美市场理论被提出，政策制定者也被要求去帮助被约束的企业。后期的研究发现，新古典主义夸大了企业利润对企业成长的影响，支持演化理论所说明的成长的机会会倾向于选择利润较高的企业。但是，实证研究表明，这种显著影响是不确定的，甚至是不存在的。罗伯逊和本尼特（Robson and Bennett，2000）使用英国中小企业的数据研究发现，虽然利润率对企业成长有正向的影响，但这种关系并不显著。Guariglia（2008）研究发现，无论是低收益的企业还是高收益的企业，企业的投资水平都处于高水平，从而否定了企业的收益和企业成长的显著关系。但是，科德（2007）通过证明"Growth of fitter"对于利润率成立从而推翻了"彭罗斯效应"准则并不总是成立，也就证明了企业利润率对于企业成长的正向作用。但这种关系在中国的适用性还有待经验证据的进一步证明。

（五）企业效率

认为企业生产效率与企业成长不存在显著关系的研究：福斯特等（Foster et al.，2008）通过对企业劳动生产率和全要素生产率的影响因素研究发现企业水平的劳动生产率和企业的全要素生产率与企业成长并不存在显著的关系。Bottazzi等（2002）使用意大利的制造企业数据库研究发现，企业效率和企业成长之间的关系并不显著。但是，不可忽略的是，很多研究者使用不同的数据发现二者之间的显著关系。Sleuwaegen和Goedhuys（2002）使用科特迪瓦的制造业企业数据库发现了以销售额衡量的企业成长与企业效率的显著的正向关系，综上，我们可以发现，用生产率的高低来衡量企业的成长是不可信的。贝利和法雷尔（Baily and Farrell，2006）指出，这种不显著的关系可能来自偏低的市场竞争程度。因此，经济自由指标的引入可能会对这一问题有较好的解释，后文将对这一观点进行论证。

二　企业成长的现有模型

基于以上分析，中国工业企业的成长状况在不同所有制、行业和区域条件下，存在着显著的差异，除内生的企业特征和行业特征之外，造成这种差异的来源可能是区域变量。在中国改革开放不断深入、市场化水平逐步提高的过程中，不可否认的是，各地区间的市场开放水平具有差异，且差异程度在不断放大。那么，区域间不同水平的经济自由度是否可以解释企业成长的差异呢？事实上，前期的理论研究已经指向了经济自由度这一变量。为了揭示这一问题，我们将外生解释变量经济自由度引入科德（2008）提出的关于企业成长的简化模型进行分析。

首先，该模型需满足三个假设：

假设1：企业成长用就业人员衡量，分为有效率、无效率工人和相应的监管层就业人员，用 $\beta$ 表示工人效率，$\beta$ 越小表示工人效率越高（$0<\beta<1$）（$\beta$ 的取值从现实中考虑是 $\beta$ 工人效率的提高在模型中表现为企业招收工人数量的减少，$\beta=1$ 说明工人具有最低的效率，$\beta=0$ 说明工人具有完全效率）。经济自由度越高，企业间竞争越激烈，企业的结构应该是越精简，而这将进一步促进工人效率的提高。

假设2：监管人员的数量取决于工人的素质，其中，有效率的工人需要的监管人员少，无效率的工人需要的监管人员多，同时，管理人员的多少还取决于企业的规模和层级结构，每个监管人员最多监管 $\alpha$ 人。

假设3：经济自由度越高，企业通过公开招聘招到有效率的工人的概率变大。此时：

$P(\Delta x \geq 1 \mid \Delta n = 1) = 1$

$P(\Delta x \geq 2 \mid \Delta n = 1) = 1/\alpha$

$P(\Delta x \geq 3 \mid \Delta n = 1) = 1/\alpha^2$

其中，$\Delta x$ 表示企业的总就业人员的增加，$\Delta n$ 表示工人的增加。一直持续下去，可以得到如下指数分布形式：

$P(\Delta x \geq \gamma \mid \Delta n = 1) = \alpha^{1-\gamma}$

$P(\Delta x = \gamma \mid \Delta n = 1) = \alpha^{1-\gamma}(1 - 1/\alpha)$

其中，$\gamma$ 为大于 $\Delta n$ 的整数。

若 $\Delta n < \alpha$，可以得到下面的指数分布：

$P(\Delta x = \gamma \mid \Delta n) = 1 - \Delta n/\alpha \quad if \quad \gamma = \Delta n$

$P(\Delta x = \gamma \mid \Delta n) = \Delta n \alpha^{\Delta n - \gamma}(1 - 1/\alpha) \quad if \quad \gamma > \Delta n$

当取 $\Delta n = 1$ 时，可以得到企业成长分布的概率图，如图7-3中的直线。

这里，我们引入关于工人效率的参数 $\beta$，得到如下模型：

$P(\Delta x \geq 1 \mid \Delta n = 1) = 1$

$P(\Delta x \geq 2 \mid \Delta n = 1) = \beta/\alpha$

$P(\Delta x \geq 3 \mid \Delta n = 1) = \beta/\alpha^2$

## 200 | 第四部分 产业时间动态

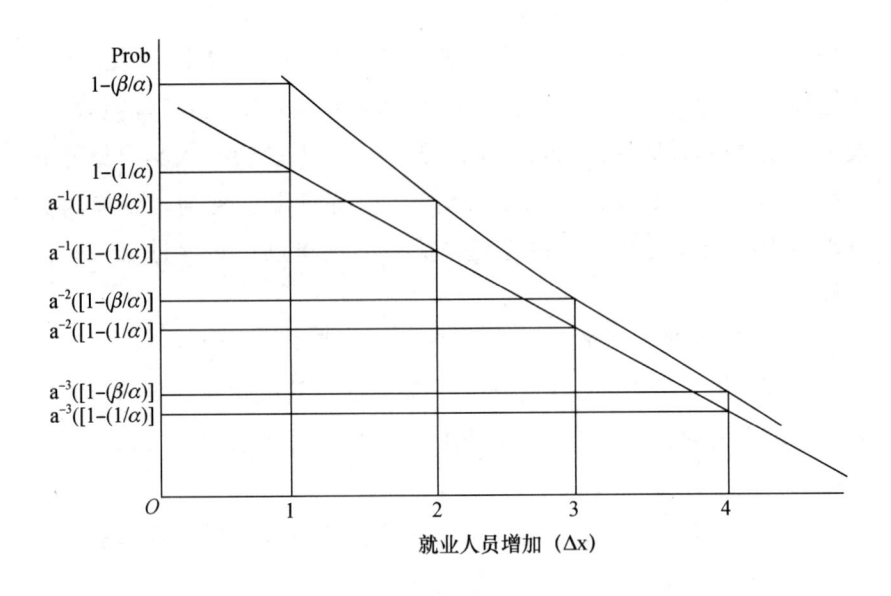

图7-3 企业成长分布概率

一直持续下去，重复以上过程，可以发现企业成长分布概率图斜率绝对值变小，如图7-3中的曲线，说明即使经济自由度较高从而招到了效率较高的工人，但是，随着总就业人员的增加，这种员工效率也会被总就业人员增加产生的低效率所抵消，也就是图中随着$\Delta\alpha$增加，曲线趋近于直线。同时当$\beta=0$，即员工具有完全效率时，企业的总就业就会以$p=1$的概率增加1，而当招到的工人无效率即$\beta=1$，则曲线就会和直线重合，此时，总就业人数将会以无效率的方式增加。直线表示招到无效率工人的企业成长，曲线表示随着招到员工的效率值的提升，企业总就业人员的增量变小。当经济自由度提高，企业招到有效率的工人的概率增大，企业的成长呈现趋于稳定的状态，经济自由度与企业成长可能会呈现负向的关系，同时，若是企业具有较高的生产效率，则可能会促进工人效率的提升，从而使企业的生产率与企业成长呈现负向的关系，因而提出：

假设1：经济自由度对企业成长具有负效应。

同时，若考虑到企业成长的自相关现象，则可以得到如下模型：

假定存在如下情形，企业每期增加一名工人，即$n_t = n_{t-1} + 1$，自相关模型可以表示为：

$$P(x_t - x_{t-1} > 1 \mid x_{t-1} - x_{t-2} > 1) = 0$$

$$P(x_t - x_{t-1} > 1 \mid x_{t-1} - x_{t-2} = 1) = \frac{1}{\alpha - 1}$$

如果企业在前一期增加的工人超过一人，则企业在后一期增加超过一人的概率为零，而当企业在前一期增加一人，在后一期增加一人以上的概率为正。

可得期望为：
$$E(x_t - x_{t-1} \mid x_{t-1} - x_{t-2} > 1) = 1$$
$$E(x_t - x_{t-1} \mid x_{t-1} - x_{t-2} = 1) > 1$$

可见，企业成长呈负向的自相关关系，因而提出：

假设2：企业成长具有负向的自相关性，即当期的企业成长对滞后一期的企业成长具有负效应。

以上的模型推导只是分析了经济自由度通过工人效率进而影响企业成长，现实中，经济自由度会通过多种方式影响企业成长，所以我们在后面的实证分析中会发现不同的结论。

## 第四节 实证专题：经济自由与工业企业成长[*]

### 一 变量和数据

本书使用的数据全部来源于中国工业企业数据库，该数据库的样本范围为国有企业和规模以上非国有工业企业。为了研究的需要，我们选用2000—2009年的面板数据。由于数据库存在很多不足之处，因此需要进行相应的处理。我们借鉴谢千里（2008）和任曙明（2014）的筛选方式。参照这些相关研究的剔除原则，我们进行如下剔除：

第一步，我们删除就业人数、企业年龄、固定资产总值的缺失和

---

[*] 本节部分内容节自《经济自由与工业企业成长》，《财经问题研究》2016年第6期。

为负的错误企业记录，最终筛选出 11742 家企业进入研究；

第二步，根据所使用的样本范围剔除所使用的关键指标（主营业务收入、主营业务成本、固定资产总值、企业生产总值、就业人员）的前后 0.5%；

第三步，由于研究的是企业成长，所以，数据被处理为平衡面板数据，总样本点数 117420。

基于以上关于企业规模衡量指标的讨论，本书采用就业人员和销售额作为企业规模的衡量指标，采用 DEA 方法测度企业的生产效率，其中 DEA 的测算采用一个产出指标主营业务收入和三个输入指标主营业务成本、就业人员和固定资产总额。经济自由度采用樊纲测度的市场化指数（樊纲等，2011）。为了更全面地描述经济自由对企业成长的影响，我们引入了经济自由的分项指标，试图找出影响企业成长的关键因素。利润率根据会计准则采用利润与销售额的比值来测算。控制变量包括企业规模（lnempl）、企业固定资产总值（lnasset）、企业年龄（lnage）、GDP、技术溢出（TSP）和企业工业总产值（GOV）。其中，TSP 是各省份的专业技术人员占总人口的比重测算。企业规模由企业当年的就业人员和销售额表示。主要解释变量和控制变量的含义以及选择这些变量的理论或经验证据依据如表 7-1 所示。

表 7-1　　　　　　　　变量的统计性描述

| 变量 | 样本 | 均值 | sd | p25 | p50 | p75 | 最小值 | 最大值 |
|---|---|---|---|---|---|---|---|---|
| gr_empl | 105678 | -0.00556 | 0.357 | -0.0818 | 0 | 0.0846 | -5.084 | 4.557 |
| gr_sale | 105678 | 0.0758 | 0.415 | -0.0819 | 0.0869 | 0.259 | -5.733 | 5.348 |
| prate | 117420 | 0.0243 | 0.138 | 0.00240 | 0.0197 | 0.0561 | -10.82 | 19.08 |
| TFP_DEA | 117420 | 0.349 | 0.171 | 0.214 | 0.328 | 0.453 | 0 | 1 |
| freedom | 117420 | 7.935 | 1.969 | 6.570 | 7.970 | 9.390 | 0 | 11.80 |
| lnempl | 117420 | 5.271 | 0.976 | 4.585 | 5.226 | 5.922 | 2.773 | 8.425 |
| lnsale | 117420 | 10.6047 | 1.1613 | 9.7140 | 10.4931 | 11.385 | 8.0487 | 14.7035 |
| lnGOV | 117420 | 10.6358 | 1.1599 | 9.7505 | 10.5319 | 11.4175 | 5.6168 | 14.7851 |
| lnasset | 117420 | 9.190 | 1.476 | 8.147 | 9.123 | 10.18 | 4.905 | 14.46 |
| lnGDP | 117420 | 9.183 | 0.716 | 8.700 | 9.180 | 9.663 | 4.769 | 10.58 |
| TSP | 117420 | 0.0559 | 0.0283 | 0.0407 | 0.0470 | 0.0594 | 0.0108 | 0.206 |
| age | 117420 | 14.73 | 9.679 | 9 | 12 | 17 | 1 | 53 |

## 二 计量分析

为了从经验分析的角度考察企业利润、生产效率、经济自由和其他企业特征对企业成长的影响，我们同时使用了固定效应模型和系统GMM模型。对于面板数据的分析，通常可采用固定效应模型和随机效应模型，本书通过豪斯曼（1978）检验拒绝了随机效应模型，所以选择固定效应模型。考虑到解释变量的内生性问题，我们引入被解释变量的滞后期，采用GMM方法。考虑到两步系统GMM同时具备了差分GMM和水平GMM的优势，提高了估计的效率，我们最终采用系统GMM来对面板数据进行估计，同时使用滞后两期及以上作为工具变量。然而使用系统GMM的前提却比较严格，必须满足：（1）扰动项不存在自相关；（2）被解释变量的差分项与个体效应不相关。第一个假定我们得到了验证，对于第二个假定，目前尚没有严格的统计检验，只能根据经济常识来判断经济变量是否存在稳态（陈强，2010）。费希尔检验拒绝了面板单位根的原假设，证明面板数据是平稳的。

本书构建了如下的静态和动态面板数据模型作为基本的计量回归模型。

$$Growth_{it} = \beta_0 + \beta_1 X_{it} + \beta_2 \Phi_{it} + u_{it} + v_{it} \tag{7-5}$$

$$Growth_{it} = \beta_0 + \beta_1 Growth_{i,t-1} + \beta_2 X_{it} + \beta_3 \Phi_{it} + u_{it} + v_{it} \tag{7-6}$$

模型（7-5）为固定效应模型；模型（7-6）为系统GMM模型。$i$ 和 $t$ 分别表示企业和年份。$Growth_{it}$ 和 $Growth_{i,t-1}$ 分别为当期和滞后一期的企业成长。$X_{it}$ 和 $\Phi_{it}$ 分别为关键解释变量（利润率、企业效率和经济自由度）和控制变量（企业规模、固定资产总值、企业工业生产总值、企业年龄、GDP和技术溢出TSP）。$u_{it}$ 为个体效应，$v_{it}$ 为干扰项。

### （一）基本回归结果

表7-2为整体分析结果，对于就业人员衡量的企业成长，结果显示，除企业效率以外，关键解释变量对企业成长都存在显著的正向作用，说明较高的企业利润率和经济自由对企业成长都有显著的正向促进作用，而企业效率的不显著作用与Bottazzi等（2002）的研究结果是一致的，说明某些情况下企业效率的提高并不能促进企业成长，

这可能与市场竞争并不充分有关（Baily and Farrell，2006）。被解释变量滞后一期的系数为负表示前一期的企业成长会明显地降低本期的企业成长。企业规模系数为正表示企业规模越大企业成长越快，这与前人的研究有所不同，使用不同的数据库研究发现企业成长与企业规模呈现负向的关系（Bottazzi et al.，2001；De Fabritiis et al.，2003；Matia et al.，2004；Bottazzi and Secchi，2006；Bottazzi et al.，2008），但是Bottazzi等（2007）使用意大利的制造业企业数据库却未发现二者之间存在显著的关系。可见，企业规模对于企业成长的作用有分歧，本书结论说明，相对于规模较小的企业，规模较大的中国企业具有更大可能的成长性，这也证实了吉布拉特法则在中国是不适用的。对于销售额衡量的企业成长，结果显示，除企业效率会对企业成长产生反向的作用以外，关键解释变量对企业成长都有显著的正向作用，这意味着，较高的企业利润和经济自由度会促进企业的成长，而较高效率的企业却不能够实现更快的成长。销售额衡量的企业规模系数也显著为正，而就业衡量的企业规模系数显著为负，说明就业人员越多，销售额增长越多，但销售额规模越大，企业销售额的增长就会越慢。

表7-2　　　　　　　　　　　整体分析

|  | （1）<br>gr_empl | （2）<br>gr_sale | （3）<br>gr_empl | （4）<br>gr_sale |
| --- | --- | --- | --- | --- |
| L. gr_empl |  |  | -0.105**<br>(-2.29) |  |
| L. gr_sale |  |  |  | 0.444***<br>(3.65) |
| prate | 0.0399***<br>(4.78) | 0.0881***<br>(9.14) | 0.110***<br>(3.78) | 0.189***<br>(3.93) |
| TFP_DEA | 0.0325<br>(1.64) | -0.356***<br>(-15.59) | 0.0655***<br>(3.81) | -0.0814***<br>(-3.83) |

续表

|  | （1） | （2） | （3） | （4） |
|---|---|---|---|---|
|  | gr_empl | gr_sale | gr_empl | gr_sale |
| freedom | 0.0136*** | 0.00673*** | 0.0114*** | -0.0122*** |
|  | (6.08) | (2.61) | (8.23) | (-6.75) |
| lnempl | 0.526*** | -0.0824*** | 0.242*** | -0.0410*** |
|  | (162.69) | (-22.08) | (50.28) | (-9.86) |
| lnsale | 0.0376*** | 0.753*** | 0.0575*** | 0.710*** |
|  | (6.80) | (118.06) | (6.90) | (39.89) |
| lnasset | -0.0202*** | -0.0615*** | -0.0409*** | -0.0706*** |
|  | (-8.66) | (-22.84) | (-17.95) | (-18.58) |
| lnage | -0.214*** | -0.327*** | -0.0901*** | -0.00727 |
|  | (-30.54) | (-40.42) | (-21.86) | (-1.62) |
| lnGOV | -0.0581*** | -0.258*** | -0.0808*** | -0.511*** |
|  | (-12.14) | (-46.75) | (-9.70) | (-23.14) |
| lnGDP | -0.00699 | -0.181*** | -0.0581*** | -0.110*** |
|  | (-1.12) | (-25.17) | (-18.99) | (-18.57) |
| TSP | -0.159* | 0.280*** | -0.0222 | -0.735*** |
|  | (-1.89) | (2.88) | (-0.36) | (-8.14) |
| N | 105654 | 105654 | 93913 | 93913 |
| $R^2$ | 0.31 | 0.3 |  |  |
| sigma_u | 0.45 | 0.45 |  |  |
| sigma_e | 0.3 | 0.34 |  |  |
| Rho | 0.69 | 0.62 |  |  |
| AR（1） |  |  | 0 | 0 |
| AR（2） |  |  | 0.31 | 0 |
| 汉森检验 |  |  | 0.022 | 0 |

注：括号内为t值；*、**和***分别表示在10%、5%和1%的水平上显著。
资料来源：笔者整理。

对于控制变量，企业年龄负的系数表明企业存活时间与企业成长呈现显著的负向关系，这与先前的研究是一致的（Dunne，1989；Bigsten and Gebreeyesus，2007）。企业固定资产和企业工业生产总值与企业成长呈现反向的关系表明企业对于固定资产和生产的投资会减缓企业的成长。最后地域因素 GDP 和 TSP 对于以就业人员和销售额衡量的企业成长的不同关系说明地域因素 GDP 和 TSP 与以就业人员衡量的企业成长关系不大，而与销售额衡量的企业成长有显著关系。

其中，可以看到，从显著性上看，经济自由对企业成长都有显著的影响，但是，进一步从 $R^2$ 来看，也就是解释变量对企业成长的解释程度来看，经济自由对企业成长的解释程度较小，这也再次说明了随机因素对于企业成长的重要作用（Coad，2009）。为了进一步分析经济自由对企业成长的影响，我们进行了下面的对于不同所有制和不同规模的企业的分组分析。

（二）分组分析

根据模型（1）的固定效应估计结果，虽然能在一定程度上解决遗漏解释变量所导致的内生性问题，但是却无法克服解释变量与被解释变量间由于存在双向因果关系而导致的内生性问题，而系统 GMM 因为有较高的估计效率和较好地对内生问题的处理而得到了广泛的应用，表 7-3 即是对不同所有制企业的系统 GMM 估计结果。从检验出发，以就业人员衡量的企业成长能较好地通过检验，所以下文的分析将以就业人员衡量的企业成长为主。可以看出，经济自由对外资企业的成长具有较为显著的作用，但对于两种衡量企业成长的方式，经济自由的系数是不同的，这说明，一方面，经济自由的提高将会促进企业就业人员的增长；另一方面，将会使销售额趋于稳定。同时可以看出，只有外资企业成长的前一期的成长会对后一期产生显著为负的作用，说明只有外资企业的成长具有一定的滞后效应。利润率对于非国有内资企业和外资企业的作用较为显著，说明利润率的提高将会促进企业就业人员的增加，而企业效率对国有企业的影响显著为负说明国有企业效率的提升将会使国有企业的就业人员趋于稳定甚至减少。对于控制变量，企业规模对企业成长产生了显著为正的作用，说明与整体相同，也拒绝了吉布拉特法则；企业年龄对于不同所有制企业的影响是相同的，与整体也是一致的；对于国有企业和非国有内资企业，固定资产总值和企业生产总值对于企业成长的影响与整体是一致的，但对于外资企业却是不显著的，结合前面的分析说明相对于国有企业和非国有内资企业,外资企业更看重企业的利润和效率。对于区域变量,只有对外资企业的影响是显著的,说明外资企业对于经济环境的敏感程度大于国有企业和非国有内资企业。

表7-3　　　　　　　　　不同所有制的系统 GMM 分析

|  | (1) 国有企业 | (2) 非国有内资企业 | (3) 外资企业 | (4) 国有企业 | (5) 非国有内资企业 | (6) 外资企业 |
| --- | --- | --- | --- | --- | --- | --- |
|  | gr_empl | gr_empl | gr_empl | gr_sale | gr_sale | gr_sale |
| L. gr_empl | 0.00791<br>(0.07) | -0.0342<br>(-0.74) | -0.159***<br>(-3.19) |  |  |  |
| L. gr_sale |  |  |  | 0.321<br>(1.04) | 0.174<br>(1.41) | 0.601**<br>(2.52) |
| prate | -0.0514<br>(-1.37) | 0.121**<br>(2.18) | 0.128**<br>(2.32) | 0.160**<br>(2.26) | 0.309***<br>(5.46) | 0.154***<br>(2.60) |
| TFP_DEA | -0.484**<br>(-2.21) | -0.268<br>(-0.72) | 0.397*<br>(1.86) | 0.463***<br>(2.72) | 0.546***<br>(3.26) | -0.556<br>(-1.31) |
| freedom | 0.0181***<br>(3.02) | -0.00407<br>(-0.83) | 0.0170***<br>(4.24) | -0.0109<br>(-1.64) | -0.0142***<br>(-3.91) | -0.0205***<br>(-2.99) |
| lnempl | 0.175***<br>(5.56) | 0.229***<br>(5.25) | 0.266***<br>(10.26) | 0.0244<br>(0.86) | 0.0196<br>(0.96) | -0.0731<br>(-1.48) |
| lnsale | 0.472**<br>(2.29) | 0.424<br>(0.81) | -0.404<br>(-1.13) | -0.0811<br>(-0.52) | -0.305<br>(-1.19) | 1.514**<br>(2.24) |
| lnasset | -0.0727***<br>(-2.95) | -0.0824**<br>(-2.32) | 0.00689<br>(0.29) | 0.0266<br>(1.44) | -0.0118<br>(-0.70) | -0.126***<br>(-2.64) |
| lnvar24 | -0.405***<br>(-2.60) | -0.381<br>(-0.86) | 0.315<br>(1.03) | 0.0956<br>(0.82) | 0.390*<br>(1.79) | -1.198**<br>(-2.09) |
| lnage | -0.0799***<br>(-5.71) | -0.0720***<br>(-12.24) | -0.178***<br>(-15.28) | -0.0104<br>(-1.24) | -0.0203***<br>(-3.91) | -0.0964***<br>(-3.07) |
| lnGDP | -0.00437<br>(-0.30) | 0.00566<br>(0.47) | -0.0582***<br>(-7.81) | -0.0333**<br>(-2.32) | -0.0486***<br>(-5.83) | -0.0560***<br>(-4.33) |

续表

|  | (1) 国有企业 | (2) 非国有内资企业 | (3) 外资企业 | (4) 国有企业 | (5) 非国有内资企业 | (6) 外资企业 |
| --- | --- | --- | --- | --- | --- | --- |
|  | gr_empl | gr_empl | gr_empl | gr_sale | gr_sale | gr_sale |
| TSP | -0.0537 (-0.19) | -0.0380 (-0.17) | 0.621*** (3.54) | 0.0990 (0.41) | 0.151 (0.97) | -0.528 (-1.57) |
| N | 7166 | 44862 | 41885 | 7166 | 44862 | 41885 |
| AR (1) | 0 | 0 | 0 | 0.015 | 0 | 0 |
| AR (2) | 0.117 | 0.123 | 0.629 | 0.316 | 0.027 | 0.849 |
| 汉森检验 | 0.232 | 0.015 | 0.209 | 0.142 | 0 | 0 |

注：括号内为 t 值；*、**和***分别表示在10%、5%和1%的水平上显著。
资料来源：笔者整理。

表7-4给出了对不同规模企业的系统 GMM 分析的结果。同样可以发现，从模型分析的准确性出发，下文将以就业人员衡量的企业成长作为主要的分析对象。较为明显的是，经济自由对大型和小型企业的成长具有显著的影响，尤其是对小企业这种影响更为显著，经济自由的提高将会促进企业较快地成长。滞后的企业成长显著性较低，说明企业成长的滞后效应是不明显的。企业利润只有对大型企业的成长具有显著性影响，说明对于中小型企业而言，企业利润的提升对于企业的成长并不能起到促进作用。有趣的是，对于不同规模的企业，企业效率对于企业成长不存在显著的联系，这说明基于中国工业企业的数据，企业效率与企业成长之间可能并不存在必然的联系，这与整体研究的结论是一致的。对于控制变量，企业规模与企业成长呈现显著的正向关系，说明对于三种规模的企业，会出现企业规模越大企业成长越快的现象，这可能与大规模企业的规模优势有关。固定资产和企业的工业产出总值的系数是不显著的，说明了二者对不同规模的企业的成长影响较小。对于区域变量 GDP 和 TSP，GDP 只有对中小企业有较显著的影响而 TSP 对不同规模的企业成长都不显著，说明不同的区域因素对不同规模企业的影响是有差异的。

表7-4　　　　　　　　不同规模企业的系统 GMM 分析

| | (1) 大型<br>(empl)<br>gr_empl | (2) 中型<br>(empl)<br>gr_empl | (3) 小型<br>(empl)<br>gr_empl | (4) 大型<br>(sale)<br>gr_sale | (5) 中小型<br>(sale)<br>gr_sale |
|---|---|---|---|---|---|
| L.gr_empl | -0.173<br>(-1.09) | -0.224<br>(-0.90) | -0.0934*<br>(-1.92) | | |
| L.gr_sale | | | | 0.0734<br>(0.25) | 0.0211<br>(0.05) |
| prate | 0.353***<br>(2.70) | 0.0961<br>(1.48) | 0.1963*<br>(1.85) | 0.409***<br>(6.49) | -0.0357<br>(-0.66) |
| TFP_DEA | 0.548*<br>(1.76) | 0.299<br>(0.93) | 0.6169<br>(0.72) | 0.847***<br>(4.00) | -1.343***<br>(-3.15) |
| freedom | 0.0322***<br>(2.79) | 0.00527<br>(1.10) | 0.0279***<br>(6.71) | -0.0226***<br>(-4.65) | -0.0500***<br>(-5.05) |
| lnempl | 0.755***<br>(11.21) | 0.547***<br>(11.59) | 0.4473***<br>(4.30) | 0.0577**<br>(2.53) | -0.184***<br>(-3.73) |
| lnsale | -1.159*<br>(-1.75) | -0.344<br>(-0.68) | -0.6764<br>(-0.57) | -0.897***<br>(-2.58) | 2.803***<br>(4.84) |
| lnasset | 0.0413<br>(0.91) | 0.00716<br>(0.18) | 0.0093<br>(0.11) | 0.0341<br>(1.64) | -0.159***<br>(-4.32) |
| lnGOV | 0.970*<br>(1.67) | 0.263<br>(0.61) | 0.5394<br>(0.54) | 0.848***<br>(2.89) | -1.789***<br>(-4.17) |
| lnage | -0.0949***<br>(-4.76) | -0.0686***<br>(-4.22) | -0.1106***<br>(-8.14) | -0.00431<br>(-0.49) | 0.0660***<br>(3.49) |
| lnGDP | -0.0302<br>(-1.46) | -0.0302***<br>(-2.98) | -0.1104**<br>(-2.37) | -0.0230***<br>(-2.99) | -0.0824***<br>(-4.71) |
| TSP | 0.381<br>(0.71) | -0.0359<br>(-0.22) | -0.1437<br>(-0.17) | 0.0792<br>(0.45) | -1.116***<br>(-3.20) |
| N | 5519 | 25663 | 63645 | 47312 | 46607 |
| AR (1) | 0.134 | 0.404 | 0 | 0.026 | 0.151 |
| AR (2) | 0.402 | 0.579 | 0.827 | 0.769 | 0.156 |
| 汉森检验 | 0 | 0.023 | 0.217 | 0 | 0.2 |

注：括号内为t值；*、**和***分别表示在10%、5%和1%的水平上显著。

资料来源：笔者整理。

## (三) 经济自由度分项结果分析

从以上分析可以看出，经济自由对外资企业和小型企业的影响较为显著，为了进一步对这种影响进行分析，下文将引入经济自由度分项，同时考虑到系统 GMM 模型不能较好地分析以销售额衡量的企业成长，所以进一步分析仅选择以就业人员衡量的企业成长。表 7 – 5 是经济自由度分项对外资企业成长的影响分析，其中模型（1）至模型（6）分别是经济自由度整体与分项政府和市场的关系（GM）、非国有企业的发展（NS）、产品市场的发育程度（PM）、要素市场的发育程度（FM）、市场中介组织和法律制度环境（ML）的分析结果。从模型分析的结果来看，除市场中介组织和法律制度环境（ML）对外资企业成长的影响不显著外，其他的分项均对企业成长有显著的促进作用。这可能与中国各地的法律制度较为一致，中介组织的发育还处于完善时期，所以，此变量对于企业成长的影响比较小。可以看出要素市场的发展（FM）对于外资企业的成长是最关键的，这与外资企业本身对于基础要素依赖性较高的特征有关。

表 7 – 5　　　　　经济自由度分项对外资企业的影响分析

|  | 模型（1） freedom | 模型（2） freedom_GM | 模型（3） freedom_NS | 模型（4） freedom_PM | 模型（5） freedom_FM | 模型（6） freedom_ML |
| --- | --- | --- | --- | --- | --- | --- |
| L.gr_empl | -0.159*** (-3.19) | -0.158*** (-3.24) | -0.160*** (-3.21) | -0.153*** (-3.09) | -0.149*** (-2.99) | -0.162*** (-3.27) |
| prate | 0.128** (2.32) | 0.128** (2.39) | 0.132** (2.32) | 0.127** (2.32) | 0.125** (2.30) | 0.133** (2.33) |
| TFP_DEA | 0.397* (1.86) | 0.388* (1.88) | 0.431* (1.95) | 0.393* (1.82) | 0.362* (1.69) | 0.438** (2.01) |
| freedom | 0.0170*** (4.24) |  |  |  |  |  |
| freedom_GM |  | 0.0270*** (4.78) |  |  |  |  |
| freedom_NS |  |  | 0.00479*** (2.73) |  |  |  |

续表

|  | 模型（1） freedom | 模型（2） freedom_GM | 模型（3） freedom_NS | 模型（4） freedom_PM | 模型（5） freedom_FM | 模型（6） freedom_ML |
|---|---|---|---|---|---|---|
| freedom_PM |  |  |  | 0.0122\*\*\* (3.38) |  |  |
| freedom_FM |  |  |  |  | 0.0105\*\*\* (5.90) |  |
| freedom_ML |  |  |  |  |  | 0.00307\* (1.89) |
| N | 41885 | 41885 | 41885 | 41885 | 41885 | 41885 |
| AR（1） | 0 | 0 | 0 | 0 | 0 | 0 |
| AR（2） | 0.629 | 0.643 | 0.66 | 0.512 | 0.482 | 0.69 |
| 汉森检验 | 0.209 | 0.209 | 0.162 | 0.278 | 0.235 | 0.256 |

注：括号内为t值；\*、\*\*和\*\*\*分别表示在10%、5%和1%的水平上显著；出于篇幅考虑，控制变量已略去，需要的话可以向笔者索要。

资料来源：笔者整理。

表7-6为经济自由度及其分项对小型企业的影响分析，其中模型（1）至模型（6）分别是经济自由整体与分项政府和市场的关系（GM）、非国有企业的发展（NS）、产品市场的发育程度（PM）、要素市场的发育程度（FM）、市场中介组织和法律制度环境（ML）的分析结果。从模型分析的结果来看，除产品市场的发育对于小型企业的成长影响并不显著以外，其他分项均产生了显著的促进作用。结合表7-6的结果，可以认为经济自由确实对企业成长存在显著的影响。

表7-6　　　经济自由度及其分项对小型企业的影响分析

|  | 模型（1） freedom | 模型（2） freedom_GM | 模型（3） freedom_NS | 模型（4） freedom_PM | 模型（5） freedom_FM | 模型（6） freedom_ML |
|---|---|---|---|---|---|---|
| L.gr_empl | -0.0934\* (-1.92) | -0.0973\*\* (-1.97) | -0.0988\*\* (-1.99) | -0.0914\* (-1.82) | -0.0860\* (-1.73) | -0.0952\* (-1.92) |

续表

|  | 模型（1） freedom | 模型（2） freedom_GM | 模型（3） freedom_NS | 模型（4） freedom_PM | 模型（5） freedom_FM | 模型（6） freedom_ML |
|---|---|---|---|---|---|---|
| prate | 0.196* (1.85) | 0.224** (1.96) | 0.219* (1.91) | 0.216* (1.89) | 0.205* (1.82) | 0.203* (1.87) |
| TFP_DEA | 0.617 (0.70) | 0.852 (0.91) | 0.846 (0.89) | 0.781 (0.83) | 0.703 (0.76) | 0.639 (0.73) |
| freedom | 0.0279*** (6.71) | | | | | |
| freedom_GM | | 0.0416*** (4.02) | | | | |
| freedom_NS | | | 0.0169*** (4.72) | | | |
| freedom_PM | | | | −0.00631 (−1.13) | | |
| freedom_FM | | | | | 0.0119*** (4.48) | |
| freedom_ML | | | | | | 0.00854*** (3.22) |
| N | 63645 | 63645 | 63645 | 63645 | 63645 | 63645 |
| AR（1） | 0 | 0 | 0 | 0 | 0 | 0 |
| AR（2） | 0.827 | 0.907 | 0.942 | 0.919 | 0.774 | 0.88 |
| 汉森检验 | 0.217 | 0.373 | 0.223 | 0.386 | 0.281 | 0.312 |

注：括号内为 t 值；*、**和***分别表示在10%、5%和1%的水平上显著；出于篇幅考虑，控制变量已略去，需要的话可以向笔者索要。

资料来源：笔者整理。

（四）时间效应

在中国由计划经济转向市场经济的过程中，可以认为市场力量将会在促进企业成长上发挥更大的作用。实证的结果证实了这种影响会随时间改变（见表 7-7）。本书将时间段分为 2001—2003 年、2004—2006 年和 2007—2009 年三段，从而以 2004—2006 年的时间段为基准设置两个时间虚拟变量 Y2001 和 Y2009，最后得到与经济自由的交叉项 Y2001_freedom 和 Y2009_freedom，这样我们就可以测算经济自由对企业成长较为详细的时间变化趋势。

模型（1）和模型（2）显示经济自由对外资企业和小型企业成长的影响随时间而变化。特殊地，对于外资企业，相对于基期，从2000—2003年的不显著到2007—2009年的显著为负说明经济自由对企业成长正向作用变弱。对于小型企业，相对于基期，经济自由对于企业成长的影响也在减弱。由此可以发现经济自由对企业成长的影响并不是一成不变的。同时，引入滞后一期的经济自由可以发现经济自由对于企业成长作用存在一定的滞后性。

表7-7　　　　　　　　　　经济自由度的时间效应

|  | （1）外资企业 gr. empl | （2）小型企业 gr. empl |
| :---: | :---: | :---: |
| L. gr. empl | -0.135*** (-2.80) | -0.0775* (-1.88) |
| prate | 0.1031** (2.35) | 0.1298*** (5.33) |
| TFP_DEA | 0.119*** (4.49) | 0.0428 (2.05) |
| freedom | 0.0298*** (5.66) | 0.0121*** (2.99) |
| Lfreedom | -0.0169*** (-3.58) | -0.0068* (-1.75) |
| Y2001_freedom | -0.0004 (-0.74) | -0.0015*** (3.07) |
| Y2009_freedom | -0.0035*** (-7.19) | -0.0027*** (-6.73) |
| N | 41885 | 63645 |
| AR (1) | 0 | 0 |
| AR (2) | 0.395 | 0.407 |
| 汉森检验 | 0.102 | 0.024 |

注：括号内为 t 值；*、**和***分别表示在10%、5%和1%的水平上显著。出于篇幅考虑，控制变量已略去，需要的话可以向笔者索要。

资料来源：笔者整理。

（五）稳健性检验

为了进一步检验研究结果的稳健性，我们引入不同来源的经济自由度和效率指标进行分析。在经济自由度上，除樊纲（2011）提出的经济自由度指标以外，国际上还有几种公认的对经济自由度或市场化水平进行测量的指标体系，包括 EBRD、EFW 等。以 EFW 为例，与本书所应用的自由度指标相比，首先指标体系有所不同，EFW 衡量了政府规模、法律结构和产权保护、稳健货币的获得、国际贸易的自由度和信贷、劳动力和商业的规制五个方面的市场化状况，而樊纲用的是政府与市场的关系、非国有企业的发展、产品市场的发育、要素市场的发育和市场中介组织和法律制度环境五个方面的指标，可以看出，樊纲的指标明显少了对于国际贸易的测度。其次结论有所不同，樊纲所测量的经济自由度趋势上升显著，而 EFW 所测量的中国经济自由度则提升较为缓慢（见图 7-4）。应用 EFW 经济自由度数据的回归显示，虽然结果并不显著，但经济自由度仍与企业成长呈现正向关系。

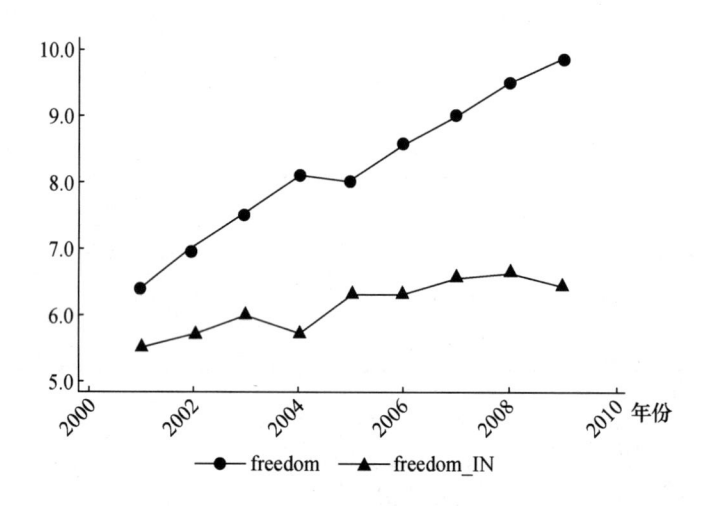

图 7-4 两种不同来源的经济自由度对比

注：为了分析变化趋势，对经济自由度数据进行了除以 10 的处理。
资料来源：笔者计算整理。

## 三 企业成长的未来展望

（一）理论拓展

对于企业成长的研究，之前的研究主要集中于对于企业成长原因的探索，试图通过理论模型或是实证分析的方式去找寻其中的规律。但是，对于企业成长的相关模型的研究并未得到有效的发展。主要原因在于企业成长存在较大的随机性，这种随机性使得模型的发展具有较大的不确定性。企业成长问题的理论研究主要集中于对企业成长路径的描述，但是，企业成长过程和结果同样重要，现有的研究主要通过数值模拟分析来确定企业成长结果，之后的研究可以针对不同行业类型的企业分类探讨，甚至加入相关的影响因素进行分析。

（二）实证拓展

对于企业成长的实证研究，主要针对影响企业成长因素的探索。包括对于企业经营状态如企业利润率、企业生产效率等的分析。但是，之前的研究并未给出较为准确的回答，这些因素对于企业成长的解释程度随着数据集的差异而产生较大的差异。针对这种情况，之后的研究就需要从外生因素去找寻影响企业成长的重要因素。

（三）交叉融合

对于企业成长理论与实证的探讨均是为了找出影响企业成长的重要因素，因此，随着企业成长影响因素的增多，我们的理论建模应与实证的探索相匹配，实现二者的统一才能对企业成长问题进行更好的研究。

# 参考文献

［1］方明月、聂辉华：《中国工业企业规模分布的特征事实：齐夫定律的视角》，《产业经济评论》2010年第9期。

［2］任晓红、张宗益：《产业动态理论研究新进展》，《管理评论》2010年第22期。

［3］王军：《产业组织演化理论及实证研究》，博士学位论文，山东大学，2006年。

［4］高鸿鹰、武康平：《我国城市规模分布Pareto指数测算及影响因素分析》，《数量经济技术经济研究》2007年第4期。

［5］郭晓丹、何文韬：《战略性新兴产业政府R&D补贴信号效应的动态分析》，《经济学动态》2011年第9期。

［6］马靖：《出口贸易对企业规模分布的影响研究》，硕士学位论文，大连理工大学，2013年。

［7］马宁、官建成、高柏杨：《我国高新技术企业规模与技术创新》，《管理科学学报》2001年第1期。

［8］石建中：《中国企业规模分布的形态与特征分析》，《华东经济管理》2010年第12期。

［9］施培公：《企业规模与技术创新》，《科学与科学技术管理》1995年第16期。

［10］杨其静、李小斌、方明月：《市场、政府与企业规模分布——一个经验研究》，《世界经济文汇》2010年第1期。

［11］张福明、孟宪忠：《中国上市公司企业规模分布规律研究——基于1997—2008年全部上市公司数据的研究》，《统计与信息论坛》2010年第25期。

[12] 张涛、李波、邓彬彬：《中国城市规模分布的实证研究》，《西部金融》2007 年第 10 期。

[13] 李春顶：《中国出口型企业是否存在"生产率悖论"：基于中国制造业企业数据的检验》，《世界经济》2010 年第 7 期。

[14] 章韬、孙楚仁：《贸易开放、生产率形态与企业规模》，《世界经济》2012 年第 8 期。

[15] 盛斌、毛其淋：《贸易开放、国内市场一体化与中国省际经济增长：1985—2008 年》，《世界经济》2011 年第 11 期。

[16] 戴觅、余淼杰：《企业出口前研发投入、出口及生产率进步——来自中国制造业企业的证据》，《经济学》（季刊）2012 年第 1 期。

[17] 李平、简泽、江飞涛：《进入退出、竞争与中国工业部门的生产率——开放竞争作为一个效率增进过程》，《数量经济技术经济研究》2012 年第 9 期。

[18] 杜传忠、郭树龙：《经济转轨期中国企业成长的影响因素及其机理分析》，《中国工业经济》2012 年第 11 期。

[19] 陈勇兵、李燕、周世民：《中国企业出口持续时间及其决定因素》，《经济研究》2012 年第 7 期。

[20] 方明月、聂辉华：《企业规模决定因素的经验考察——来自中国企业面板的证据》，《南开经济研究》2008 年第 6 期。

[21] 李玉红、王皓、郑玉歆：《企业演化：中国工业生产率增长的重要途径》，《经济研究》2008 年第 6 期。

[22] 唐跃军、宋渊洋：《中国企业规模与年龄对企业成长的影响——来自制造业上市公司的面板数据》，《产业经济研究》2008 年第 6 期。

[23] 贺小刚、李新春：《企业家能力与企业成长：基于中国经验的实证研究》，《经济研究》2005 年第 10 期。

[24] 张维迎、周黎安、顾全林：《高新技术企业的成长及其影响因素：分位回归模型的一个应用》，《管理世界》2005 年第 10 期。

[25] 毛其淋、盛斌：《贸易自由化与中国制造业企业出口行为："入

世"是否促进了出口参与?》,《经济学》(季刊)2014年第2期。

[26] 陈俊龙、齐平、李夏冰:《企业家精神、企业成长与经济增长》,《云南社会科学》2014年第3期。

[27] 李洪亚:《企业规模与成长关系研究——基于中国制造业企业数据:2005—2007》,《世界经济文汇》2014年第3期。

[28] 张巍、孙宝文、王天梅、朱艳春、张宇:《互联网企业规模与成长是否遵循Gibrat定律——基于2008—2012年上市公司数据的实证检验》,《中央财经大学学报》2013年第6期。

[29] 杜运周、任兵、张玉利:《新进入缺陷、合法化战略与新企业成长》,《管理评论》2009年第8期。

[30] 毛其淋、盛斌:《中国制造业企业的进入退出与生产率动态演化》,《经济研究》2013年第4期。

[31] 张杰、新夫:《中国纺织业企业的出口与生产率变化趋势研究》,《财贸经济》2010年第3期。

[32] 刘修岩、王璐:《集聚经济与企业创新——基于中国制造业企业面板数据的实证研究》,《产业经济评论》2013年第3期。

[33] 江小涓:《经济发展阶段与经济结构调整》,《求是》1998年第2期。

[34] 陈艳莹、吴龙:《新企业进入对制造业在位企业利润率的影响——基于逃离竞争效应及其异质性的视角》,《中国工业经济》2015年第8期。

[35] 许昌平、方涛:《生产率差异和企业进入退出》,《生产力研究》2014年第4期。

[36] 陈艳莹、原毅军、游闽:《中国服务业进入退出的影响因素——地区和行业面板数据的实证研究》,《中国工业经济》2008年第10期。

[37] 杨汝岱:《中国制造业企业全要素生产率研究》,《经济研究》2015年第2期。

[38] 陈伟鸿、王会龙:《企业迁移的理论基础及其演变脉络》,《经

济评论》2007 年第 3 期。

[39] 王思文、管新帅：《企业迁移决定：来自中国工业企业的经验证据》，《现代财经》（天津财经大学学报）2013 年第 4 期。

[40] 魏后凯、白玫、王业强：《中国区域经济的微观透析：企业迁移的视角》，经济管理出版社 2010 年版。

[41] 魏后凯：《中国企业迁移的特征、决定因素及发展趋势》，《发展研究》2013 年第 10 期。

[42] 杨菊萍、贾生华：《企业迁移的动因识别：基于内容分析法的研究》，《地理科学》2011 年第 31 期。

[43] 杨汝岱：《中国制造业企业全要素生产率研究》，《经济研究》2015 年第 2 期。

[44] 李彦军、戴凤燕、李保霞、庞晶：《政策因素对资源性企业迁移决策影响的实证研究》，《中国人口·资源与环境》2015 年第 25 期。

[45] 王业强：《国外企业迁移研究综述》，《经济地理》2007 年第 27 期。

[46] 周正柱、孙明贵：《商务成本对企业迁移区位选择的影响研究》，《上海经济研究》2014 年第 12 期。

[47] 周正柱：《企业迁移研究脉络梳理与展望》，《经济问题探索》2012 年第 2 期。

[48] 史进、贺灿飞：《企业空间动态研究进展》，《地理科学进展》2014 年第 10 期。

[49] 樊纲、王小鲁、朱恒鹏：《中国市场化指数——各地区市场化相对进程 2011 年报告》，经济科学出版社 2011 年版。

[50] 任曙明、吕镯：《融资约束、政府补贴与全要素生产率——来自中国装备制造企业的实证研究》，《管理世界》2014 年第 11 期。

[51] 邵宜航、步晓宁、张天华：《资源配置扭曲与中国工业全要素生产率——基于工业企业数据库再测算》，《中国工业经济》2013 年第 12 期。

[52] 谢千里、罗斯基、张轶凡：《中国工业生产率的增长与收敛》，

《经济学季刊》2008 年第 7 期。

[53] Acs, Z. J., Audretsch, D. B. et al., Flexibility, plant size and industrial restructuring. The Economics of Small Firms: A European challenge, Kluwer Academic Publishers. Dordrecht, 1990.

[54] Audretsch, D. B., *Innovation and Industry Evolution*, The MIT Press, 1995.

[55] Audretsch, D. B. and S. Klepper, Innovation, evolution of industry and economic growth, Edward Elgar Cheltenham, 2000.

[56] Axtell, R. L., Zipf distribution of US firm sizes, *Science*, 2001, 293 (5536): 1818 – 1820.

[57] Bottazzi, G., E. Cefis et al., Invariances and diversities in the patterns of industrial evolution: Some evidence from Italian manufacturing industries, *Small Business Economics*, 2007, 29 (1): 137 – 159.

[58] Bottazzi, G., G. Dosi et al., Innovation and corporate growth in the evolution of the drug industry, *International Journal of Industrial Organization*, 2001, 19 (7): 1161 – 1187.

[59] Bottazzi, G., G. Dosi et al., Modes of knowledge accumulation, entry regimes and patterns of industrial evolution, *Industrial and Corporate Change*, 2001, 10 (3): 609 – 638.

[60] Cohen, W. M. and S. Klepper, Firm size and the nature of innovation within industries: The case of process and product R&D, *The Review of Economics and Statistics*, 1996: 232 – 243.

[61] Ericson, R. and A. Pakes, Markov – perfect industry dynamics: A framework for empirical work, *The Review of Economic Studies*, 1995, 62 (1): 53 – 82.

[62] Geroski, P. A., What do we know about entry? *International Journal of Industrial Organization*, 1995, 13 (4): 421 – 440.

[63] Geroski, P. A. and M. Mazzucato, Modelling the dynamics of industry populations, *International Journal of Industrial Organization*, 2001, 19 (7): 1003 – 1022.

[64] Guoqing, L. and C. Zhongliang, Dynamic Industry Evolution Model on Product Life Cycle, *Energy Procedia*, 2011, 5: 1611-1615.

[65] Holbrook, D., W. M. Cohen et al., The nature, sources, and consequences of firm differences in the early history of the semiconductor industry, 2000.

[66] Jovanovic, B., Selection and the Evolution of Industry, *Econometrica: Journal of the Econometric Society*, 1982: 649-670.

[67] Kalecki, M., On the Gibrat distribution, *Econometrica: Journal of the Econometric Society*, 1945: 161-170.

[68] Klepper, S., Entry, exit, growth, and innovation over the product life cycle, *The American Economic Review*, 1996: 562-583.

[69] Klepper, S., Firm survival and the evolution of oligopoly, *RAND Journal of Economics*, 2002: 37-61.

[70] Klepper, S. and E. Graddy, The evolution of new industries and the determinants of market structure, *The RAND Journal of Economics*, 1990: 27-44.

[71] Lotti, F., E. Santarelli et al., The relationship between size and growth: The case of Italian newborn firms, *Applied Economics Letters*, 2001, 8 (7): 451-454.

[72] Malerba, F., Innovation and the evolution of industries, *Journal of Evolutionary Economics*, 2006, 16 (1): 3-23.

[73] Malerba, F., Innovation and the dynamics and evolution of industries: Progress and challenges, *International Journal of Industrial Organization*, 2007, 25 (4): 675-699.

[74] Malerba, F., R. Nelson et al., "History-friendly" models of industry evolution: The computer industry, *Industrial and Corporate Change*, 1999, 8 (1): 3-40.

[75] Malerba, F., R. Nelson et al., Demand, innovation, and the dynamics of market structure: The role of experimental users and diverse preferences, *Journal of Evolutionary Economics*, 2007, 17 (4):

371 – 399.

[76] Malerba, F. , R. Nelson et al. , Vertical integration and disintegration of computer firms: A history – friendly model of the coevolution of the computer and semiconductor industries, *Industrial and Corporate Change*, 2008, 17 (2): 197 – 231.

[77] Malerba, F. and R. R. Nelson, *Innovation and Learning for Economic Development: The Evolution of Sectoral Systems*, Edward Elgar Publishing, 2012.

[78] Malerba, F. and L. Orsenigo, The dynamics and evolution of industries, *Industrial and Corporate Change*, 1996, 5 (1): 51 – 87.

[79] Malerba, F. and L. Orsenigo, Knowledge, innovative activities and industrial evolution, *Industrial and Corporate Change*, 2000, 9 (2): 289 – 314.

[80] Malerba, F. and L. Orsenigo, Innovation and market structure in the dynamics of the pharmaceutical industry and biotechnology: Towards a history – friendly model, *Industrial and Corporate Change*, 2002, 11 (4): 667 – 703.

[81] Montobbio, F. , An evolutionary model of industrial growth and structural change, *Structural Change and Economic Dynamics*, 2002, 13 (4): 387 – 414.

[82] Nelson, R. and S. Winter, An evolutionary theory of the firm, Belknap, Harvard, 1982.

[83] Siegfried, J. J. and L. B. Evans, Empirical studies of entry and exit: A survey of the evidence, *Review of Industrial Organization*, 1994, 9 (2): 121 – 155.

[84] Alperovich, G. , "An Explanatory Model of City – size Distribution: Evidence from Cross – country Data", *Urban Studies*, 1993, 30 (9): 1591 – 1601.

[85] Axtell, R. L. , "Zipf Distribution of US Firm Sizes", *Science*, 2001, 293: 1818 – 1820.

[86] Baltagi, B. H., Pinnoi, N., "Public Capital Stock and State Productivity Growth: Further Evidence from an Error Components Model", *Empirical Economics*, 1995, 20 (2): 351–359.

[87] Becker, C. M., Mills, E. S., Williamson, J. G., "Modeling Indian Migration and City Growth", 1960–2000, *Economic Development and Cultural Change*, 1986, 35 (1): 1–33.

[88] Beck, N., Katz, J. N., "What to do (and not to do) with Time-series Cross-section Data", *American Political Science Review*, 1995: 634–647.

[89] Bottazzi, G., Dosi, G., Lippi, M. et al., "Innovation and Corporate Growth in the Evolution of the Drug Industry", *International Journal of Industrial Organization*, 2001: 1161–1187.

[90] Cabral, L. M. B., Mata, J., "On the Evolution of the Firm Size Distribution: Facts and Theory", *American Economic Review*, 2003: 1075–1090.

[91] Clarke, R., "On the Lognormality of Firm and Plant Size Distributions: Some UK Evidence", *Applied Economics*, 1979, 11 (4): 415–434.

[92] Dasgupta, P., Stiglitz, J., "Industrial Structure and the Nature of Innovative Activity", *The Economics Journal* (June 1980), 1980: 266–293.

[93] Fujiwara, Y., "Zipf Law in Firms Bankruptcy", *Physica A: Statistical Mechanics and its Applications*, 2004, 337 (1): 219–230.

[94] Fujiwara, Y., Aoyama, H., Di, Guilmi C. et al., "Gibrat and Pareto-Zipf Revisited with European Firms", *Physica A: Statistical Mechanics and its Applications*, 2004, 344 (1): 112–116.

[95] Fujiwara, Y., Di, G. C., Aoyama, H. et al., "Do Pareto-Zipf and Gibrat Laws Hold True? An Analysis with European Firms", *Physica A: Statistical Mechanics and its Applications*, 2004, 335 (1): 197–216.

[96] Gabaix, X., Gopikrishnan, P., Plerou, V. et al., "Quantifying and Understanding the Economics of Large Financial Movements", *Journal of Economic Dynamics and Control*, 2008, 32 (1): 303 – 319.

[97] Gibrat, R., Les inégalités inegalities, Recueil Sirey, Paris, 1931: 6 – 20.

[98] Giulio, B., Giovanni, D., Marco, L. et al., "Innovation and Corporate Growth in the Evolution of the Drug Industry", *International Journal of Industrial Organization*, 2001: 1161 – 1187.

[99] Hart, P. E., Prais, S. J., "The Analysis of Business Concentration: A Statistical Approach", *Journal of the Royal Statistical Society*, Series A (General), 1956, Vol. 119, No. 2, 1956: 150 – 191.

[100] Hernández – Pérez, R., Angulo – Brown, F., Tun, D., "Company Size Distribution for Developing Countries", *Physica A: Statistical Mechanics and its Applications*, 2006, 359: 607 – 618.

[101] Henry, M., Lewis, W., Reinschmiedt, L. et al., "Reducing Food Stamp and Welfare Caseloads in the South: Are Rural Areas Less Likely to Succeed Than Urban Centers?" *Joint Center for Research on Poverty*, Working Paper, 2000: 188 – 202.

[102] Ijiri, Y., Simon, H. A., "Business Firm Growth and Size", *The American Economic Review*, 1964, 54 (2): 77 – 89.

[103] Ijiri, Y., Simon, H. A., "Effects of Mergers and Acquisitions on Business Firm Concentration", *The Journal of Political Economy*, 1971: 314 – 322.

[104] Ijiri, Y., Simon, H. A., "Interpretations of Departures from Pareto Curve Firm – Size Distributions", *Journal of Political Economy*, Vol. 82, No. 2, Part1 (Mar. – Apr., 1974), 1974: 315 – 331.

[105] Kalecki, M., "On the Gibrat Distribution", *Econometrica: Journal of the Econometric Society*, 1945: 161 – 170.

[106] Kaizoji, T., Iyetomi, H., Ikeda, Y., "Re – examination of the

Size Distribution of Firms", *Evolutionary and Institutional Economics Review*, 2006, 2 (2): 183 – 198.

[107] Kwok, Tong Soo, "Zipf's Law for Cities: A Cross Country Investigation", *Centre for Economic Performance*, 2004: 617 – 641.

[108] Luttmer, E. G., "Selection, Growth, and the Size Distribution of Firms", *The Quarterly Journal of Economics*, 2007, 122 (3): 1103 – 1144.

[109] Marsili, O., "Technology and the Size Distribution of Firms: Evidence from Dutch Manufacturing", *Review of Industrial Organization*, 2005, 27 (4): 303 – 328.

[110] Marsili, O., "Stability and Turbulence in the Size Distribution of Firms: Evidence from Dutch Manufacturing", *International Review of Applied Economics*, 2006, 20 (2): 255 – 272.

[111] Nitsch, V., "Zipf Zipped", *Journal of Urban Economics*, 2005, 57 (1): 86 – 100.

[112] Pareto, V., "The New Theories of Economics", *Journal of Political Economy*, 1897: 485 – 502.

[113] Ramsden, J. J., Kiss – Haypal, G., "Company Size Distribution in Different Countries", *Physica A: Statistical Mechanics and its Applications*, 2000, 277 (1): 220 – 227.

[114] Rosen, K. T., Resnick, M., "The Size Distribution of Cities: An Examination of the Pareto Law and Primacy", *Journal of Urban Economics*, 1980, 8 (2): 165 – 186.

[115] Schumpeter, J., "Creative Destruction", *Capitalism, Socialism and Democracy*, 1942.

[116] Simon, H. A., Bonini, C. P., "The Size Distribution of Business Firms", *The American Economic Review*, 1958, Vol. 48, No. 4, Sep., 1958: 607 – 617.

[117] Takayasu, H., Okuyama, K., "Country Dependence on Company Size Distributions and a Numerical Model Based on Competition and

Cooperation", *Fractals*, 1998, 6 (1): 67 - 79.

[118] Zipf, G. K., *Human Behaviour and the Principle of Least - Effort*, Addison - Wesley Press, Cambridge, 1949.

[119] Zoltan J. Acs, David, B., Audretsch, Andbo Carlsson, "Flexible Technology and Firm Size", *Small Business Economics* 3, 1990: 307 - 319.

[120] Alvarez, R., López, R., Exporting and performance: evidence from Chilean plants [J]. Social Science Electronic Publishing, 2005, 38 (4): 1384 - 1400.

[121] Angarita, E., Lora, E. et al., The energy balance in the palm oil - derived methyl ester (PME) life cycle for the cases in Brazil and Colombia [J]. Renewable Energy, 2009, 34 (12): 2905 - 2913.

[122] Audretsch, D., Mahmood, T., The rate of hazard confronting new firms and plants in US manufacturing [J]. *Review of Industrial organization*, 1994, 9 (1): 41 - 56.

[123] Aw, B., Roberts, M., Productivity and Turnover in the Export Market: Micro - Level Evidence from the Republic of Korea and Taiwan (China) [J]. *World Bank Economic Review*, 2000, 14 (14): 65 - 90.

[124] Baggs, J., Firm survival and exit in response to trade liberalization [J]. *Canadian Journal of Economics/revue Canadienne Déconomique*, 2005, 38 (4): 1364 - 1383.

[125] Baily, M., Bartelsman, E., Haltiwanger, J., Downsizing and productivity growth: Myth or reality? [J]. *Small Business Economics*, 1996, 8 (4): 259 - 278.

[126] Baily, M., Farrell, D., Breaking down barriers to growth [J]. *Finance and Development*, 2006, 43 (1): 23.

[127] Bellone, F., Musso, P., Nesta, L. et al., Financial constraints and firm export behaviour [J]. *The World Economy*, 2010, 33

(3): 347 – 373.

[128] Bernard, A., Jensen, B., Exporting and Productivity [C]. U. S. Census Bureau, Center for Economic Studies, 1999: 343 – 357.

[129] Bottazzi, G., Secchi, A., Growth and Diversification Patterns of the Worldwide Pharmaceutical Industry, Review of Industrial Organization, 2005, 26: 195 – 216.

[130] Bottazzi, G., Secchi, A., Explaining the Distribution of Firms Growth Rates, *RAND Journal of Economics*, 2006, 37: 234 – 263.

[131] Bottazzi, G., Cefis, E., Dosi, G., "Corporate growth and industrial structure: Some evidence from the Italian manufacturing industry", *Industrial and Corporate Change*, 2002, 11: 705 – 723.

[132] Bottazzi, G., Secchi, A. and Tamagni, "Productivity, profitability and financial fragility: Evidence from Italian business firms", LEM, Working Paper Series, 2006/08.

[133] Cefis, E., Orsenigo, L., The persistence of innovative activities: A cross – countries and cross – sectors comparative analysis [J]. *Research Policy*, 2001, 30 (7): 1139 – 1158.

[134] Coad, A., "Testing the principle of 'growth of the fitter': The relationship between profits and firm growth", *Structural Change and Economic Dynamics*, 2007, 18 (3): 370 – 386.

[135] Coad, A., "Firm growth: A survey", Papers on Economic and Evolution, 2007, 0703, Max Planck Institute of Economics, Jena.

[136] Coad, A. and Rao, R., "Innovation and firm growth in high – tech sectors: A quantile regression approach", *Research Policy*, 2008, 37 (4): 633 – 648.

[137] Di, Giovanni, J., Levchenko, A., Firm entry, trade, and welfare in Zipf's world [J]. *Journal of International Economics*, 2013, 89 (2): 283 – 296.

[138] Dunne, P., Hughes, A., Age, size, growth and survival: UK companies in the 1980s [J]. *The Journal of Industrial Economics*, 1994: 115 – 140.

[139] Dunne, T., Roberts, M., Samuelson, L., 1989, The growth and failure of US Manufacturing plants, *Quarterly Journal of Economics*, 104 (4): 671 – 698.

[140] Erdem, E., Melitz, M., Trade Policy and Industrial Sector Responses in the Developing World: Interpreting the Evidence [J]. *Brookings Trade Forum*, 2003 (1): 1 – 27.

[141] Evans, D., The relationship between firm growth, size, and age: Estimates for 100 manufacturing industries [J]. *The Journal of Industrial Economics*, 1987: 567 – 581.

[142] Geroski, P., Gugler, K., Corporate growth convergence in Europe [J]. *Oxford Economic Papers*, 2004, 56 (4): 597 – 620.

[143] Geroski, P., Machin, S., Do innovating firms outperform noninnovators? [J]. *Business Strategy Review*, 1992, 3 (2): 79 – 90.

[144] Gibrat, R., Les Inégalites économiques L. Sirey [J]. Paris, France, 1931.

[145] Golovko, E., Valentini, G., Exploring the complementarity between innovation and export for SMEs' growth [J]. *Journal of International Business Studies*, 2011, 42 (3): 362 – 380.

[146] Head, K., Ries, J., Rationalization effects of tariff reductions [J]. *Journal of International Economics*, 1999, 47 (2): 295 – 320.

[147] Helpman, E., Melitz, M., Yeaple, S., Export Versus FDI [J]. *Ssrn Electronic Journal*, 2003, 94 (1): 300 – 316.

[148] Ijiri, Y., Simon, H., Skew distributions and the sizes of business firms [M]. North Holland, 1977.

[149] Koike, H., Hirayama, M., Yamamoto, M. et al., Age associated axonal features in HNPP with 17p11. 2 deletion in Japan [J].

*Journal of Neurology, Neurosurgery & Psychiatry*, 2005, 76 (8): 1109 – 1114.

[150] Konings, J., Vandenbussche, H., Antidumping Protection and Productivity of Domestic Firms: A Firm Level Analysis [J]. *Ssrn Electronic Journal*, 2007.

[151] Machado, J., Mata, J., Box – Cox quantile regression and the distribution of firm sizes [J]. *Journal of Applied Econometrics*, 2000, 15 (3): 253 – 274.

[152] McGregor, M., Cohen, M., McGrail, K. et al., Staffing levels in not – for – profit and for – profit long – term care facilities: Does type of ownership matter? [J]. *Canadian Medical Association Journal*, 2005, 172 (5): 645 – 649.

[153] Melitz, M., The impact of trade on intra – industry reallocations and aggregate industry productivity [J]. *Econometrica*, 2003, 71 (6): 1695 – 1725.

[154] Melitz, M., Ottaviano, G., Market size, trade, and productivity [J]. *The Review of Economic Studies*, 2008, 75 (1): 295 – 316.

[155] Mowery, D., Industrial research and firm size, survival, and growth in American manufacturing, 1921 – 1946: An assessment [J]. *Journal of Economic History*, 1983, 43 (4): 953 – 980.

[156] Nocke, V., Yeaple, S., Globalization and Endogenous Firm Scope [J]. *Pier Working Paper Archive*, 2006.

[157] Roberts, M., Tybout, J., Size rationalization and trade exposure in developing countries [M]. *Empirical Studies of Commercial Policy*. University of Chicago Press, 1991: 169 – 200.

[158] Robson, P., Bennett, R., SME growth: The relationship with business advice and external collaboration [J]. *Small Business Economics*, 2000, 15 (3): 193 – 208.

[159] Topalova, P., Trade Liberalization, Poverty and Inequality: Evidence

From Indian Districts [J]. *Nber Chapters*, 2007: 291 -336.

[160] Tybout, J., Westbrook, M., Trade liberalization and the dimensions of efficiency change in Mexican manufacturing industries [J]. *Journal of International Economics*, 1995, 39 (1 - 2): 53 -78.

[161] Variyam, J., Kraybill, D., Empirical evidence on determinants of firm growth [J]. *Economics Letters*, 1992, 38 (1): 31 -36.

[162] Vannoorenberghe, G., Firm - level volatility and exports [J]. *Journal of International Economics*, 2012, 86 (1): 57 -67.

[163] Wang, Y., You, J., Corruption and firm growth: Evidence from China [J]. *China Economic Review*, 2012, 23 (2): 415 -433.

[164] Yan, B., Baldwin, J., Economic Analysis (EA) Research Paper Series - Export Market Dynamics and Plant - level Productivity: Impact of Tariff Reductions and Exchange Rate Cycles, No. 63, 2010.

[165] Geroski, P. A., What do we know about entry? [J]. *International Journal of Industrial Organization*, 1995, 13 (4): 421 -440.

[166] Siegfried, J. J., Evans, L. B., Empirical studies of entry and exit: A survey of the evidence [J]. *Review of Industrial Organization*, 1994, 9 (2): 121 -155.

[167] Gerhart, B., Wright, P. M., Mahan, G. C. et al., Measurement error in research on human resources and firm performance: how much error is there and how does it influence effect size estimates? [J]. *Personnel Psychology*, 2000, 53 (4): 803 -834.

[168] Shapiro, D., Khemani, R. S., The determinants of entry and exit reconsidered [J]. *International Journal of Industrial Organization*, 1987, 5 (1): 15 -26.

[169] Dean, T. J., Mayer, G. D., Barriers and Gateways to the Entry of Independent Firms: An Empirical Study of Manufacturing Industries [C]. *Academy of Management*, 1992 (1): 12 -16.

[170] Caves, R. E., Porter, M. E., From Entry Barriers to Mobility Barriers: Conjectural Decisions and Contrived Deterrence to New Competition [J]. *International Library of Critical Writings in Economics*, 2003, 163: 68 – 88.

[171] Kessides, I. N., Advertising, sunk costs, and barriers to entry [J]. *The Review of Economics and Statistics*, 1986: 84 – 95.

[172] Geroski, P. A., What do we know about entry? [J]. *International Journal of Industrial Organization*, 1995, 13 (4): 421 – 440.

[173] Acs, Z. J., Audretsch, D. B., Small – firm entry in US manufacturing [J]. *Economica*, 1989: 255 – 265.

[174] Doi, N., The determinants of firm exit in Japanese manufacturing industries [J]. *Small Business Economics*, 1999, 13 (4): 331 – 337.

[175] Schwalbach, J., Entry by diversified firms into German industries [J]. *International Journal of Industrial Organization*, 1987, 5 (1): 43 – 49.

[176] Mayer, W. J., Chappell, W. F., Determinants of entry and exit: An application of the compounded bivariate Poisson distribution to US Industries, 1972 – 1977 [J]. *Southern Economic Journal*, 1992: 770 – 778.

[177] Duetsch, L. L., Structure, performance, and the net rate of entry into manufacturing industries [J]. *Southern Economic Journal*, 1975: 450 – 456.

[178] Doms, M., Dunne, T., Roberts, M. J., The role of technology use in the survival and growth of manufacturing plants [J]. *International Journal of Industrial Organization*, 1995, 13 (4): 523 – 542.

[179] Nyström, K., An industry disaggregated analysis of the determinants of regional entry and exit [J]. *The Annals of Regional Science*, 2007, 41 (4): 877 – 896.

[180] Nyström, K., An industry disaggregated analysis of the determinants of regional entry and exit [J]. *The Annals of Regional Science*, 2007, 41 (4): 877 – 896.

[181] Baldwin, J. R., Gu, W., Plant turnover and productivity growth in Canadian manufacturing [J]. *Industrial and Corporate Change*, 2006, 15 (3): 417 – 465.

[182] Ram, R., Exports and economic growth in developing countries: Evidence from time – series and cross – section data [J]. *Economic Development and Cultural Change*, 1987, 36 (1): 51 – 72.

[183] Ben – David, D., Equalizing exchange: Trade liberalization and income convergence [J]. *The Quarterly Journal of Economics*, 1993: 653 – 679.

[184] Schumpeter, J. A., The theory of economic development: An inquiry into profits, capital, credit, interest, and the business cycle [M]. Transaction Publishers, 1934.

[185] Gibrat, R., Les inégalités économiques [M]. Recueil Sirey, 1931.

[186] Ijiri, Y., Simon, H. A., Skew distributions and the sizes of business firms [M]. North Holland, 1977.

[187] Evans, D. S., The relationship between firm growth, size, and age: Estimates for 100 manufacturing industries [J]. *The Journal of Industrial Economics*, 1987: 567 – 581.

[188] Dunne, P., Hughes, A., Age, size, growth and survival: UK companies in the 1980s [J]. *The Journal of Industrial Economics*, 1994: 115 – 140.

[189] Wiklund, J., Small firm growth and performance: Entrepreneurship and beyond [M]. Internationella Handelshögskolan, 1998.

[190] Coad, A., Rao, R., Innovation and firm growth in high – tech sectors: A quantile regression approach [J]. *Research Policy*, 2008, 37 (4): 633 – 648.

[191] Krugman, P., Scale economies, product differentiation, and the pattern of trade [J]. *The American Economic Review*, 1980, 70 (5): 950 – 959.

[192] Holt, R. A., Subramanian, G. M., Halpern, A. et al., The genome sequence of the malaria mosquito Anopheles gambiae [J]. *Science*, 2002, 298 (5591): 129 – 149.

[193] McRonald, F. E., Yadegarfar, G., Baldwin, D. R. et al., The UK Lung Screen (UKLS): Demographic profile of first 88, 897 approaches provides recommendations for population screening [J]. *Cancer Prevention Research*, 2014, 7 (3): 362 – 371.

[194] Manjón – Antolín, M. C., Arauzo – Carod, J. M., Firm survival: Methods and evidence [J]. *Empirica*, 2008, 35 (1): 1 – 24.

[195] Dejardin, M., Carree, M., Firm Entry and Exit in Local Markets: Market Pull and Unemployment Push [R]. 2011.

[196] Sorenson, O., Audia, P. G., The Social Structure of Entrepreneurial Activity: Geographic Concentration of Footwear Production in the United States, 1940 – 1989 [J]. *American Journal of Sociology*, 2000, 106 (2): 424 – 462.

[197] Buenstorf, G., Geissler, M., The origins of entrants and the geography of the German laser industry [J]. *Papers in Regional Science*, 2011, 90 (2): 251 – 270.

[198] Renski, H., External economies of localization, urbanization and industrial diversity and new firm survival [J]. *Papers in Regional Science*, 2011, 90 (3): 473 – 502.

[199] Audretsch, D. B., Houweling, P., Thurik, A. R., Firm survival in the Netherlands [J]. *Review of Industrial Organization*, 2000, 16 (1): 1 – 11.

[200] Box, M., The death of firms: exploring the effects of environment and birth cohort on firm survival in Sweden [J]. *Small Business Economics*, 2008, 31 (4): 379 – 393.

[201] Baldwin, J. R. , Sabourin, D. , Advanced technology use and firm performance in Canadian manufacturing in the 1990s [J]. *Industrial and Corporate Change*, 2002, 11 (4): 761 -789.

[202] Hopenhayn, H. A. , Entry, exit, and firm dynamics in long run equilibrium [J]. *Econometrica: Journal of the Econometric Society*, 1992: 1127 -1150.

[203] Baldwin, J. R. , Yan, B. , Global value chains and the productivity of Canadian manufacturing firms [M]. Statistics Canada, 2014.

[204] Nyström, K. , An industry disaggregated analysis of the determinants of regional entry and exit [J]. *The Annals of Regional Science*, 2007, 41 (4): 877 -896.

[205] Brandt, L. , Van Biesebroeck, J. , Zhang, Y. , Creative accounting or creative destruction? Firm - level productivity growth in Chinese manufacturing [J]. *Journal of Development Economics*, 2012, 97 (2): 339 -351.

[206] Disney, R. , Haskel, J. , Heden, Y. , Restructuring and productivity growth in UK manufacturing [J]. *The Economic Journal*, 2003, 113 (489): 666 -694.

[207] Schumpeter, J. A. , The theory of economic development: An inquiry into profits, capital, credit, interest, and the business cycle [M]. Transaction Publishers, 1934.

[208] Orr, D. , The determinants of entry: A study of the Canadian manufacturing industries [J]. *The Review of Economics and Statistics*, 1974: 58 -66.

[209] Evans, D. S. , Jovanovic, B. , An estimated model of entrepreneurial choice under liquidity constraints [J]. *Journal of Political Economy*, 1989, 97 (4): 808 -827.

[210] Baldwin, I. T. , Jasmonate - induced responses are costly but benefit plants under attack in native populations [J]. *Proceedings of*

*the National Academy of Sciences*, 1998, 95 (14): 8113 - 8118.

[211] Storey, D. J., The birth of new firms—Does unemployment matter? A review of the evidence [J]. *Small Business Economics*, 1991, 3 (3): 167 - 178.

[212] Disney, R., Haskel, J., Heden, Y., Restructuring and productivity growth in UK manufacturing [J]. *The Economic Journal*, 2003, 113 (489): 666 - 694.

[213] Baily, M. N., Hulten, C., Campbell, D. et al., Productivity dynamics in manufacturing plants [J]. Brookings papers on economic activity. *Microeconomics*, 1992: 187 - 267.

[214] Duranton, Gilles, "The evolution of the UK North - South divide: Should we mind the gap?" EIB Papers Cahiers BEI 6.2, 2001: 42 - 57.

[215] Acs, Zoltan C. et al., "Using Census BITS To Explore Entrepreneurship, Geography, and Economic Growth", U.S. Small Business Administration, Office of Advocacy Report, 2005.

[216] Grossman, Gene M. and C. Shapiro, "Dynamic R & D Competition", *Economic Journal* 97, 386, 1987: 372.

[217] Griliches, Z., Mairesse, J., Production functions: the search for identification [R]. National Bureau of Economic Research, 1995.

[218] Pellenbarg, P. H., van Wissen, L. J. G., van Dijk, J., Firm Migration [M]. Industrial Location Economics P. McCann, Cheltenham, Edward Elgar, 2002: 110 - 148.

[219] Hayter, R., *The Dynamics of Industrial Location: The Factory, The Firm and the Production System* [M]. New York: Wiley, 1997: 78 - 89.

[220] Jouke van Dijk, Pellenbarg, P. H., Firm Relocation Decision in the Netherlands: An Ordered Logit Approach [J]. *Papers in Regional Science*, 2000 (79): 191 - 291.

[221] Aleid E. Brouwer, Ilaria Mariotti, Jos N. van Ommeren, The Firm

Relocation Decision: An Empirical Investigation [J]. *The Annals of Regional Science*, 2004 (2): 335 – 347.

[222] Brandt, L., J. V. Biesebroeck and Y. Zhang, Creative Accounting or Creative Destruction? Firm – Level Productivity Growth in Chinese Manufacturing [J]. *Journal of Development Economics*, 2012, 97 (2): 339 – 351.

[223] Melitz, M. and S. Polanec, "Dynamic Olley – Pakes Decomposition with Entry and Exit", *NBER Working Paper*, 2012, No. 18182.

[224] Olley, S. and A. Pakes, "The Dynamics of Productivity in the Telecommunications Industry", *Econometrica*, 1996, Vol. 64 (6): 1263 – 1298.

[225] Pen, C. J., Actors, causes, and phases in the decision – making process of relocated firms in the Netherlands. The 40th congress of the European regional science association. Barcelona, Spain: Aug 29 – Sep. 1, 2000.

[226] Lee, Y., Geographic redistribution of US manufacturing and the role of state development policy, *Journal of Urban Economics*, 2008, 64 (2): 436 – 450.

[227] Dahl, M. S., Sorenson, O., Home sweet home: Entrepreneurs' location choices and the performance of their ventures, *Management Science*, 2012, 58 (6): 1059 – 1071.

[228] Klaassen, L. H., Molle, W., *Industrial mobility and migration in the European Community*, Aldershot, UK: Gower, 1983.

[229] Mariotti, I., Firm relocation and regional policy: A focus on Italy, the Netherlands and the United Kingdom, Utrecht, The Netherlands: Royal Dutch Geographical Society, 2005.

[230] Pen, C. J., Actors, causes, and phases in the decision – making process of relocated firms in the Netherlands, The 40th congress of the European regional science association, Barcelona, Spain: Aug

29 – Sep. 1, 2000.

[231] Stam, E., Why butterflies don't leave: Locational behavior of entrepreneurial firms, *Economic Geography*, 2007, 83 (1): 27 – 50.

[232] Van Dijk, J., Pellenbarg, P. H., Demography of firms: spatial dynamics of firm behaviour. Utrecht, the Netherlands: Royal Dutch Geographical Society, 1999.

[233] Van Wissen, L., Schutjens, V., Geographical scale and the role of firm migration in spatial economic dynamics, The 45th congress of European regional science association, Amsterdam, The Netherlands: August 23 – 27, 2005.

[234] Bhabra, H. S., Lel, U. and Tirtiroglu, D., Stock Market's Reaction to Business Relocations: Canadian Evidence. *Canadian Journal of Administrative Science*, 2002, 19 (4): 346 – 358.

[235] Smith, D. M., A theoretical framework for geographical studies of industrial location, *Economic Geography*, 1966, 42 (2): 95 – 113.

[236] Pred, A., Behavior and location: Foundations for a geographic and dynamic location theory (Part 1), Lund, Sweden: Gleerup, 1967.

[237] Hayter, R., *The Dynamics of Industrial Location: The Factory, the Firm, and the Production System*, New York, NY: John Wiley & Sons, 1997.

[238] Pellenbarg, P. H., Van Wissen, L., Van Dijk, J., Firm migration: State of the art and research prospects McCann, P. Industrial location economics, Northampton, MA: Edward Elgar Publishing, 2002: 110 – 146.

[239] Van Wissen, L., Schutjens, V., Geographical scale and the role of firm migration in spatial economic dynamics, The 45th congress of European regional science association. Amsterdam, The Netherlands: August, 2005: 23 – 27.

[240] McLaughlin, E. G., Robock, S. H., Why industry moves south: A study of factors influencing the recent location of manufacturing plants in the south. Washington, WA: Committee of the South, National Planning Association, 1949.

[241] Piore, M. J., Sabel, C. F., *The Second Industrial Divide: Possibilities for Prosperity*, New York, NY: Basic Books, 1984.

[242] Griliches, Z., Issues in assessing the contribution of research and development to productivity growth, *The Bell Journal of Economics*, 1979, 10 (1): 92 – 116.

[243] Audretsch, D. B., Keilbach, M. C., Lehmann, E. E., *Entrepreneurship and Economic Growth*, Oxford, UK: Oxford University Press, 2006.

[244] Garwood, J. D., An Analysis of Postwar Industrial Migration to Utah and Colorado [J]. *Economic Geography*, 1953, (29): 9 – 88.

[245] Townroe, P. M., Some Behavioral Considerations in the Industrial Location Decision [J]. *Regional Studies*, 1972, (6): 261 – 272.

[246] Keeble, D., Industrial Location and Planning in the United Kingdom [M]. London: Taylor & Francis, 1976.

[247] Eenennaam, F., Brouthers, K. D., Global relocation: High hopes and big risks [J]. *Long Range Planning*, 1996, 29 (1): 84 – 93.

[248] Burmester, B., Typological Analysis of International Business Relocation [Z]. Department of International Business, The University of Auckland, Discussion Paper Series, 2006, 1 (6): 1 – 19.

[249] Acs, Z. J. and D. B. Audretsch, "Births and firm size", *Southern Economic Journal*, 1989: 467 – 475.

[250] Agarwal, R. and D. B. Audretsch, "Does entry size matter? The impact of the life cycle and technology on firm survival", *The Jour-

nal of Industrial Economics, 2001, Vol. 49: 21 – 43.

[251] Agarwal, R. and M. Gort, "The evolution of markets and entry, exit and survival of firms", The Review of Economics and Statistics, 1996: 489 – 498.

[252] Agarwal, R. and M. Gort, "The determinants of firm survival", Available at SSRN: 167331, 1999.

[253] Agarwal, R. and M. Gort, "Firm and product life cycles and firm survival", The American Economic Review, 2002, Vol. 92: 184 – 190.

[254] Arora, A. and F. A. Bokhari, "Open versus closed firms and the dynamics of industry evolution", The Journal of Industrial Economics, 2007, Vol. 55: 499 – 527.

[255] Audretsch, D. B. and T. Mahmood, "The rate of hazard confronting new firms and plants in US manufacturing", Review of Industrial Organization, 1994, Vol. 9: 41 – 56.

[256] Audretsch, D. B. and T. Mahmood, "New firm survival: new results using a hazard function", The Review of Economics and Statistics, 1995: 97 – 103.

[257] Audretsch, D. B. and J. Mata, "The post – entry performance of firms: Introduction", International Journal of Industrial Organization, 1995, Vol. 13: 413 – 419.

[258] Audretsch, D. B., E. Santarelli et al., "Start – up size and industrial dynamics: Some evidence from Italian manufacturing", International Journal of Industrial Organization, 1999, Vol. 17: 965 – 983.

[259] Buederal, J., Preisendoerfer, P. and Ziegler, R., "Survival Chances of Newly Founded Business Organizations", American Sociological Review, 1992, Vol. 57: 227 – 242.

[260] Caves, R. E., "Industrial organization and new findings on the turnover and mobility of firms", Journal of Economic Literature, 1998, Vol. 36: 1947 – 1982.

[261] Cefis, E. and O. Marsili, "A matter of life and death: innovation and firm survival", *Industrial and Corporate Change*, 2005, Vol. 14: 1167 – 1192.

[262] Christensen, C. M., F. F. Suárez et al., "Strategies for survival in fast - changing industries", *Management Science*, 1998, Vol. 44: 207 – 220.

[263] Cottrell, T. and B. R. Nault, "Product variety and firm survival in the microcomputer software industry", *Strategic Management Journal*, 2004, Vol. 25: 1005 – 1025.

[264] Disney, R., J. Haskel et al., "Restructuring and productivity growth in UK manufacturing", *The Economic Journal*, 2003, Vol. 113: 666 – 694.

[265] Dutta, S., O. Narasimhan et al., "Success in high - technology markets: Is marketing capability critical?" *Marketing Science*, 1999, Vol. 18: 547 – 568.

[266] Dutta, S., O. Narasimhan et al., "Conceptualizing and measuring capabilities: Methodology and empirical application", *Strategic Management Journal*, 2005, Vol. 26: 277 – 285.

[267] Esteve - Pérez, S., J. A. Máñez - Castillejo et al., "A survival analysis of manufacturing firms in export markets, Entrepreneurship, industrial location and economic growth", Cheltenham etc.: Elgar, 2007: 313 – 332.

[268] Ericson, R. and A. Pakes, "Markov - perfect industry dynamics: A framework for empirical work", *The Review of Economic Studies*, 1995, Vol. 62: 53 – 82.

[269] Geroski, P. and J. Schwalbach, "Entry and market contestability: An international comparison", Blackwell, 1991.

[270] Gilbert, B. A., P. P. McDougall et al., "New venture growth: A review and extension", *Journal of Management*, 2006, Vol. 32: 926 – 950.

[271] Giarratana, M. and A. Fosfuri, "Product strategies and survival in Schumpeterian environments: Evidence from the US security software industry", *Organization Study*, 2007, Vol. 28.

[272] Hannan, M. T. and J. Freeman, "The ecology of organizational mortality: American labor unions, 1836 – 1985", *American Journal of Sociology*, 1988: 25 – 52.

[273] Harhoff, D., K. Stahl et al., "Legal form, growth and exit of West German firms – empirical results for manufacturing, construction, trade and service industries", *The Journal of Industrial Economics*, 1998, Vol. 46: 453 – 488.

[274] Hosmer, Jr., D. W., S. Lemeshow et al., "Applied survival analysis: Regression modeling of time to event data", Wiley – Interscience, 2011.

[275] Li, S., J. Shang et al., "Why do software firms fail? Capabilities, competitive actions, and firm survival in the software industry from 1995 to 2007", *Information Systems Research*, 2010, Vol. 21: 631 – 654.

[276] Manjón – Antolín, M. C. and J. – M. Arauzo – Carod, "Firm survival: Methods and evidence", *Empirica*, 2008, Vol. 35: 1 – 24.

[277] Mata, F. J., W. L. Fuerst et al., "Information technology and sustained competitive advantage: A resource – based analysis", *MIS Quarterly*, 1995: 487 – 505.

[278] Mata, J., P. Portugal et al., "The survival of new plants: Start – up conditions and post – entry evolution", *International Journal of Industrial Organization*, 1995, Vol. 13: 459 – 481.

[279] Miller, J. G. and A. V. Roth, "A taxonomy of manufacturing Strategies", *Management Science*, 1994, Vol. 40: 285 – 304.

[280] Pérez, S. E., A. S. Llopis et al., "The determinants of survival of Spanish manufacturing firms", *Review of Industrial Organization*, 2004, Vol. 25: 251 – 273.

[281] Persson, H., "The survival and growth of new establishments in Sweden, 1987 – 1995", *Small Business Economics*, 2004, Vol. 23: 423 – 440.

[282] Reimann, B. C., "Organizational Competence as a Predictor of Long Run Survival and Growth", *Academy of Management Journal*, 1982, Vol. 25: 323 – 334.

[283] Suárez, F. F. and J. M. Utterback, "Dominant designs and the survival of firms", *Strategic Management Journal*, 1995, Vol. 16: 415 – 430.

[284] Strotmann, H., "Entrepreneurial survival", *Small Business Economics*, 2007, Vol. 28: 87 – 104.

[285] Alchian, A. A., Uncertainty, Evolution and Economic Theory [J]. *Journal of Political Economy*, 1950, 58: 211 – 222.

[286] Baily, M. N. and D. Farrell, Breaking Down Barriers to Growth [J]. *Finance & Development*, 2006, 43 (1): 1 – 9.

[287] Barnett, S. A. and P. Sakellaris, Non – linear Response of Firm Investment to q: Testing a Model of Convex and Non – convex Adjustment Costs [J]. *Journal of Monetary Economics*, 1998, 42: 261 – 288.

[288] Becchetti, Leonardo and Trovato, Giovanni, Corporate Social Responsibility and Firm Efficiency: A Latent Class Stochastic Frontier Analysis [J]. *Journal of Productivity Analysis*, 2011, Vol. 36 (3): 231 – 246.

[289] Besley, T., Property Rights and Investment Incentives: Theory and Evidence from Ghana [J]. *Journal of Political Economy*, 1995, 103: 903 – 937.

[290] Bigsten, A. and M. Gebreeyesus, "The small, the young, and the productive: Determinants of manufacturing firm growth in Ethiopia", *Economic Development and Cultural Change*, 2007, 55 (4): 813 – 840.

[291] Birch, D., Job Creation in America: How our Smallest Companies put the Most People to Work [M]. New York: Free Press, 1987.

[292] Bonin, J. P., Hasan, I. and Wachtel, P., Privatization Matters: Bank Efficiency in Transition Countries [J]. *Journal of Banking & Finance*, 2005, 29: 2155 – 2178.

[293] Bottazzi, G. and A. Secchi, "Growth and diversification pat – terns of the worldwide pharmaceutical industry", *Review of Industrial Organization*, 2005, 26: 195 – 216.

[294] Bottazzi, G., A. Secchi and F. Tamagni, Productivity, Profitability and Financial Performance [J]. *Industrial and Corporate Change*, 2008, 17 (4): 711 – 751.

[295] Bottazzi, G. and A. Secchi, Explaining the Distribution of Firms Growth Rates [J]. *Rand Journal of Economics*, 2006, 37: 234 – 263.

[296] Bottazzi, G., E. Cefis and G. Dosi, Corporate Growth and Industrial Structure: Some Evidence from the Italian Manufacturing Industry [J]. *Industrial and Corporate Change*, 2002, 11: 705 – 723.

[297] Bottazzi, G., E. Cefis, G. Dosi and A. Secchi, Invariances and Diversities in the Patterns of Industrial Evolution: Some Evidence from Italian Manufacturing Industries [J]. *Small Business Economics*, 2007, 29 (1): 137 – 159.

[298] Bottazzi, G., G. Dosi, M., Lippi, F. Pammolli and M. Riccaboni, Innovation and Corporate Growth in the Evolution of the Drug Industry [J]. *International Journal of Industrial Organization*, 2001, 19: 1161 – 1187.

[299] Chandler, A., "Organizational capabilities and the economic history of the industrial enterprise", *Journal of Economic Perspectives*, 1992, 6 (3): 79 – 100.

[300] Chirinko, R. S., Business Fixed Investment Spending: Modeling Strategies, Empirical Results, and Policy Implications [J]. *Journal of Economic Literature*, 1993, 31 (4): 1875–1911.

[301] Coad, A. and R. Rao, "Finn growth and R&D expenditure", Economics of Innovation and New Technology, forthcoming, 2009.

[302] Coad, A., The Growth of Firms: A Survey of Theories and Empirical Evidence [M]. UK: Edward Elgar, 2009.

[303] Coad, A., Testing the Principle of "Growth of the fitter": The Relationship between Profits and Firm Growth [J]. *Structural Change and Economic Dynamics*, 2007, 18 (3): 370–386.

[304] Coad, Alex, Firm Growth and Scaling of Growth Rate Variance in Multiplant Firms [J]. *Economics Bulletin*, 2008, 12 (9): 1–15.

[305] Coase, R., The Nature of the Firm [J]. *Economitrica*, 1937, 4 (16): 386–405.

[306] De Fabritiis, G., F. Pammolli and M. Riccaboni, On Size and Growth of Business Firms [J]. *Physica*, 2003, 324 (12): 38–44.

[307] Delmar, F., Measuring Growth: Methodological Considerations and Empirical Results [A]. R. Donckels and A. Miettinen, Entrepreneurship and SME Research: On its Way to the Next Millennium [C]. Aldershot, VA, 1997.

[308] Brusoni, *Perspectives on Innovation* [C]. Cambridge, UK: Cambridge University Press, 2007.

[309] Downie, J., The Competitive Process [M]. London: Duckworth, 1958.

[310] Dunne, T., M. Roberts and L. Samuelson, The Growth and Failure of US Manufacturing Plants [J]. *Quarterly Journal of Economics*, 1989, 104 (4): 671–698.

[311] Fazzari, S., R. Hubbard and B. Petersen, Investment, Financing

Decisions, and Tax Policy [J]. *American Economic Review Papers and Proceedings*, 1988, 78 (2): 200 – 205.

[312] Fizaine, F., "Analyse statistique de la croissance des entreprises selon l'age et la taille", *Revue d'economie Politique*, 1968, 78: 606 – 620.

[313] Foster, L., J. Haltiwanger and C. Syverson, "Reallocation, firm turnover, and efficiency: Selection on productivity or profitability?", *American Economic Review*, 2008, 98 (1): 394 – 425.

[314] Freeland, R., *The Struggle for Control of the Modern Corporation: Organizational Change at General Motors, 1924 – 1970*, Cambridge, UK: Cambridge University Press, 2001.

[315] Gibrat, R., Les Inequalites Economiques [M]. Librairie du Recueil Sirey, Paris, 1931.

[316] Guariglia, A., Internal Financial Constraints, External Financial Constraints and Investment Choice: Evidence from a Panel of UK firms [J]. *Journal of Banking and Finance*, 2008, 32 (9): 1795 – 1809.

[317] Guiso, L., Sapienza, P. and Zingales, L., Does Local Financial Development Matter? [J]. *Quarterly Journal of Economics*, 2004, 119: 929 – 970.

[318] Hannan, M. and J. Freeman, The Population Ecology of Organizations [J]. *American Journal of Sociology*, 1977, 82 (5): 929 – 964.

[319] Hart, P. E., The Size and Growth of Firms [J]. *Economica*, 1962, 29 (113): 29 – 39.

[320] Hausman, J. A., Specification Tests in Econometrics [J]. *Econometrica*, 1978, 46: 1251 – 1271.

[321] Heckelman, J. and Stroup, M., A Comparison of Aggregation Methods for Measures of Economic Freedom [J]. *European Journal of Political Economy*, 2005, 21: 953 – 966.

[322] Johnson, S., Mcmillan, J. and Woodruff, C., Property Rights and Finance [J]. *American Economic Review*, 2002, 92: 1335 – 1356.

[323] Kay, N., 2000, "The growth of firms", in N. Foss and V. Mahnke (eds.), *Competence, Governance, and Entrepreneurship*, Oxford: Oxford University Press, Chapter 9: 187 – 206.

[324] Lucas, R., On the Size Distribution of Business Firms [J]. *Bell Journal of Economics*, 1978, 9 (2): 508 – 523.

[325] Marris, R., "Edith Penrose and economics", *Contributions to Political Economies*, 1999, 18: 47 – 50.

[326] Marris, R., The Economic Theory of Managerial Capitalism [M]. London: Macmillan, 1964. Matia, K., D. Fu, S. Buldyrev, F. Pammolli, M. Riccaboni and H. Stanley, Statistical Properties of Business Firms Structure and Growth [J]. *Europhysics Letters*, 2004, 67 (3): 498 – 503.

[327] Mueller, D. C., A Theory of Conglomerate Ergers [J]. *Quarterly Journal of Economics*, 1969, 83 (4): 643 – 659.

[328] Nelson, R. R. and S. G. Winter, 1982, *An Evolutionary Theory of Economic Change*, Cambridge, MA: Belknap Press of Harvard University Press.

[329] Peev, Evgeni and Mueller, D. C., Institutions, Economic Liberalization and Frm Growth: Evidence from European Transition Economies [J]. *Kyklos*, 2012, 65 (3): 371 – 407.

[330] Penrose, E. T., *The Theory of the Growth of the Firm* [M]. Oxford, UK: Basil Blackwell, 1959.

[331] Prais, S. J., A New Look at the Growth of Industrial Concentration [J]. *Oxford Economic Papers*, 1974, 26 (2): 273 – 288.

[332] Rajan, R. and J. Wulf, "The flattening firm: Evidence from panel data on the changing nature of corporate hierarchies", *Review of Economics nd Statistics*, 2006, 88 (4): 759 – 73.

[333] Robson, P. and R. Bennett, SME growth: The Relationship with Business Advice and External Collaboration [J]. *Small Business Economics*, 2000, 15 (3): 193 - 208.

[334] Samuels, J., Size and the Growth of Firms [J]. *Review of Economic Studies*, 1965, 32 (1): 105 - 112.

[335] Schiantarelli, F., Financial Constraints and Investment: Methodological Issues and International Evidence [J]. *Oxford Review of Economic Policy*, 1996, 12 (2): 70 - 89.

[336] Singh, A. and G. Whittington, The Size and Growth of Firms [J]. *Review of Economic Studies*, 1975, 42 (1): 15 - 26.

[337] Sleuwaegen, L. and M. Goedhuys, Growth of Firms in Developing Countries, Evidence from Cote d'Ivoire [J]. *Journal of Development Economics*, 2002, 68 (1): 117 - 135.

[338] Viner, J., "Cost curves and supply curves", *Journal of Economics*, 1932, 3 (1): 23 - 46.

[339] Winter, S. G., "Economic 'natural selection' and the theory of the firm", *Yale Economic Essays*, 1964, 4 (1): 225 - 272.

[340] Yang, X. and Rice, R., An Equilibrium Model Endogenizing the Emergence of a Dual Structure between the Urban and Rural Sectors [J]. *Journal of Urban Economics*, 1994, (25): 346 - 368.